Mobilização e alongamento na função musculoarticular

Mobilização e alongamento na função musculoarticular

Abdallah Achour Junior

Manole

Copyright © 2016 Editora Manole Ltda., por meio de contrato com o autor.

Este livro contempla as regras do Acordo Ortográfico da
Língua Portuguesa de 1990, que entrou em vigor no Brasil

Editor-gestor: Walter Luiz Coutinho
Editor: Enrico Giglio
Capa: Daniel Justi
Projeto gráfico e editoração eletrônica: Departamento editorial da Editora Manole
Fotos do miolo e da capa: Abdallah Achour Júnior
Ilustrações: Sírio Cançado

Dados Internacionais de Catalogação na Publicação (CIP)
(Câmara Brasileira do Livro, SP, Brasil)

Achour Júnior, Abdallah
  Mobilização e alongamento na função musculoarticular
Abdallah Achour Júnior.
Barueri, SP : Manole, 2017.

  Bibliografia.
  ISBN 978-85-204-5064-2

  1. Alongamento (Fisiologia) 2. Articulações
3. Educação física 4. Exercícios físicos I. Título.

16-08004   CDD-612.741

Índices para catálogo sistemático:
1. Alongamento : Biofísica : Fisiologia humana
612.741

1ª edição – 2017

A Editora Manole é filiada à ABDR – Associação Brasileira
de Direitos Reprográficos.

Direitos adquiridos pela:
Editora Manole Ltda.
Avenida Ceci, 672 – Tamboré
06460-120 – Barueri – SP – Brasil
Fone: (011) 4196-6000 – Fax: (011) 4196-6021
info@manole.com.br
www.manole.com.br

Impresso no Brasil
Printed in Brazil

Sobre o autor

ABDALLAH ACHOUR JUNIOR

Professor da Universidade Estadual de Londrina/PR (UEL)
Mestre em Educação Física na área de Atividade Física e Saúde pela Universidade Federal de Santa Catarina (UFSC), com orientação do Prof. Dr. Markus Vinicius Nahas
Doutor em Educação Física na área de Biodinâmica do Movimento Humano pela Universidade de São Paulo (USP) com apoio da CAPES e orientação do Prof. Dr Valdir J. Barbanti
Membro do conselho editorial da Eduel, UEL – Londrina

Livros publicados

Avaliando a flexibilidade. Londrina: Midiograf, 1997.
Flexibilidade: teoria e prática. Londrina: Editora Atividade Física & Saúde, 1998.
Bases para exercícios de alongamento relacionado com a saúde e no desempenho atlético. 2. ed. São Paulo: Phorte, 1999.
Flexibilidade e alongamento: saúde e bem-estar. 2. ed. Barueri: Manole, 2009.
Exercícios de alongamento: anatomia e fisiologia. 3. ed. Barueri: Manole, 2010.
Atividade física consciente na saúde e nos esportes. Londrina: SportTraining, 2011.
Esporte: preparação de jovens atletas. Londrina: SportTraining, 2014 (em coautoria com Antonio Carlos Gomes).
Futebol: alongamento e flexibilidade. Londrina: SportTraining, 2011.

Publicações em que atuou como revisor científico

Alter MJ. Alongamento para os esportes. São Paulo: Manole, 1999.

Bloomfield J, Wilson G. Flexibilidade nos esportes. In: Elliot B, Mester J. Treinamento no esporte: aplicando ciência no treinamento. São Paulo: Phorte, 2000.

Clay JH, Pounds DM. Massoterapia clínica: integrando anatomia e treinamento. Barueri: Manole, 2003.

Craig C. Pilates com a bola. São Paulo: Phorte, 2003.

Fritz S. Fundamentos da massagem terapêutica. Barueri: Manole, 2002.

Fritz S, Paholsky KM, Grosenbach MJ. Terapia pelo movimento. Barueri: Manole, 2002.

Gomes AC. Treinamento desportivo: estruturação e periodização. Porto Alegre: Artmed, 2002.

Lederman E. Fundamentos da terapia manual. Barueri: Manole, 2001.

Créditos das fotografias:

Fotografia:
Amanda Litéria Nunes Achour
Abdallah Achour Junior

Modelos fotográficos:

Profa. Cleideane Cezário da Silva, Personal trainer
Profa. Raquel Schutsu Lopes, proprietária do Studio Fitness – Montenegro/RS
Profa. Schelen Ozorio D'Almeida Veras, Personal trainer
Paola Cella, mestranda em Educação Física pela Universidade Estadual de Londrina (UEL)

Dedicatória

Ao meu filho Abdallah Achour Netto, sempre que possível ao meu lado durante a escrita desta obra, com a curiosidade característica dos seus cinco anos de idade. Perguntava-me em quantos dias eu terminaria o livro e esperava-me pacientemente para brincar com ele. Dedico a ele este trabalho, na esperança de que ele aprenda a ser paciente, dedicado e perseverante.

Sumário

Introdução

Procedimentos com mobilização articular e tração articular têm beneficiado a saúde ao longo da história. Eles são aplicados predominantemente quando se manifesta dor, em caso de disfunção musculoarticular e restrição de tecidos conjuntivos periarticulares.

A mobilização articular tem como objetivo primário propiciar o deslizamento de uma superfície articular sobre a outra, em um sentido linear ou curvilíneo, para dessa forma influenciar positivamente na artrocinemática (movimento articular) com efeito correspondente na osteocinemática (movimento angular). Pode ser considerada um procedimento manual, atuando diretamente sobre o tecido conjuntivo periarticular com o intuito de provocar movimento, extensibilidade e inibição da dor, além de contribuir na recuperação efetiva da amplitude de movimento.

Outros benefícios da mobilização, independentes do deslizamento, são a redução da viscosidade e o relaxamento.

Recentemente, diversos autores (Borges et al., 2010; Manske et al., 2010; Harshbarger et al., 2013; Kang et al., 2015) evidenciaram que a mobilização articular aumenta a amplitude de movimento, em proporção maior quando acrescida de alongamento na presença de restrição musculoarticular.

Na Figura A.1, pode-se verificar um exemplo de mobilização articular na região lombar. Na coluna vertebral, as facetas são planas e tendem a deslizar na direção do movimento fisiológico imposto pelo profissional.

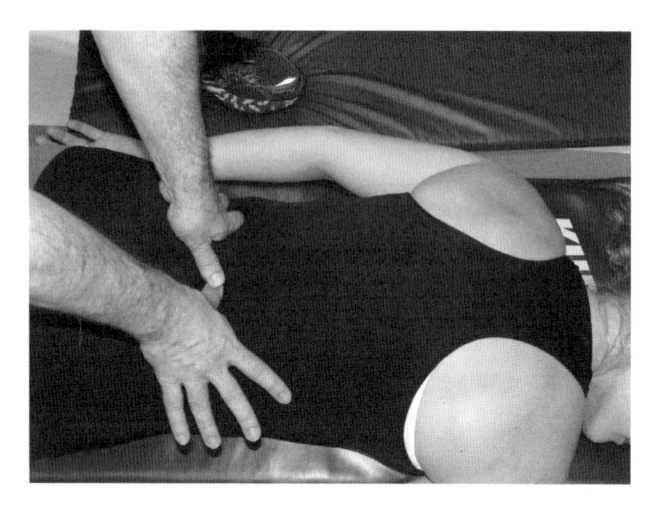

FIGURA A.1 Mobilização articular com objetivo de provocar deslizamento nas facetas da coluna lombar. A mobilização posteroanterior em uma das vértebras da coluna lombar consiste em um componente de força longitudinal no eixo da vértebra-alvo, além de um componente de força transversal direcionado perpendicularmente ao componente de força longitudinal. Este último pode produzir deformação no tecido conjuntivo superficial, enquanto o componente transversal tende a produzir pressão no tecido conjuntivo (Caling e Lee, 2001).

O exercício de alongamento feito logo em seguida à mobilização articular tem sido proposto para favorecer o desenvolvimento da flexibilidade, tendo em vista os referidos efeitos da mobilização.

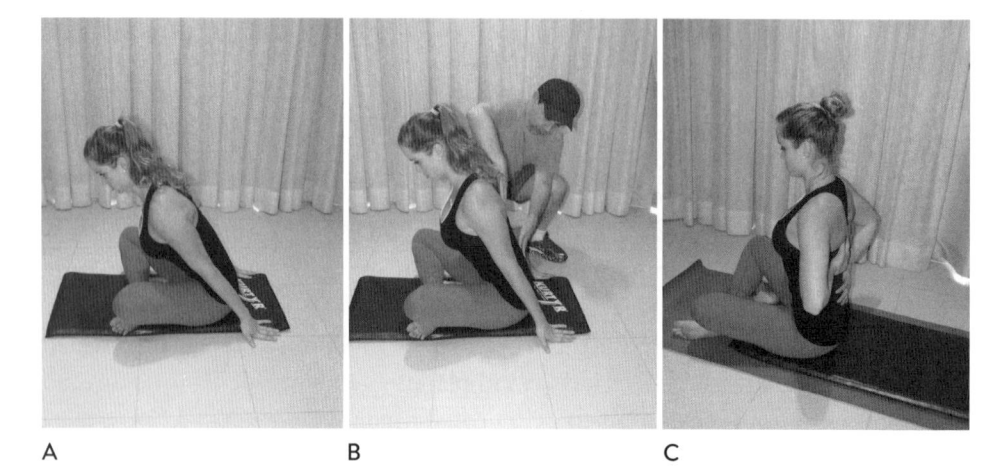

A   B   C

FIGURA A.2 Alongamento da coluna vertebral.

No alongamento da coluna vertebral mostrado na Figura A.2, o cliente coloca as mãos para trás a fim de estabilizar as escápulas e evitar que a região da coluna torácica ou a coluna lombar avance em convexidade. Mantém-se o tronco totalmente ereto e flexiona-se lentamente com expiração prolongada (Figura A.2A). Ao perceber o início da convexidade da coluna, permanece-se na posição de alongamento. Na expiração em flexão, pressiona-se o cóccix para baixo.

O profissional, a fim de evitar a convexidade da coluna vertebral, coloca as pontas dos dedos (falanges distais) nos músculos paravertebrais (lado esquerdo e direito da coluna), simultaneamente, e desliza pressionando a musculatura durante a flexão do tronco (Figura A.2B).

Para aumentar a conscientização sobre a posição da coluna vertebral, pode-se colocar o dorso das mãos sobre os processos espinhosos e flexionar o tronco à frente (Figura A.2C).

A mobilização articular, a tração, o alongamento e a massagem (liberação miofascial) podem ser usados isoladamente, com diferentes efeitos no tecido conjuntivo (cápsula articular, tendão, ligamento, músculo e tecido neural), conforme a sua natureza da resistência; também pode ser muito efetivo associar a tração com o alongamento ou a mobilização com o alongamento, adicionado à liberação miofascial.

Alguns exemplos são mostrados nas Figuras A.3 a A.6.

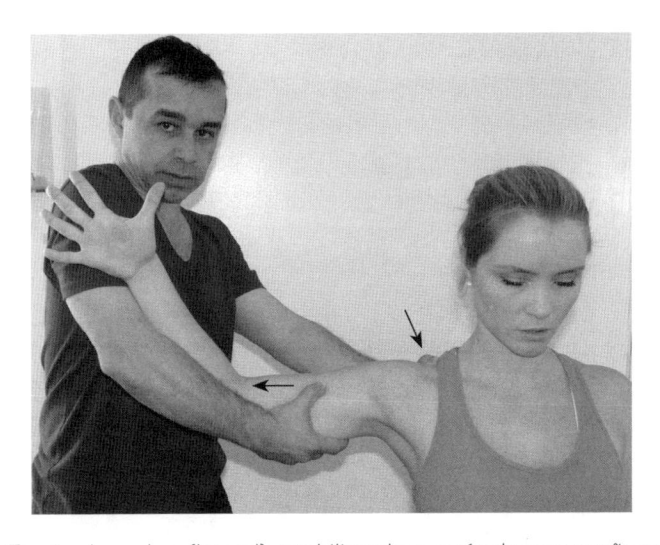

FIGURA A.3 Tração do ombro (lateral) estabilizando a escápula com a mão esquerda.

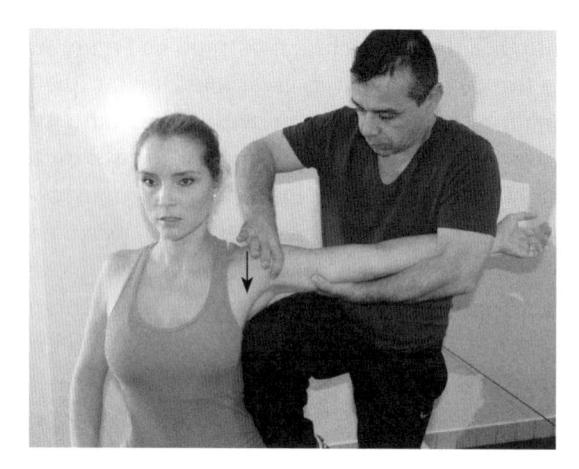

FIGURA A.4 Mobilização articular com objetivo de deslizar a cabeça do úmero para baixo.

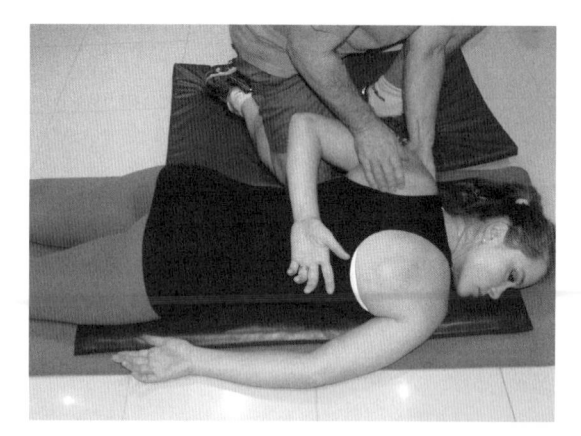

FIGURA A.5 Liberação miofascial (massagem) na borda medial da escápula.

FIGURA A.6 Abdução com rotação lateral do úmero sendo alongado com ajuda do profissional.

Esses procedimentos potencializam o efeito na recuperação da amplitude de movimento, seja pela inibição da dor, relaxamento ou deformação plástica. Isso proporciona uma ótima experiência para o cliente, uma vez que os músculos e articulações podem apresentar comportamentos distintos durante a amplitude de movimento. Assim, conhecer as vantagens das várias técnicas e métodos ajuda a abordar essas diferenças peculiares nas características restritivas do sistema musculoarticular.

Vale salientar que é imprescindível distinguir a percepção que se tem em relação aos exercícios de alongamento e a satisfação de realizá-los em um sistema musculoarticular com amplitude de movimento normal e um sistema musculoarticular restritivo. Pessoas com encurtamento têm mais dificuldade e tendem a rejeitar os exercícios de alongamento, ao passo que pessoas flexíveis tendem a apreciá-los e buscar amplitudes cada vez maiores de movimentos.

Nada produz tanta flexibilidade quanto uma boa flexibilidade natural. Aqueles que respondem mais favoravelmente com maior resistência à dor e ao desconforto podem se manter mais facilmente no programa, atingindo cada vez mais resultados.

A proposição de orientar o programa de exercícios de alongamento para manter ou desenvolver a flexibilidade é um meio de incentivo do profissional, que pode em cada aula enriquecê-la ao gerar uma aprendizagem centrada nas necessidades do cliente, evitando propor alongamento de forma predeterminada para todos, uma vez que cada corpo possui necessidades e limites diferentes. Então, quando se trata de exercícios de alongamento, as aulas devem ser estruturadas levando em consideração a flexibilidade e as características de enfrentamento ou relaxamento de cada cliente diante da tensão do alongamento.

O cliente, ao identificar que os profissionais usam diferentes procedimentos para sua melhoria de saúde, percebe que maior atenção está sendo dispensada a ele, o que geralmente resulta em bem-estar e em uma relação empática no treinamento.

Com o propósito de recuperar a amplitude funcional do tecido conjuntivo rígido, associar a mobilização articular com o alongamento aumenta o tempo de deformação do tecido conjuntivo em uma região musculoarticular e produz resultados mais promissores.

Nessa premissa, atletas e não atletas com encurtamento muscular e/ou restrição articular têm mostrado desenvolvimento da flexibilidade de forma menos árdua usando a mobilização articular seguida de alongamento.

É evidente que a mobilização articular associada com alongamento não pode ser feita indistintamente nem considerada uma panaceia para todos os problemas articulares e musculares, mas certamente na presença de encurtamento e rigidez acentuada do tecido conjuntivo musculoarticular se perceberá de modo nítido os efeitos na flexibilidade quando a técnica for bem aplicada, com sutileza, firmeza e consciência do profissional aliadas à posição relaxada e receptiva do cliente.

Sem avaliar a flexibilidade e desconhecendo os seus valores, pode-se equivocadamente objetivar o dobro da meta, com mobilização e alongamento de maneira desconexa e sem identificar os resultados do treinamento. Isso significa que se o objetivo não for centrado nas necessidades individuais, será preferível permanecer alongando-se por um tempo de 30 segundos e acreditar que isso é bom para todos, independentemente da flexibilidade e da natureza de cada pessoa.

Interpretar corretamente a flexibilidade obtida com os treinamentos de cada cliente, é essencial para as resoluções de problemas de encurtamento do complexo musculoarticular. Assim, a mobilização seguida de alongamento tem como propósito suprimir a restrição na amplitude de movimento e desenvolver a flexibilidade com segurança, com uma abordagem centrada em mobilização, tração, deslizamento, alongamento, liberação miofascial e nas formas de associar esses métodos no sistema musculoarticular.

O fato de empregarmos a mobilização articular associada ao alongamento não significa que a mobilização articular envolva somente a articulação e que o alongamento seja exclusivamente muscular, mas sim que, dependendo do comprometimento, um desses componentes pode estar mais restritivo do que o outro.

Assim, o foco se constitui em entender sistematicamente os componentes do tecido conjuntivo e, em sua estrutura, perceber como se comportam em determinada função. Para tanto é preciso que ao se mobilizar seja feita uma análise dos componentes norteadores da amplitude de movimento.

Conclui-se, pois, que, tanto o movimento articular influencia os músculos daquela articulação como a normalização do excesso de tônus ou a supressão do encurtamento tem um efeito importante na articulação.

Todavia, não se sabe se a disfunção articular provoca a restrição muscular ou se a disfunção muscular provoca a restrição articular, ou mesmo se ambas disfunções ocorrem em paralelo com ênfase no sistema que apresenta maior rigidez.

A fisiologia articular está em estreita interrelação com a estrutura e a função articulares. A estrutura permite a amplitude de movimento funcional, ao passo que a exigência funcional pode manter ou alterar a estrutura. Nessa premissa, alterar um dos componentes articulares provoca efeitos na função da articulação e na amplitude de movimento.

É muito complexa a identificação de qual tecido está relaxando ou deformando durante a mobilização articular, dado que diferentes partes da cápsula articular sofrem resistências variadas de acordo com o deslizamento (Hsu et al., 2002). Além disso, outros componentes que afetam a articulação durante a mobilização articular também são envolvidos, o que não possibilita concluir que uma cápsula articular rígida e restritiva seja a única estrutura que pode acarretar uma sensação de dureza na amplitude final de movimento (Riddle, 1992).

Denegar et al. (2002) observam alguns aspectos conceituais que refletem a prática. Por exemplo, uma pessoa com restrição acentuada na cápsula articular originada de torção no tornozelo, ao tentar recuperar a flexibilidade (osteocinemática), se apresentar limitação na artrocinemática, poderá apresentar disfunção articular e maior contato do osso na articulação e na estrutura subjacente. Ela aparentará ter um tecido conjuntivo com flexibilidade considerada normal, mas com restrição na articulação. Assim como Achour Junior (2009) ressaltou, no caso de uma contorcionista com hipermobilidade, insuficiência de amplitude total de movimentos na osteocinemática.

As limitações artrocinemáticas causam parte das limitações nas amplitudes de movimento e suprimindo-as consegue-se um aumento na amplitude de movimento.

Pode haver limitações artrocinemáticas mesmo com amplitude de movimento considerada normal, mas elas podem afetar a qualidade de movimento articular, levando à alteração que pode causar disfunção articular (Edmond, 2000). Aparentemente, essa é uma das possíveis explicações para o fato de que o exercício de alongamento após mobilização ocasiona um aumento considerável na amplitude de movimento.

A mobilização articular não está confinada à articulação; ela também está associada à musculatura e ao invólucro fascial, interconectada à fáscia profunda e a outros tecidos, como os ligamentos (Simmonds et al., 2012).

Deve-se levar em conta que a mobilização exerce tensão direta e indireta na articulação e que, ao ser associada com alongamento, torna-se favorável pelo maior tempo com tensão mais tolerável naquela articulação.

Uma articulação em condição normal pode ser mobilizada pela extremidade (se for acessível) e também pelo segmento proximal; e mover a extremidade, segmento distal (força manual ou força da gravidade), sem considerar qual osso está estabilizado ou está móvel, se ocorrer movimento osteocinemático, também gera movimento artrocinemático (Stevenson e Vaughn, 2003).

De toda forma, há muitos estudos que encontraram resultados positivos da mobilização, como a diminuição de dor e rigidez; alguns, observaram somente redução na dor; e outros, ainda, registraram efeitos significativos somente na rigidez.

Finalmente, há bem poucos estudos que evidenciam que a mobilização não exerce efeitos positivos na articulação, nem reduz a rigidez e dor ou provoca deslocamento, mostrando somente efeito placebo. Então, faz-se necessária a integração do sistema musculoarticular para a ótima função dos movimentos diários.

É fácil de constatar na literatura que há um número muito maior de investigação sobre mobilização articular em pessoas com dor em comparação com pessoas que não apresentam essa condição. Isso pode ser esperado, em razão da maior procura por exercícios quando um dado problema no músculo ou articulação manifesta dor.

CAPÍTULO 1

Razões para praticar alongamento e mobilização articular

Inicialmente, serão apresentadas razões para se realizar exercícios de alongamento e em seguida algumas técnicas associadas com mobilização articular e alongamento para suprimir encurtamento e restrição de movimentos periarticulares de pessoas aparentemente saudáveis; estas técnicas também são importantes para desenvolver a flexibilidade em praticantes de esportes que requerem amplitudes elevadas, como nas artes marciais, nas ginásticas artística e rítmica, no balé etc., sem a manifestação de hipermobilidade.

Mobilização articular é indicada para um segmento com hipomobilidade e encurtamento (excesso de rigidez) identificados na amplitude final de movimentos (Schneider et al., 1988) ou verificados pela dificuldade em ceder ao deslizamento articular (Kalterborn, 2001).

Mobilização articular é uma denominação geral que pode ser aplicada a qualquer estratégia ativa ou passiva para aumento da amplitude de movimento nos componentes periarticulares entre as superfícies articulares.

A designação *alongamento* é o exercício físico solicitado de uma tensão própria ou externa para deformação do tecido conjuntivo com o objetivo de manter ou desenvolver a flexibilidade.

A insuficiência de flexibilidade se manifesta também em pessoas sadias, especialmente nos músculos que cruzam múltiplas articulações ou naqueles que são necessários para se manter a postura em uma determinada condição diária.

Ainda que algumas vezes o efeito da mobilização articular provoque efeitos pouco duradouros, o alongamento prolongado realizado em sequência, favorece significativamente o aumento da flexibilidade duradoura.

No caso de articulações que oferecem muita resistência do tecido conjuntivo periarticular (rigidez acentuada na amplitude final do movimento) ao serem mobilizadas, e que provoquem forte desconforto durante o alongamento, uma vez que esses componentes relaxem e/ou manifestem menor resistência em decorrência do arrasto (deformação) do tecido conjuntivo, haverá maior possibilidade de aumentar o tempo e a tensão imposta no tecido conjuntivo e, consequentemente, o desenvolvimento da flexibilidade.

RESTRIÇÃO DA AMPLITUDE DE MOVIMENTO MUSCULOARTICULAR

Os ossos do corpo humano se unem para constituir as articulações e possibilitar inúmeros movimentos que diferem entre si de acordo com as características estruturais e funcionais de cada articulação a fim de atender à sua própria natureza.

A restrição musculoarticular pode ser causada por um único movimento abrupto com muita sobrecarga ou por uma continuidade de cargas menores sucessivas, desencadeando uma lesão e instalando o processo de inflamação relacionado com dor.

A dificuldade de se movimentar com a normalidade habitual resulta na diminuição da amplitude de movimento e da capacidade de força (Guillemain, 2013). Se essa condição não é tratada em tempo e com isso gerar fibrose, a integridade do movimento funcional fica comprometida.

Atividades físicas com intensidades moderadas e constantes regulam o crescimento e desenvolvimento dos componentes muscular e articular. Na articulação com funções normais, ligações cruzadas de colágeno são formadas para manter a capacidade de força e a amplitude de movimento.

Quando houver menor amplitude de movimento, novos colágenos serão depositados e reorganizados em uma posição encurtada e a restrição de movimento se tornará mais efetiva (Glasgow et al., 2010). O resultado é a proliferação desorganizada de tecido conjuntivo no interior da articulação, aderência e pregas sinoviais com hipotrofia das cartilagens (Miralles et al., 2007).

A quantidade de elasticidade do tecido conjuntivo é descrita pelo número de ligações cruzadas entre as cadeias de polipeptídios. Quanto maior o número de ligações cruzadas intermoleculares, menor a elasticidade e maior a rigidez do tecido conjuntivo (Gould, 1993; Glasgow et al., 2010). Nessa circunstância, há um aumento relativo do colágeno em relação às glicosaminoglicanas, o que resulta em um processo de cicatrização, contratura e aderência dos tecidos adjacentes (Mangine et al., 2005) e, com isso, instala-se uma hipertrofia não funcional, em particular nas estruturas periarticulares (Hamill e Knutzen, 2012).

A cápsula articular também pode perder boa parte da extensibilidade. Essa estrutura reage ao trauma de maneira similar à membrana sinovial: mostra um aumento na vascularização e eventualmente desenvolve tecido fibroso, resultando em uma cápsula bastante espessa.

Se houver efusão no interior da cavidade articular, poderá ocorrer uma expansão da cápsula articular e dos ligamentos envolvidos. Um aumento significativo na pressão intra-articular contribui para o dano articular pela expansibilidade (distensão) articular e ligamentar (Houglum, 2015).

Se ocorrer uma contratura articular, técnicas de mobilização e exercícios de alongamento poderão recuperar o tecido, mas isso não significa que se conseguirá recuperar toda a amplitude de movimento, conforme foi revisto por Hetinga (1993).

Apesar da maior força do tecido conjuntivo poder ser benéfica, o excesso de ligações cruzadas intermoleculares provocado pela imobilidade resulta em diminuição da qualidade mecânica e da habilidade do tecido em se movimentar. Isso é o que acontece em uma articulação com fibrose ou com excesso de encurtamento; em geral, a quantidade de glicosaminoglicanos diminui, aproximando as fibras de colágenos com consequente aumento de sua rigidez (Renner et al., 2006).

O colágeno e a elastina têm propriedade mecânica e diametricamente oposta. O arranjo da elastina é curto e com baixa carga (tensão), o colágeno é frouxo, e a elastina se alonga. O colágeno somente se alonga uma vez que a elastina tenha sido alongada (Ker, 1999).

É essencial saber que durante o alongamento a extensibilidade do tecido conjuntivo não é linear e está condicionada pelo comportamento diferenciado dos componentes tendíneos, ligamentares, capsulares e musculares.

Algumas restrições de movimentos agem interdependentes e provocam redução da quantidade normal de deslizamento articular, o que pode prejudicar o rolamento articular durante o movimento, impedindo o efetivo movimento acessório (movimento das superfícies articulares), o qual por sua vez aumenta o atrito articular, um componente que pode provocar lesões (Greenman, 2001). Para suprimir tais restrições, se faz uso de mobilização articular, alongamento, liberação miofascial e tração, não nessa ordem.

Na concepção de Houglum e Bertoti (2014), exercícios de alongamento passivo são contraindicados após cirurgias, fraturas ou disfunção articular. Isso justifica o fato de a força aplicada sobre a extremidade distal possuir um longo braço de alavanca que provoca estresse articular significativo em virtude de sua vantagem mecânica sobre a articulação lesionada. Embora essa afirmação precisa seja considerada nos casos específicos, a vantagem mecânica da mobilização articular amplia a força aplicada à articulação em 10 a 20 vezes. Por exemplo, se alongar passivamente um joelho ou cotovelo com apenas 44,5 N de força e aplicar essa força a 25 cm do centro da articulação, o resultado será o mesmo que se teria se fosse aplicada uma força de 222,4 N a 5 cm do centro da articulação ou uma de 444,8 N a 2,5 cm da articulação.

A abordagem com uso de alongamento passivo sustentado na presença de enrijecimento e aderência articular pode estimular exageradamente os receptores de dor e uma contração desencadeada por reflexo que pode interferir negativamente no desenvolvimento da flexibilidade (Quillen et al., 1992).

Torna-se essencial a análise de Conroy e Hayes (1998), em que a mobilização articular pode não ser imprescindível para desenvolver a flexibilidade, particularmente se o grau de rigidez capsular for moderado, caso em que o alongamento é bastante efetivo. Contudo, se houver restrição da cápsula articular, alongamento estático pode não ser suficiente para eliminar restrição articular, justificando a mobilização articular (Denegar et al., 2002). Isso esclarece , pelo menos em parte, a magnitude do aumento da flexibilidade em estudos com animais, pela quantidade de tempo que se permanece em alongamento, o que viabiliza hipotetizar que o alongamento nas condições de restrição articular e encurtamento muscular em seres humanos deve ser prolongado; ou ainda que o tempo mantido em alongamento deve ser elevado para pelo menos 45 segundos, com efeitos muito importantes em 2 minutos, e sugeridos até 5 minutos no tecido conjuntivo para supressão de um encurtamento acentuado.

A tensão e o tipo de cargas empregadas sobre o tecido conjuntivo são fundamentais para restabelecer o alinhamento, a força e a flexibilidade. O alongamento com a mobilização torna-se tanto arte como ciência; embora seja possível dimensioná-lo, colocá-lo em prática e avaliá-lo objetivamente, ele é uma prática bastante complexa. Uma proposição para o aperfeiçoamento da função musculoarticular consiste em associar mobilização e alongamento com tempo prolongado.

É essencial entender ainda que o alongamento também pode proporcionar um tempo para se permanecer mais consigo mesmo: um movimento mantido ou realizado de forma lenta facilita identificar o ritmo da respiração, utilizar técnicas de visualização, apropriar-se ora do silêncio ora de músicas calmas para impedir o fluxo do pensamento alternado e aleatório e tentar se concentrar para em seguida relaxar. Assim, o cliente evita tensionar e buscar resultados rápidos; ele não compete consigo mesmo, aprende o conceito de passividade e passa a gerenciar a tensão e o desconforto do alongamento.

COMPONENTES FUNCIONAIS DA ARTICULAÇÃO

Tanto a mobilização como o alongamento, quando analisados isoladamente, mostram resultados diferentes de acordo com as articulações e pessoas, de acordo com os diferentes estados de rigidez, habilidade do profissional e as características periarticulares, como o tendão e o ligamento, que ajudam a reforçar a cápsula em algumas articulações. A junção da mobilização e o alongamento vai além de somar os tempos de tensão na função musculoarticular; ademais, deve-se levar em conta a capacidade de os sistemas proprioceptores evocarem relaxamento ou contração.

Estruturas como o ligamento e o tendão podem ser determinantes nesse processo. Nelas, predomina o colágeno tipo I, embora também se encontrem os tipos III, IV e VI; já na cartilagem e na cápsula articular predomina o tipo II (Ker, 1999). Nas figuras 1.1 e 1.2 a seguir, é possível observar como se estruturam ligamentos e tendões de acordo com a organização das fibras de colágeno.

Os ligamentos, graças à sua disposição, garantem contato permanente entre as superfícies articulares. Os ligamentos adicionais nas áreas que estão propensas a grandes amplitudes de movimentos, reforçam a camada externa fibrosa da cápsula (Palastanga, 2000).

Outros ligamentos podem produzir espessamento da substância da cápsula e não podem ser separados dela (Hodgson et al., 2012), a exemplo do ligamento colateral lateral do joelho, localizado fora da cápsula articular, que resiste às forças em varo ou forças que aduzem a tíbia no fêmur (Oatis, 2014).

FIGURA 1.1 Disposição irregular das fibras de colágeno da camada externa da cápsula articular. Fonte: Lee (2001).

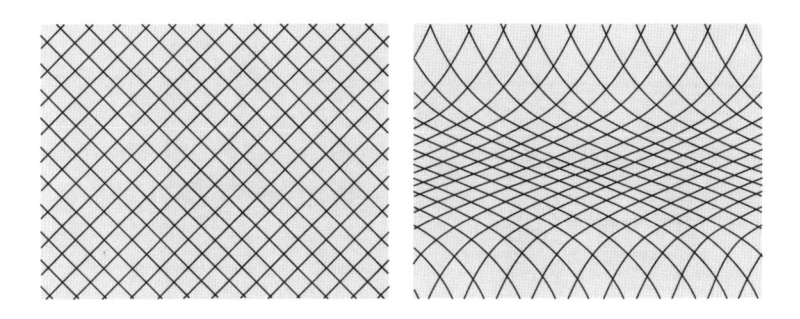

FIGURA 1.2 A orientação das fibras de colágeno no interior da cápsula articular influencia a sua extensibilidade e, consequentemente, a mobilidade. Fonte: Lee (2001).

Afora isso, com a presença de rigidez acentuada da cápsula articular e/ou do ligamento, não se consegue a amplitude de movimento completa, considerando que os tecidos conjuntivos restringem a amplitude de movimento antes de alcançarem seu comprimento fisiológico considerado normal. Ao se perceber a rigidez na amplitude final do movimento, não se deve descartar a possibilidade de encurtamento muscular. Nesse contexto, ao avaliar a flexibilidade de forma não invasiva e detectar valores inferiores à normalidade, muitas vezes não fica caracterizado se se trata de alteração na articulação ou no músculo, passando então despercebida a causa exata da restrição e seguindo-se inferências até que valores de amplitude de movimento sejam reduzidos de formas extremas, venham provocar limitação do movimento nas atividades mais corriqueiras e provoquem dor.

É complicado determinar um único componente limitador da amplitude de movimento; por exemplo, o músculo encurtado pode permanecer mais reativo até mesmo nas atividades com amplitude de movimento com pouca tensão muscular, dada a ação do proprioceptor, o fuso muscular, que responde inibindo a amplitude do movimento.

Os proprioceptores têm ainda como objetivo informar ao sistema nervoso sobre as atividades do complexo articular e gerar uma resposta equilibrada de mobilidade e estabilidade (Lephart et al., 1994). Contudo, em algumas articulações, com a própria mobilização se consegue constatar restrição articular que justifica a inclusão da mobilização articular para potencializar o efeito do alongamento. Nota-se ainda que o ângulo para mobilizar a articulação também pode ser um determinante facilitado para aquisição ou não de novas amplitudes de movimento.

Com o propósito de determinar o ângulo de flexão para mobilização da articulação radioulnar proximal, Ohshiro et al. (2009) analisaram cinco cadáveres e concluíram que os ângulos de 60 e 90° do cotovelo foram bem apropriados para a tração com força de 2 e 4 kg na articulação radioulnar anteromedial, conforme apresenta a figura abaixo.

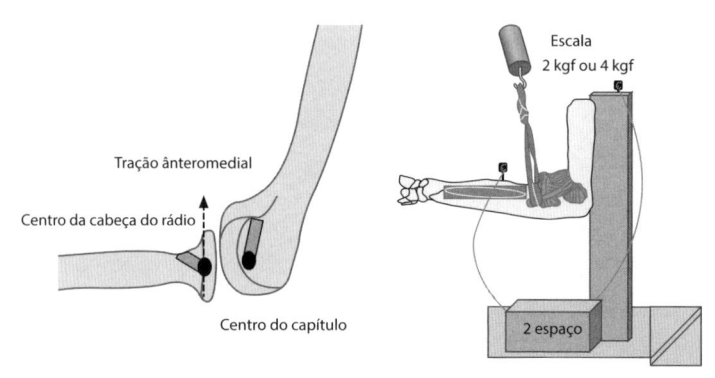

FIGURA 1.3 Mensuração tridimensional do deslocamento anteromedial com aparelho eletromagnético.
Fonte: Ohshiro et al. (2009).

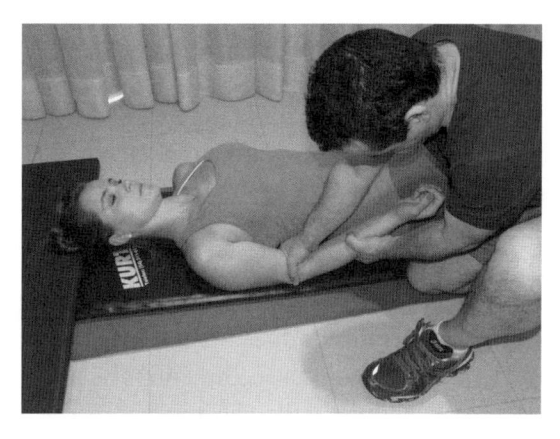

FIGURA 1.4 Mobilização articular no cotovelo.

Em síntese, pode-se afirmar que a rigidez do tecido conjuntivo periarticular e a pouca flexibilidade favorecem a indicação de mobilização articular e alongamento para se desenvolver flexibilidade.

PROPÓSITOS PARA MOBILIZAÇÃO ARTICULAR

A mobilização articular tem como objetivo produzir vários efeitos benéficos:

- inibição de dor via mecanorreceptores periféricos;
- aumento da nutrição sinovial articular;
- restauração da função articular;
- realinhamento do tecido conjuntivo periarticular.

Diversos pesquisadores verificaram os efeitos da mobilização em algumas disfunções, a saber:

- A mobilização articular provoca aumento da estimulação do sistema nervoso simpático independentemente do segmento mobilizado (Moutzouri et al., 2012; Kingston et al., 2014).
- A mobilização articular pode ter um efeito inibidor na percepção dos estímulos dolorosos por acionar repetitivamente os mecanorreceptores aos quais bloqueiam as vias nociceptivas (que podem invocar dor) no nível da medula espinal e do tronco encefálico (Paris, 1979).

Os dois principais mecanismos da mobilização na resposta supressora de dor ocorrem no nível da medula espinal referido como *"gate control"* (controle da comporta), e a inibição de dor via descendente, com efeito sistêmico, ocorre de forma generalizada ou com efeito associado.

A respeito do mecanismo de "comporta" da medula espinal, a teoria refere dois tipos de estímulos, por exemplo, a dor e uma massagem, que ativam o respectivo receptor ao mesmo tempo (Mazullo, 1978). A via de dor se fecha em resposta à estimulação normal das fibras nervosas grandes de condução rápida – como ocorre com a massagem, que envia estímulos suaves a moderados pelas fibras nervosas periféricas e diminui a sensibilidade das vias de dor ascendentes – e se abre quando são recebidos sinais de dor de condução mais lenta e intensa (Melzack e Wall, 1965). Na Figura 1.5, verifica-se um procedimento que pode anteceder a mobilização e o alongamento na coluna vertebral com intenção de tornar o alongamento com tensão moderada mais fácil de ser sustentado. O movimento se faz estendendo o tronco (balanceio), sem colocar tensão nos punhos e nos dedos.

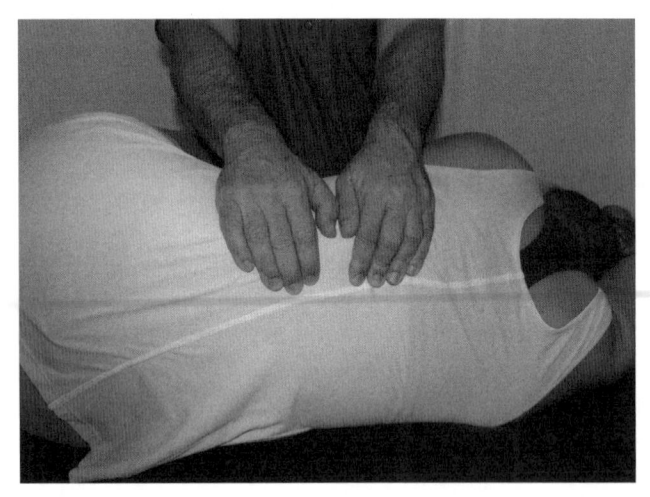

FIGURA 1.5 Localizam-se os processos espinais, colocam-se os dedos ao lado e na superfície dos processos transversais (lado esquerdo); em seguida pressionam-se os dedos e desliza-se para a lateral.

Os receptores periféricos de dor são conectados a uma fibra pequena aferente mielinizada ou a fibra não mielinizada, enquanto os receptores da pressão ou tensão são conectados a uma fibra aferente mielinizada maior; cada tipo de fibra aferente conecta-se no mesmo interneurônio na medula espinal, e pelo fato de a tensão (liberação miofascial, alongamento) das fibras aferentes ser maior, o sinal enviado antecede as fibras menores quando elas são estimuladas simultaneamente.

A inibição do sinal de dor acontece na coluna dorsal quando as fibras maiores transmitem o sinal (Noback et al., 1999). Nas Figuras 1.6 a 1.8 há exemplos de procedimentos para facilitar a resposta de diminuição da rigidez e facilitar a mobilização e o alongamento da coluna vertebral feito logo em seguida.

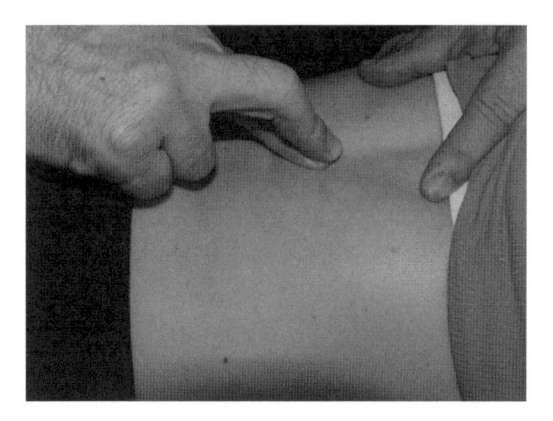

FIGURA 1.6 Desliza-se e pressiona-se suavemente a superfície dos processos espinhosos da coluna lombar.

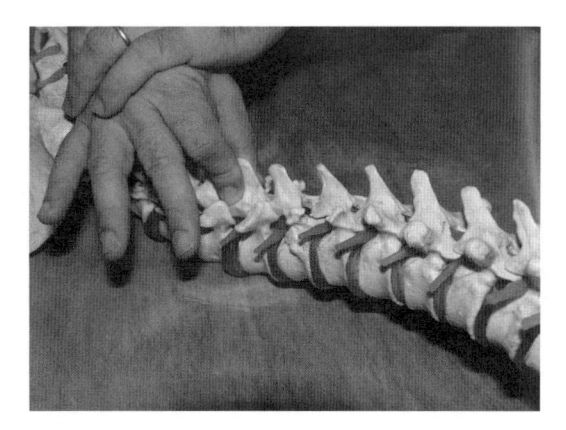

FIGURA 1.7 Movimento de "pinça" com o polegar e indicador no processo espinhoso do esqueleto.

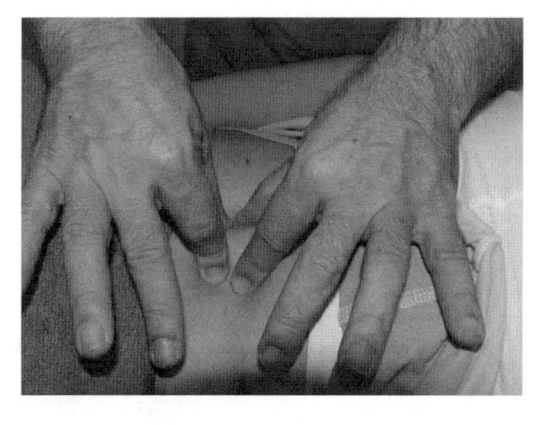

FIGURA 1.8 Ao pressionar, aprofundam-se os dedos na coluna lombar e faz-se movimentos de vibração (oscilação) para as laterais.

A estimulação de proprioceptores das fibras de grande diâmetro pode influenciar rapidamente a transmissão de impulsos que fecha o compartimento de dor em razão do bloqueio dos impulsos das fibras menores. Mais provavelmente, o bloqueio ocorre com influência do sistema nervoso central (Paris, 1979).

A tração também é útil na inibição da dor em razão dos efeitos minimizadores da tensão excessiva. Ela provê modulação da dor nas vias ascendentes (Watkins e Mayer, 1982) ou descendentes (Zusman, 1986).

O efeito da mobilização pode ser sistêmico, ocorrendo de forma ampla pelas vias descendentes ou pela coluna espinal, e ainda pela associação de ambas as vias (Pentelka et al., 2012). Nas Figuras 1.9 e 1.10 são apresentados exemplos de tração, mobilização e alongamento para desenvolver a extensão de quadril.

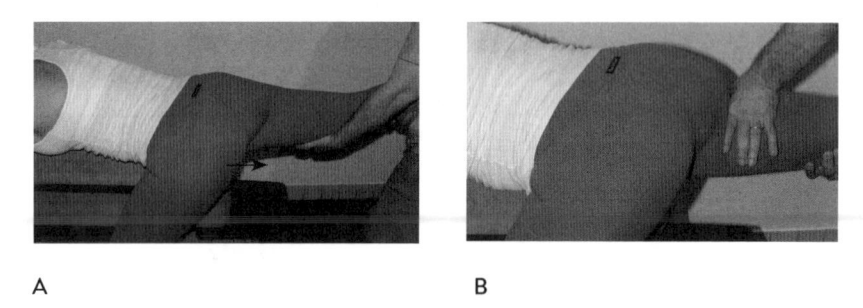

A   B

FIGURA 1.9 Tração do quadril (deslizamento inferior) seguida de mobilização com deslizamento do fêmur na direção anterior.

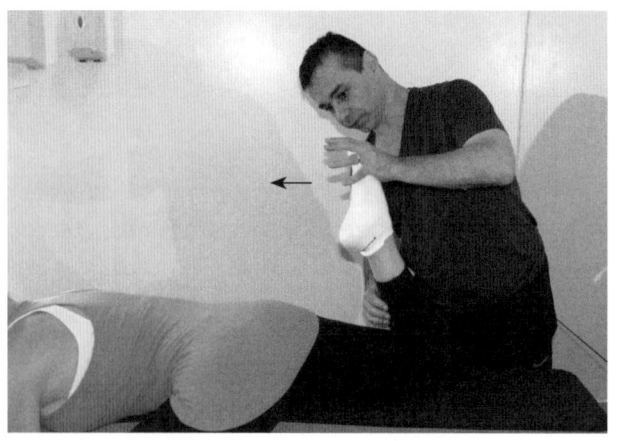

FIGURA 1.10 Alongamento do quadríceps a ser realizado após tração e mobilização para desenvolver a extensão de quadril

Há dois tipos principais de fibras nociceptivas: a fibra fina e mielinizada delta A, que transmite informação aguda e localizada de dor com condução rápida; e a fibra C não mielinizada, com receptores de alto limiar e sinal mais difuso de dor e condução lenta. Essas fibras C nociceptivas tendem a manter a comporta aberta com aumento da percepção de dor, por bloquearem o interneurônio inibitório e excitarem o projetante. As fibras não nociceptivas A tendem a manter a comporta fechada, causando supressão de dor, por excitarem o interneurônio inibitório (Noback et al., 1999).

As vias ascendentes da dor vão para o sistema límbico e para o hipotálamo, tanto quanto para as áreas sensitivas do córtex. E as vias descendentes viajam por meio do tálamo e inibem os neurônios nociceptores na medula espinal. A dor também pode ser inibida antes que o estímulo seja enviado para os tratos ascendentes da medula espinal pelos interneurônios inibitórios (Silverthorn, 2003).

Essas fibras periféricas terminam na substância gelatinosa localizada no corno dorsal da medula espinal. Na figura 1.11 é possível notar que os neurônios de segunda ordem são ativados e o axônio desses neurônios é interceptado (por meio da linha média da coluna dorsal) diretamente para a superfície ventral da coluna espinal. Sinais de dor ascendentes são enviados para o cérebro via trato espinotalâmico, os quais as fibras projetam para fazer sinapse com o núcleo do tálamo (Silverthorn, 2003).

Quanto à via descendente, parece haver várias regiões em que o sistema nervoso central envolve a modulação do sinal de dor nociceptiva. Essas regiões modulam a percepção de dor por alterar a transmissão das aferências nociceptivas para a coluna dorsal (Tracy et al., 2015).

Há dois mecanismos descendentes: o sistema de controle noradrenérgico, que utiliza a noradrenalina para inibir um estímulo de dor mecânico; e o sistema de dor serotonérgico, que utiliza a serotonina, aumentando o limiar de dor na coluna espinal. O sistema descendente noradrenérgico é ativado e causa excitação temporária; já a serotonina inibe o sistema simpático.

Em um estudo, Nielsen et al. (2009) evidenciaram que os movimentos passivos fisiológicos em pessoas saudáveis inibem a dor e verificaram, para fundamentar seus estudos, que não é necessária a sensação hiperálgica para produção dos efeitos mediadores de dor. As vias descendentes da substância cinzenta central influenciam a atividade dos interneurônios inibitórios da medula espinal e exercem um importante efeito analgésico via mobilização articular.

A respeito da "mobilização com movimento", Mulligan, criador do conceito, afirma que o alívio rápido na dor é atribuído ao reposicionamento articular, ou desalinhamento articular. A intenção nesses casos é conseguir alívio da dor, o que precisa ser examinado com maior profundidade dos poucos estudos (Vicenzino et al., 2007), principalmente em pessoas saudáveis mostrando redução de dor.

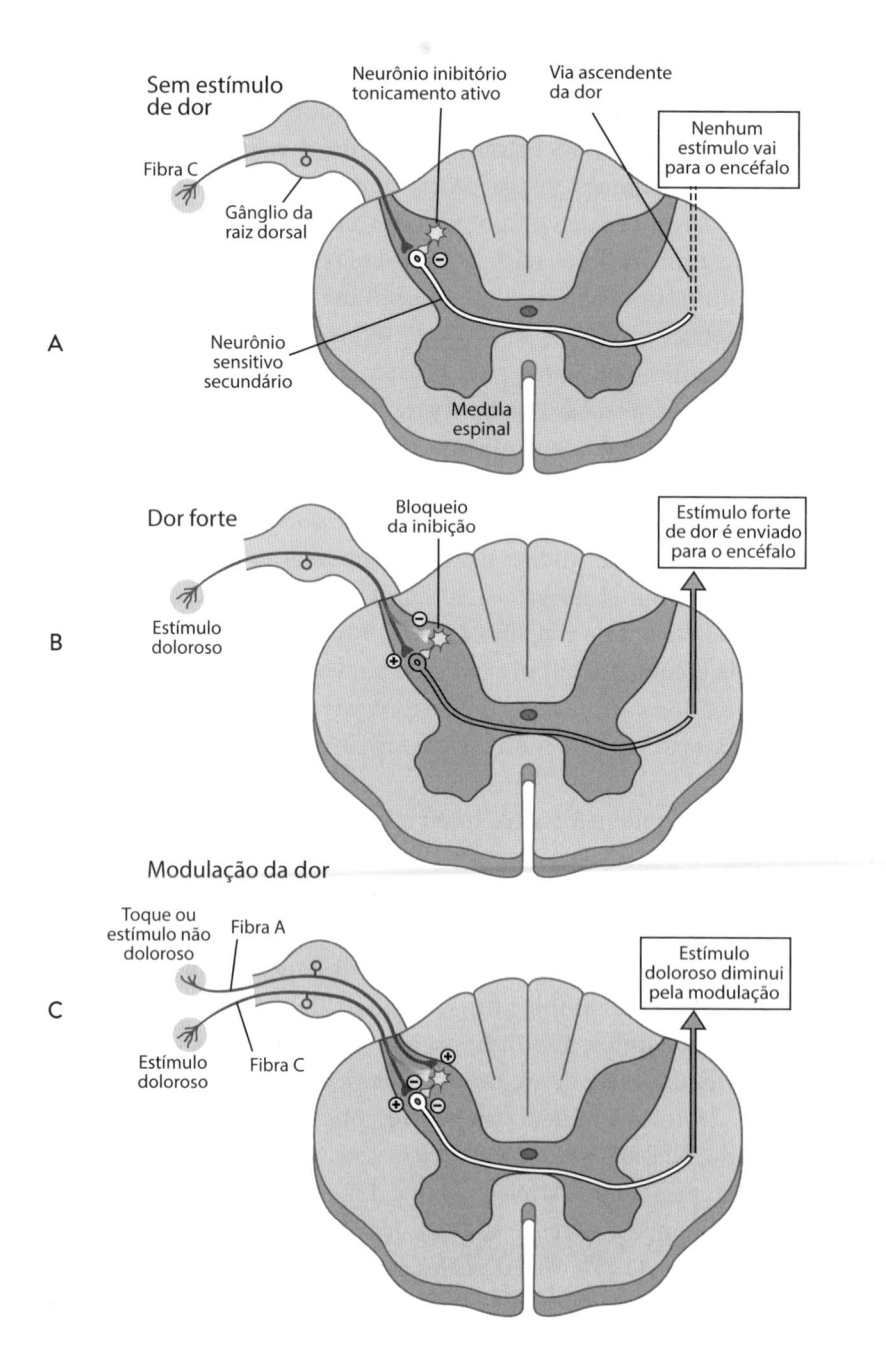

FIGURA 1.11 Esta ilustração mostra a ausência de estímulo (A), em que um interneurônio inibitório impede que sinais ascendentes de dor sejam enviados para o encéfalo (B) quando o estímulo doloroso excita um nociceptor; a fibra C, no nociceptor, bloqueia a inibição, permitindo que um sinal muito intenso seja enviado para o encéfalo. (C) Um estímulo mediado por um não nociceptor pode diminuir o sinal de dor por meio do estímulo do neurônio inibitório do interneurônio, sobrepondo-se ao efeito da fibra C.
Fonte: Silverthorn, 2003, p. 293.

O efeito neurofisiológico tem durabilidade de aproximadamente 5 minutos ou menos, constatado na coluna cervical e na coluna lombar em pessoas assintomáticas, conforme Hegedus et al. (2011) investigaram em uma revisão sistemática. Daí a utilização e favorecimento do alongamento feito em seguida à mobilização articular.

Uma questão prática foi observada pelos pesquisadores Pentelka et al. (2012): tanto 30 ou 60 segundos de mobilização foram praticamente similares nos efeitos analgésicos, com tendência para maior efeito com o maior tempo em mobilização. Esse estudo sustenta que devem ser usadas quatro séries de mobilização em pessoas assintomáticas quanto à presença de dor. Mas esses resultados apresentam variabilidade pelas diferenças na rigidez, grau de tensão e estado de permanência em relaxamento do cliente.

Não há ainda um posicionamento a respeito do fator quantitativo de tensão para produzir movimento articular. Nesse quesito, ao mostrarmos os exercícios de mobilização, não estaremos propondo um número fixo de repetição ou um tempo rígido para se manter na posição, mas como a intenção é desenvolvimento da flexibilidade, sugerimos como tempo mínimo de alongamento 45 segundos e mobilizações mantidas por 20 a 30 segundos ou de forma oscilatória entre 20 e 30 repetições. Quando o tempo apresentado nos exercícios deste livro for menor do que o referido na literatura, implica uma experiência em pessoas saudáveis que pode servir para orientar o programa em sua fase inicial e não um padrão a ser seguido.

CAPÍTULO 2

Mobilização e tração articular: uma breve apresentação

As técnicas de mobilização e/ou tração são procedimentos aplicados há muito tempo na medicina e ambas as modalidades têm produzido bons resultados no relaxamento, na redução da dor e no desenvolvimento da flexibilidade.

Há informações históricas e que merecem ser lidas em Pettman (2007), as quais indicam que técnicas de mobilização e tração eram aplicadas nas civilizações astecas, egípcias e tailandesas 2000 anos a.C. É reconhecido que a manipulação/mobilização espinal foi amplamente praticada em muitos lugares, como Indonésia (Bali), Havaí (Lomi Lomi), Japão, China, Índia, México e Rússia.

Um marco também foi a contribuição clássica do médico Hipócrates (460-380 a.C.) ao recusar uma cultura supersticiosa com práticas infundadas em prol da suposta cura e conseguir nortear os conhecimentos para a saúde em um direcionamento com atitudes científicas. Hiprócrates atribuía as doenças ao meio ambiente, alimentação e hábitos de vida (Pettman, 2007). Ele já realizava técnicas com mobilização e tração, convencido de que poderia recuperar uma articulação com dor (Graaff, 2003), sendo seu princípio utilizado até hoje, porém com as devidas adaptações de natureza técnica, manual e com aparelhos e denominações mais sofisticados (o que não significa que sejam necessariamente melhores), mas apropriando-se dos conceitos clássicos para gerar novas práxis.

Em um período bem à frente, é válido mencionar o trabalho de Andrew Still, com a escola de osteopatia, e dos pesquisadores e médicos que disseminaram as técnicas de manipulação, mobilização e tração, como Jammes Mennell, James Cyriax, Karel Lewit, Philip Greenman; e na fisioterapia, com Freddy Kaltenborn, David Magee, Brian Mulligan, entre outros profissionais e pesquisadores que também colaboraram disseminando as técnicas de mobilização e tração articular.

Neste livro, tanto a mobilização como a tração associada com alongamento serão empregadas com o intuito de propor uma prática para restaurar a função articular e a flexibilidade funcional em pessoas saudáveis, sem manifestação de dor ou comprometimento mais severo, como hérnia, artrite, artrose etc. Nesses casos, recomenda-se a consulta a um médico que, na presença de um diagnóstico preciso, indicará como proceder.

Serão aplicadas técnicas de mobilização com objetivo de produzir deslizamento na superfície articular e também técnicas de tração para descompactar a articulação, sempre com tensão suave ou moderada (zona de desconforto), conforme a rigidez dos tecidos conjuntivos da articulação, diferentemente de algumas práticas clínicas, que implicam tracionar com maior vigor e de forma muito mais lenta pelas características do tecido periarticular, do processo de lesão e de intervenção cirúrgica. Finalmente, vale parafrasear o dito de Hipócrates: *sempre que um professor (médico) não puder ajudar, ele deve evitar prejudicar.*

Na Figura 2.1 é apresentado um exemplo de tração da articulação do ombro com técnicas associadas.

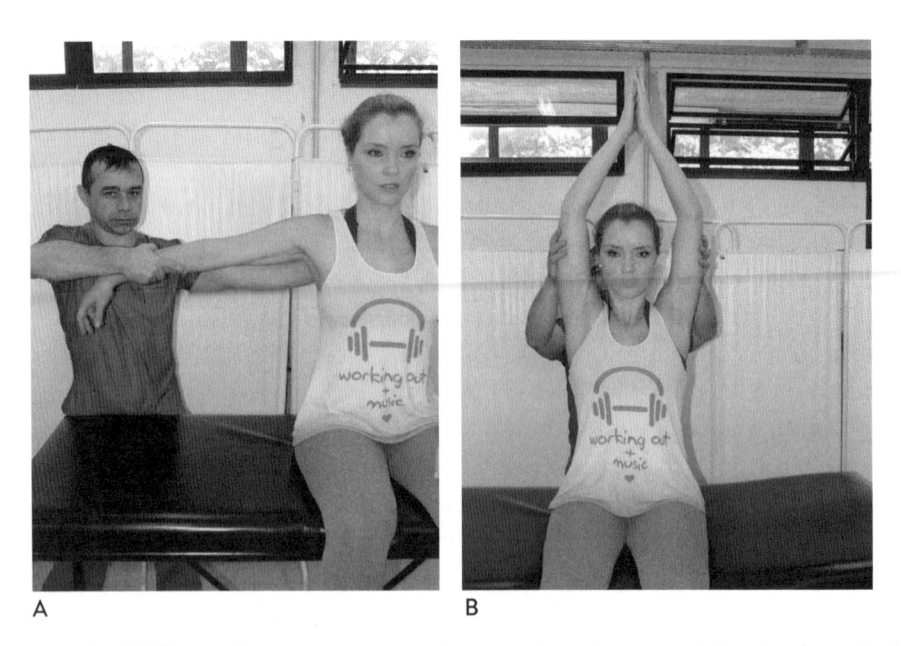

A   B

FIGURA 2.1 (A) Tração do ombro tensionando para a lateral com estabilização da escápula. Variação: Tensiona-se o ombro para a lateral, em seguida rotaciona-se lateralmente o ombro (dedo mínimo para cima) e aumenta-se sutilmente a tração; em seguida, rotaciona-se medialmente (polegar para baixo) e mantém-se a amplitude de movimento. Na sequência, flexiona-se um pouco o cotovelo e o cliente exerce uma força submáxima, impedindo a extensão do cotovelo (isometria), relaxa e traciona novamente. (B) Compara-se elevando os dois braços e aproximando as palmas das mãos. Algumas vezes constata-se nitidamente que houve alteração (efeito agudo) na amplitude de movimento.

A tração pode provocar lesão se for muito intensa, tanto com rotação medial (articulação bloqueada) como na rotação lateral (maior liberdade de movimento), pelo posicionamento do tubérculo maior, posterior ao acrômio, que deixa a articulação mais livre.

MASSAGEM TRADICIONAL TAILANDESA: PRINCÍPIOS E RECOMENDAÇÕES

Embora neste capítulo não se aborde com profundidade a massagem tailandesa propriamente dita, parece que muitas técnicas de mobilização e tração articular presentes na literatura realizam procedimentos similares, aproveitando as alavancas, movimentos de pressão, tração e circunduções solicitados na massagem tailandesa. Os efeitos são notáveis, tanto no bem-estar como na amplitude de movimento alcançada de forma aguda.

É evidente que a massagem tailandesa pode ser bem superior aos procedimentos descritos a seguir. Contudo, os resultados são muito expressivos quando essas técnicas são empregadas antes dos exercícios de alongamento mantidos para desenvolver a flexibilidade. Ela é apontada aqui porque mostra que há muito tempo já se utilizam a pressão, a tração e a mobilização articular.

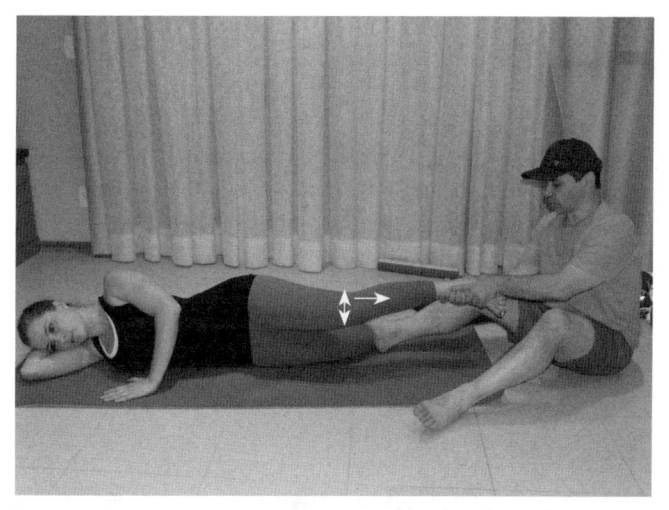

FIGURA 2.2 Tração do quadril em decúbito lateral. Estabiliza-se o quadril mantendo o pé apoiado na perna flexionada do cliente. Evita-se tracionar o quadril em rotação medial ou com o pé em inversão. Variação: Realizam-se balanceios da articulação do quadril em posição neutra, em seguida o profissional estende o tronco e executa um deslizamento inferior do quadril (tensionando em sua direção). Novamente balanceia-se o quadril e mantém-se a posição entre 10 e 20 segundos.

A massagem tailandesa é uma filosofia de vida. Ela é aplicada com paciência, atenção plena, harmonia e ritmo entre o cliente e o profissional, seguindo uma série de princípios em busca do equilíbrio do organismo. Envolve pressão suave e moderada para impedir momentaneamente o fluxo sanguíneo nos canais de energia. Além de exercer tração, também consegue efeitos importantes para diminuir a rigidez e aumentar a amplitude de movimento.

Os exercícios apresentados nas figuras 2.2 a 2.4 não empregam os procedimentos clássicos da massagem tailandesa, no que diz respeito ao seu princípio e filosofia. Portanto, não se pode dizer que sejam massagem tailandesa. Ainda assim, seus efeitos nos exercícios de alongamento prolongado merecem ser explorados.

A massagem tem por princípio iniciar pelos pés e é aplicada em um lugar tranquilo, sobre um colchonete e sem interrupção. Em geral, evitam-se alguns tipos de massagem em pessoas com osteoporose ou pressão alta.

Técnicas de mobilização e tração são bem aplicadas na massagem tradicional tailandesa, mas ela é ainda pouco conhecida e explorada na prática e muito pouco investigada cientificamente em nosso país. Essa técnica, feita com pressão das mãos, cotovelos, pés e joelhos, provoca efeitos imediatos e notáveis sobre o relaxamento e a amplitude de movimento. Na Figura 2.3 é apresentado um exemplo de pressão com o côndilo medial do joelho antecedendo a mobilização (posterior); e na Figura 2.4, é mostrado o alongamento em flexão do quadril com rotação medial.

A mobilização feita com as mãos próximas às articulações é bem mais fácil e segura de ser aplicada do que aquela realizada com os pés. Essa informação pode parecer óbvia, mas se a pessoa aprender a se concentrar e tiver um ótimo

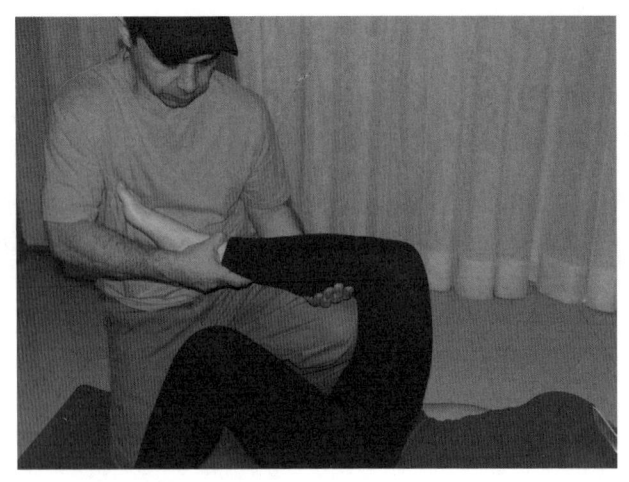

FIGURA 2.3 Pressão com o côndilo medial do joelho seguida de mobilização. Mantêm-se os côndilos do joelho na região posterior da coxa (isquiotibiais), e puxa-se levemente o tornozelo, produzindo compressão nos isquiotibiais.

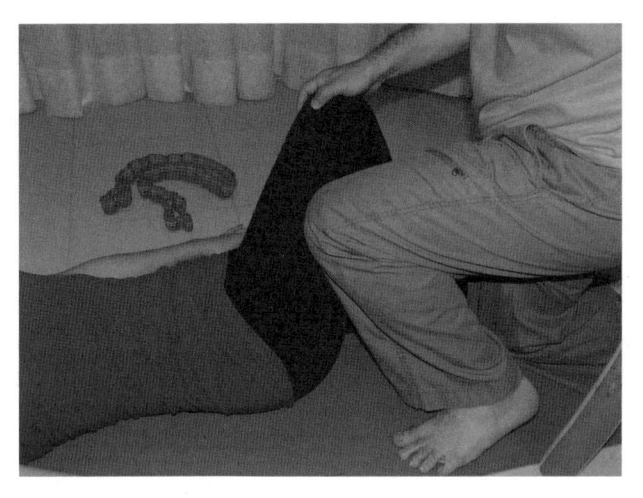

FIGURA 2.4 Alongamento em flexão de quadril com rotação medial. Mantém-se o côndilo medial no trato iliotibial e tensiona-se a coxa em direção lateral com a mão.

domínio da técnica e sensibilidade à dor do cliente, a massagem com o pé, joelho e cotovelo é oportuna para garantir uma pausa para as mãos do profissional e indicada em pessoas hipertônicas e/ou hipertrofiadas, tanto para diminuir a rigidez se feita isoladamente como para desenvolver a flexibilidade, quando associada com alongamento.

Não se trata uma disfunção musculoarticular, e sim pessoas com disfunção musculoarticular. Mobiliza-se e alonga-se centrado no bem-estar e na saúde do cliente.

Concentração, paciência e compaixão (gostar de ver outros com bem-estar e saúde) são essenciais para quem pretende massagear, principalmente se for realizar com os pés e os cotovelos. Deve-se eliminar toda a pressão desnecessária e ter atenção plena à tarefa e ao cliente.

A massagem tradicional tailandesa se utiliza do polegar, cotovelo, joelho e da palma da mão para pressionar as linhas dos meridianos e manter o foco nos pontos específicos dessas linhas.

As técnicas orientadas pelo princípio da massagem tradicional tailandesa baseiam-se pelas linhas (meridianos) de energia do corpo (p. ex., na síndrome de dor escapular é feita a massagem profunda com pressão sustentada e alongamento passivo) (Buttagat et al., 2012).

Seu princípio é desativar essas linhas de modo que a energia flua pelo corpo de uma maneira equilibrada. Dessa forma, como está evidenciado na prática, a massagem tradicional tailandesa tem como preceito liberar o bloqueio de energia e aumentar a consciência, além de se associar com o alongamento, que alivia a tensão e aumenta a flexibilidade (Tapanya, 1993).

Em um estudo para investigar o efeito de uma sessão de 30 minutos de massagem tradicional tailandesa na síndrome de dor escapular por meio de eletroencefalograma (EEG), observou-se diminuição da ansiedade e na intensidade de dor (Buttagat et al., 2012).

Nessa análise mediante eletroencefalograma encontraram um aumento no relaxamento, manifestado por incremento na atividade delta e diminuição na atividade teta, alfa e beta. Alicerçada em outros estudos para discutir o resultado, mencionou-se que a massagem pode aumentar o fluxo sanguíneo cerebral na região parietal e occipital, o que resulta em alteração na atividade elétrica cerebral.

Uma suposição é que a atenção dada à pessoa e a percepção de ser cuidado por outra pessoa podem afetar os centros superiores do cérebro e conduzir a mudanças na percepção de dor e estresse.

Como Buttagat et al. (2012) também observaram diminuição da ansiedade, reivindicaram outras pesquisas, que apontaram que uma dada pressão moderada pode aumentar a produção de serotonina inibidora de dor. Na figura 2.5 são apresentados alguns pontos de pressão.

Ao revisar a literatura, Netchanok et al. (2012) equipararam o efeito da massagem tailandesa ao da massagem suíça no desenvolvimento da flexibilidade e alívio da dor na coluna lombar, mas consideraram a massagem tailandesa mais funcional, uma vez que utiliza compressão e tração e seus efeitos são substanciais

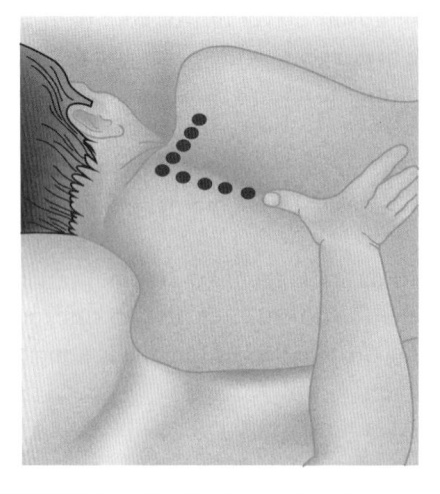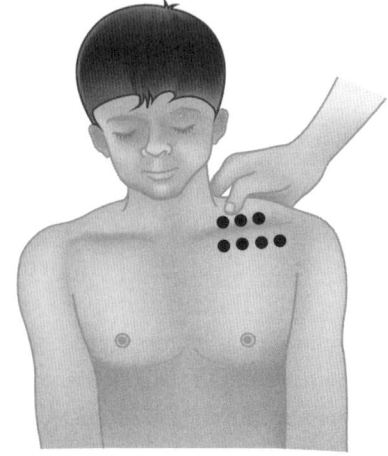

FIGURA 2.5 Localização dos pontos de massagem.
Fonte: Buttagat et al. (2012).

no bem-estar e saúde. Contudo, para fins de comparação entre os procedimentos de massagem, é preciso considerar como e quem os está aplicando.

Em uma recente revisão sistemática, a massagem tailandesa foi considerada muito efetiva para reduzir a dor, a tensão muscular e a ansiedade. Houve aumento da oxitocina, que ajuda no aumento da imunidade e na diminuição da ansiedade e da depressão (Keeratitanont, 2015). Os efeitos da massagem tradicional tailandesa se mantiveram por 15 semanas. Um dos estudos demonstrou que uma sessão única de massagem tradicional tailandesa diminuiu a dor juntamente com a redução na substância P. A oxitocina liberada no plasma tem mostrado aumentar o limiar da dor e induzir relaxamento, além de diminuir o cortisol e os níveis de pressão sanguínea. Essa substância é um neurotransmissor do corno dorsal, produzida pelas fibras nociceptivas e disponibilizada na área inflamada (Morhenn et al., 2012).

É possível que a massagem tradicional tailandesa possa influenciar a transmissão de dor na coluna dorsal, aumentando a inibição pré-sináptica nos terminais aferentes nociceptores do sistema de "comporta". Essa massagem, se feita antes ou durante o alongamento, atua de forma importante sobre as terminações nervosas, reduzindo o excesso de sensibilidade, proporcionando alívio no desconforto e em alguns tipos de dor.

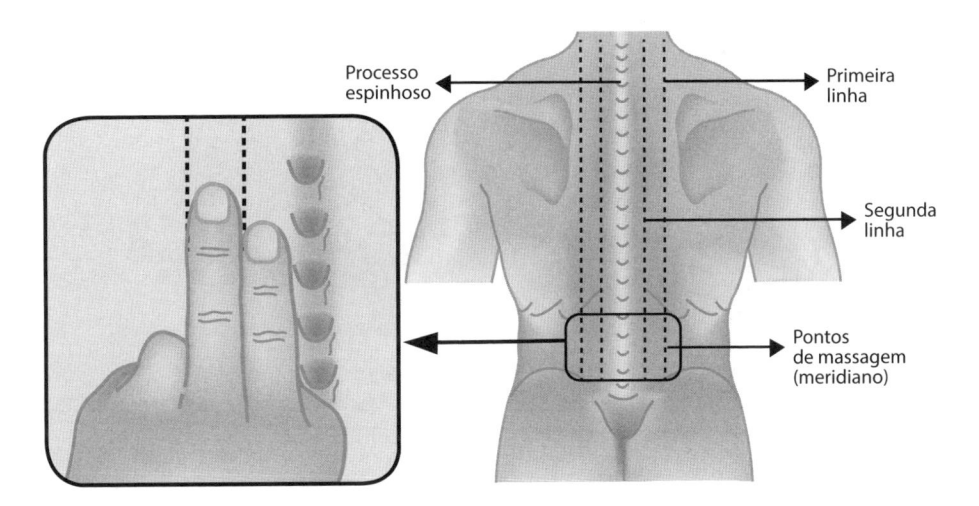

FIGURA 2.6 Pontos dos meridianos da segunda à quinta vértebra da coluna lombar; a localização é aproximadamente um dedo ao lado do processo espinhoso. A segunda linha é dois dedos ao lado do processo espinhoso.
Fonte: Mackawan et al. (2007).

Quanto à massagem clássica, em uma recente revisão, Holey e Dixon (2014) verificaram que ela aumenta a resposta parassimpática e a liberação de serotonina,

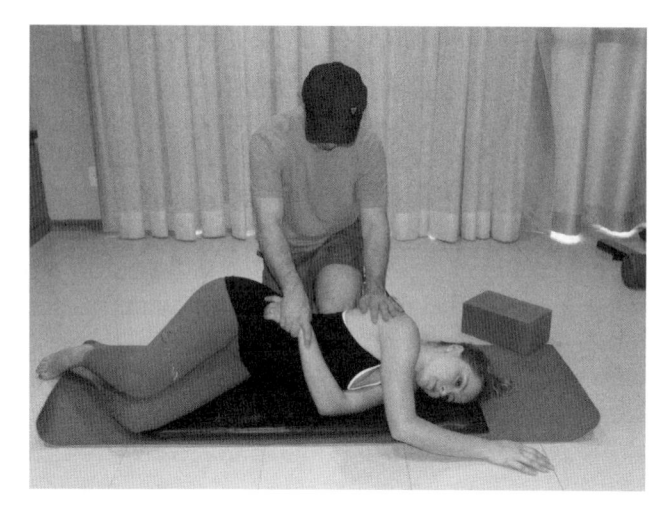

FIGURA 2.7 O profissional puxa a mão do cliente enquanto mantém o joelho sutilmente sobre a coluna torácica, na região dos músculos paravertebrais do lado esquerdo.

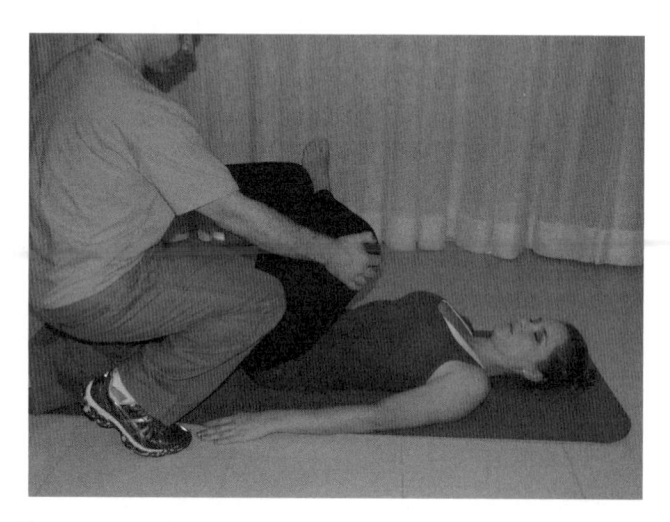

FIGURA 2.8 Alongamento dos rotadores laterais do quadril. Pressiona-se o glúteo com o joelho, mantém-se 2 a 5 segundos e libera-se o joelho na musculatura glútea e lateral da coxa, mantendo-se o alongamento.

betaendorfina e oxitocina, com potencial para reduzir a dor e a ansiedade. Essas respostas são muito úteis para anteceder o alongamento com tensão moderada e prolongada, tornando-o mais fácil na presença de encurtamento. Respeitadas as diferenças, a prática ocidental também poderia usar com mais frequência a massagem tailandesa, tendo como foco o reposicionamento articular e a contribuição na supressão do encurtamento dos tecidos periarticulares, em vez de se pautar no fluxo de energia.

Nesse sentido, usar mãos, joelhos ou pés para alongar, mobilizar ou tracionar requer consentimento do cliente e consciência profissional sobre o porquê se está usando essas técnicas.

Faz-se a pressão também na parte alta da coluna lombar. É importante aplicar quando apresenta um ponto ativo de dor na região escapular. Pressiona-se sutilmente (2-5 segundos) o joelho em uma área rígida.

Obviamente, em nossa cultura, realizar exercícios apoiando uma parte do corpo (como os pés ou joelhos) sobre uma pessoa pode causar muita estranheza. Isso pode também ocasionar danos musculoarticulares se não houver técnica apurada do profissional. Além de cursos com carga horária de pelo menos 72 horas com profissionais da massagem tailandesa, aulas de anatomia são de extrema importância. Para despertar o interesse sobre o assunto, indico a leitura dos

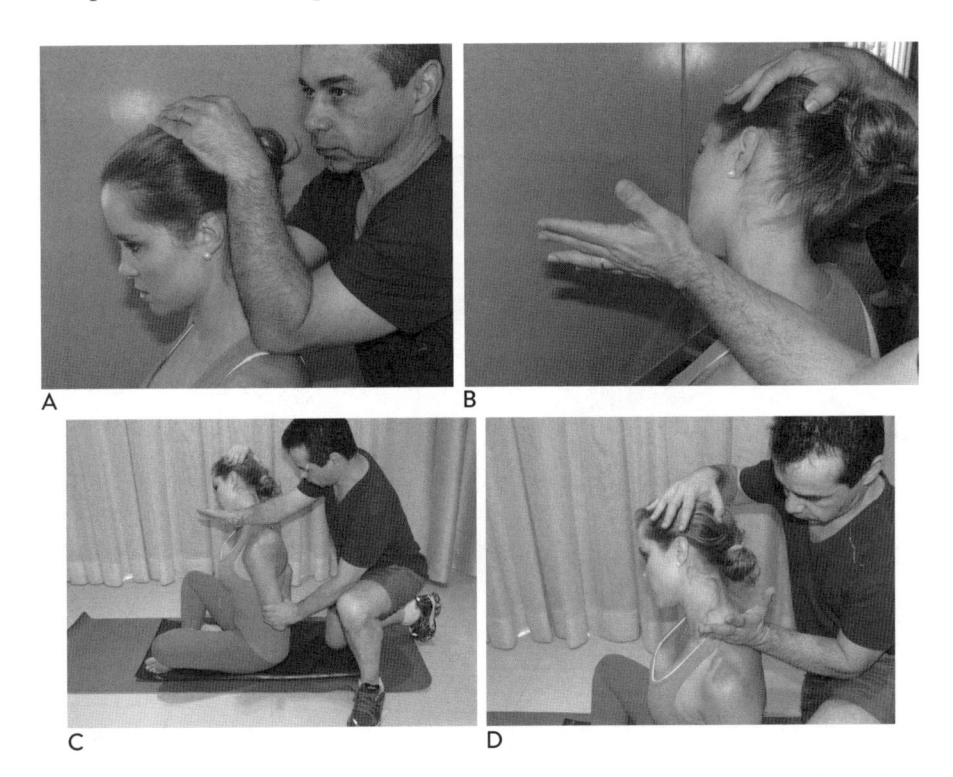

FIGURA 2.9 O cliente inspira elevando os ombros e durante a expiração o profissional pressiona os cotovelos sobre os ombros até a resistência muscular durante 2 a 5 segundos (A). Para aumentar a sintonia, acompanha-se o ritmo da respiração do cliente com sua respiração, inspirando e expirando simultaneamente. Tensiona-se com os cotovelos de forma simétrica, tendo por base os lóbulos das orelhas. A seguir, realiza-se o deslizamento com o antebraço (supinado e pronado) ou com a região pisiforme da mão sobre o ombro esquerdo com flexão da coluna cervical para a direita, conforme imagem (B). A pressão suave do antebraço (rádio e ulna) (C) e do pisiforme se faz em paralelo ao solo e ligeiramente oblíqua para cima. A mão de apoio na cabeça serve para estabilizar a coluna cervical, em vez de reforçar a flexão lateral durante o deslizamento do antebraço ou pisiforme na região do trapézio (D).

livros de Coimbra (2006) e Gold (2000). Além disso, essa prática merece ser conduzida por profissionais formados e especializados, com senso apurado de perceptividade e sensibilidade ao contexto.

Um profissional bem treinado pode aplicar uma pressão com os pés, mostrando alta sensibilidade na quantidade de pressão necessária. Mas ser um profissional bem treinado vai além de conhecer a técnica do movimento; ele deve conhecer o estado de saúde do cliente e a necessidade de se aplicar a técnica, sempre com um estado de autoconsciência.

Além disso, e de forma mais agravante, outros profissionais podem apenas observar a prática e/ou somente escutar sobre seus efeitos benéficos e tentar aplicá-la sem muito conhecimento do método, da técnica e principalmente das indicações de aplicação, bem como dos conceitos éticos. Aí criam um nome, por

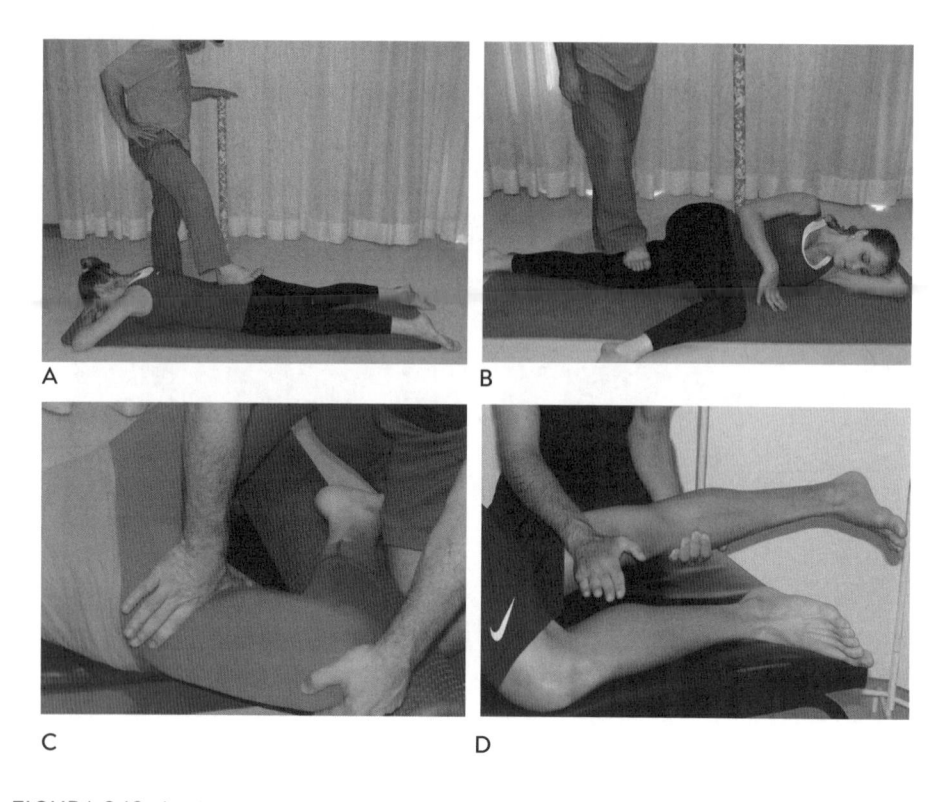

FIGURA 2.10 Apoia-se o retropé de modo sutil na coluna lombar e desliza-se com extrema precisão e delicadeza para baixo (A). Pressiona-se suavemente com o pé a parte medial da coxa, elevando o joelho e pressionando novamente (B). Da mesma forma, pode-se usar as mãos, o joelho, como nas imagens C e D, o que é mais seguro e fácil de aprender, mas que não dispensa uma boa técnica. Aqui, diferentemente da massagem tailandesa, o bastão é utilizado para equilíbrio e maior segurança na técnica. Apoiar-se na parede é uma boa opção.

exemplo, "Neomassatai", prometem mil maravilhas em 20 dias, o que pode virar moda e suprimem a essência filosófica milenar.

A ausência de uma técnica apropriada e de conhecimento a respeito do cliente pode ocasionar lesões. Danos morais e físicos são consequências da falta de prudência e de paciência para aplicar com rigor a técnica de tração, mobilização e alongamento. Muitos movimentos são excelentes para causar alívio de tensão em razão das posturas mantidas e cargas conduzidas; contudo, um profissional não concentrado e desprovido de boa formação pode agredir a coluna em vez de ajudar a tratá-la.

Nesta obra, serão apresentados somente alguns fundamentos aplicados pela massagem tailandesa, no que se refere às alavancas ósseas; embora esse aspecto importante tenha sido evidenciado com tanta importância pelos pesquisadores, pouco se é atribuído ou mencionado sobre a massagem tailandesa. O que se pretende aqui é mostrar que ela é importante e que seus princípios, seja pelo conhecimento dos meridianos ou pela tração, mostram efeitos positivos na articulação.

Algumas práticas utilizadas neste livro não atendem aos mesmos princípios de pressão nos canais Sen ou nos meridianos, mas utilizam pressão com os membros nas articulações e têm provocado efeitos significativos e rápidos na flexibilidade, em particular ao ser aplicadas antes do alongamento prolongado por 40 a 60 segundos. Em programas de treinamento personalizado, há disponibilidade de tempo para aplicar essas técnicas com precisão, pois se consegue avaliar mais detalhadamente os vários grupos musculoarticulares e os problemas de encurtamento muscular e do complexo articular. Nesse contexto, brevemente, neste capítulo tive a intenção de valorizar a história e mostrar que há um sentido para as técnicas apresentadas.

Um texto elaborado pelo profissional, a respeito dos benefícios e contraindicações da mobilização articular, tração e alongamento, constitui uma boa medida para mostrar segurança e esclarecer os objetivos que se almeja com o cliente. A partir dessa proposta, modificamos o termo de consentimento apresentado no livro de Fritz (2002) para adequá-lo à nossa realidade:

Termo de consentimento informado

Eu, ..., compreendo que a mobilização articular, tração, alongamento e massagem que recebo têm como propósito a redução da rigidez, supressão de encurtamento e desenvimento da flexibilidade. Se experimentar alguma dor ou desconforto, informarei imediatamente ao profissional, de modo que a pressão ou os métodos aplicados possam ser ajustados a meu nível de conforto; ou, se o sintoma persistir, para que se deixe de realizar aquela prática. Compreendo que o profissional de Educação Física não diagnostica ou interfere em casos de doenças musculoarticulares crônicas, tampouco prescreve quaisquer tratamentos médicos e que nada dito ou feito durante a sessão deve ser interpretado como tal. Reconheço que a mobilização articular, tração e alongamento não são um substituto para exame médico ou diagnóstico.

Como essa prática não deve ser realizada sob certas circunstâncias, concordo em manter o profissional de Educação Física informado sobre lesões prévias, cirurgias, hérnia discal ou dor frequente sem diagnóstico. Ele, por sua vez, deverá solicitar que se faça uma consulta médica antes de dar continuidade com a mobilização e tração.

Cliente ....

Data ....

Profissional ....

CAPÍTULO 3

Mobilização articular

No campo da Educação Física e dos Esportes, Stone (1999) apenas sugeriu o uso da mobilização para os profissionais na ausência de patologia, mas não elaborou uma proposta para sua aplicabilidade. A mobilização articular não tem sido explorada na educação física com fins de suprimir retração no tecido conjuntivo periarticular e de desenvolver a flexibilidade.

O que habitualmente se refere como mobilização articular em relação à amplitude de movimento na Educação Física e nos Esportes são exercícios feitos principalmente de forma ativa, dinâmica, sem dissociar o movimento osteocinemático do artrocinemático, compreendendo, por exemplo, circunduções dos quadris e dos ombros — ou seja, não há estabilização de uma parte óssea para se mobilizar outra.

A Figura 3.1 apresenta exemplos de exercícios feitos com circundução de ombro e quadril que em geral fazem parte de um aquecimento.

A   B

FIGURA 3.1 (A) Movimentos com circundução do ombro. (B) Circundução do quadril.

Nos exercícios de circundução do quadril e do ombro, utiliza-se o máximo possível de tensão nas extremidades (tensiona-se o ombro ou quadril para os lados e para cima durante todo o percurso do movimento).

A circundução pode ser aplicada em vários planos da articulação antes da mobilização específica para uma determinada região articular. Os movimentos de circundução podem ser feitos com pequena amplitude para, em seguida, serem executados com a maior amplitude de movimento possível. Por exemplo, inicia-se com os membros flexionados, estendendo-os em seguida, de modo a exercer tensão nas extremidades em toda a movimentação do complexo musculoarticular. A prática de mobilização articular sem estabilização de um segmento em detrimento de outro é realizada em populações saudáveis e em atletas como parte do aquecimento, mas também pode ser considerada uma oportunidade ímpar para o aquecimento antes de o profissional realizar a mobilização articular com estabilização de uma superfície articular. Alguns de seus objetivos são:

1. diminuir a viscosidade;
2. aumentar a produção de líquido sinovial;
3. aumentar a amplitude de movimento (efeito agudo decorrente do arrasto do tecido conjuntivo).

A mobilização articular feita em movimento, sem estabilização de uma das superfícies articulares, não tem intenção de suprimir encurtamento muscular e retração nos tecidos conjuntivos periarticulares, mas mesmo assim apresenta alguns efeitos fisiológicos similares aos da mobilização articular com estabilização (artrocinemática) e aparenta não ter um efeito impactante para restituir um movimento articular.

O movimento osteocinemático é caracterizado por um determinado ângulo do osso e de suas superfícies articulares correspondentes (Loubert et al., 2013). Uma parte do corpo forma um raio sobre um eixo, sendo o eixo no movimento osteocinemático orientado de forma perpendicular ao plano de rotação em que o movimento ocorre.

A osteocinemática se refere à amplitude de movimento de uma articulação, enquanto a artrocinemática diz respeito ao jogo articular normal e necessário, que permite o movimento livre das superfícies articulares dos ossos em uma articulação.

Por exemplo, ao fixar o segmento médio do osso do dedo indicador (entre as articulações interfalângicas proximal e distal) de uma mão com o polegar e o indicador da outra e sacudir o osso de um lado para o outro, pode-se sentir um pouco do jogo articular que é a artrocinemática (ver Fig. 3.2). O jogo articular (ou movimento articular) seria como uma "permissão" da cápsula articular e dos ligamentos para que, em certo grau, possa ocorrer a mobilização articular (Cael,

2013) e ele existe porque as superfícies articulares não são perfeitamente congruentes (Rechtien et al., 2002).

Não obstante, é relevante saber que a amplitude de movimento total está relacionada tanto à osteocinemática como à artrocinemática. A osteocinemática apropria-se das alavancas ósseas, envolve movimentos em sua amplitude usando a força muscular ou a força gravitacional (por exemplo, a flexão de ombro e a extensão de quadril que ocorrem com a ação muscular concêntrica ou mesmo pela força gravitacional, denominada *movimento fisiológico*). Na artrocinemática, facilita-se a mobilização com apropriação das alavancas, classificadas como curta e longa. Alavanca curta é aquela em que parte de uma vértebra (processo espinhoso) é mantida com firmeza, enquanto se aplica força a uma proeminência óssea da vértebra adjacente (processo espinhoso e processo transverso), e a força aplicada resultante é suficiente para movimentar um segmento sobre o outro.

Alavancas longas são estabelecidas pela utilização de uma das extremidades, ou de segmentos múltiplos na coluna vertebral, em uma manobra de "bloqueio" ósseo. Essas alavancas possuem a vantagem de reduzir a força necessária e aumentar a distância que ela percorre. A técnica de alavanca longa requer localização precisa e limitação da força (Greenman, 2001).

As alavancas longas são usadas para definir localização em qualquer nível segmentar vertebral específico. Segmentos acima e abaixo do segmento vertebral disfuncional são travados em uma alavanca longa, enquanto o segmento a ser cuidado fica "livre" para receber a força ativadora a ser aplicada. Não é incomum para o praticante inexperiente aplicar força excessiva em uma articulação que está inapropriadamente travada por deficiência de localização (Greenman, 2001).

A mobilização articular com ênfase na artrocinemática, que é o escopo central deste livro, compreende movimentos da superfície articular que atuam sobre a cápsula articular, espaço intra-articular, ligamento, músculo e sistema neural.

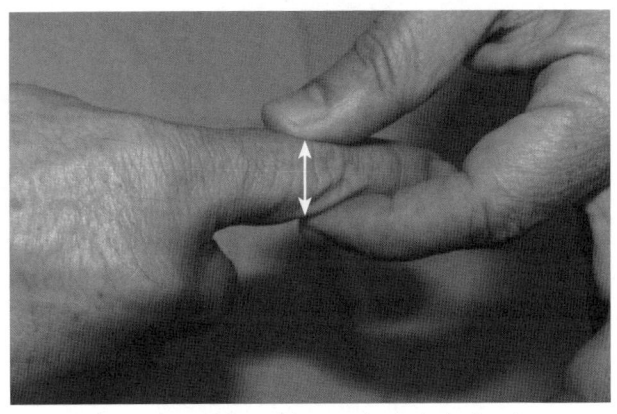

FIGURA 3.2 Jogo articular necessário na falange do dedo indicador.

A mobilização articular tem como objetivo principal recuperar o movimento articular por meio do deslizamento de uma superfície articular sobre a outra, independentemente de ocorrer ou não uma alteração aparente no ângulo entre as superfícies articulares. E dessa forma a mobilização articular é capaz de restaurar o movimento acessório com aumento da amplitude de movimentos em um segmento articular intervertebral. A própria mobilização articular possibilita também avaliar a "folga" articular. A Figura 3.3 apresenta um exemplo de mobilização inferior do ombro.

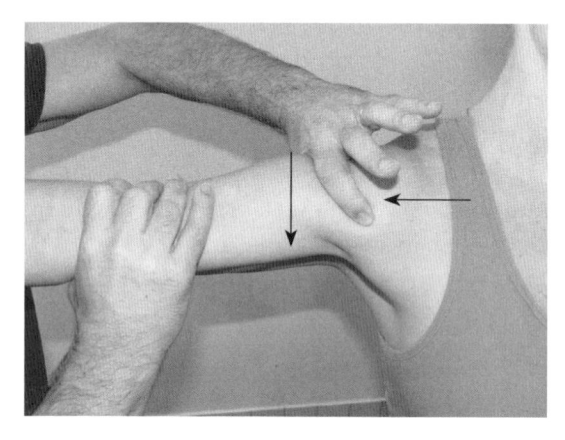

FIGURA 3.3 Deslizamento inferior do ombro. Estabiliza-se firmemente a escápula e afasta-se o braço lateralmente, tensionando o braço para baixo para deslizar o úmero inferiormente. Essa mobilização tem como objetivo aumentar a abdução do ombro. Em seguida é feito o alongamento

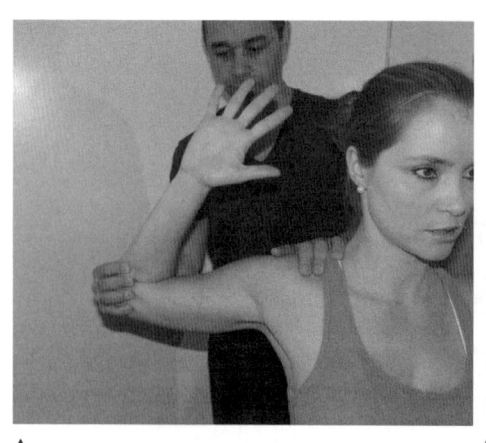

A   B

FIGURA 3.4 (A) Exemplo de alongamento em abdução do ombro; eleva-se para trás e para cima. (B) Exemplo de alongamento com abdução e rotação lateral do ombro.

A artrocinemática estuda o movimento que ocorre entre as superfícies articulares e no interior da articulação, permitindo considerar o eixo mecânico do osso móvel (por exemplo, uma superfície articular estacionária e sua superfície articular oposta, estando em movimento).

Assim, as articulações sinoviais têm amplitude de movimento ativa, denominada *movimento voluntário*, e uma pequena e involuntária amplitude de movimento passiva, reconhecida como *movimento acessório* (artrocinemático), necessário para a função normal e uma amplitude de movimento completa da articulação (Magee, 2002).

O movimento acessório se refere à forma como uma superfície articular se move em relação à outra. Um movimento fisiológico é voluntário, e o movimento acessório acompanha o movimento fisiológico. Os dois ocorrem de forma simultânea. Embora o movimento acessório não ocorra por si só, ele pode ser produzido por uma força externa tal como a mobilização (Voight et al., 2014).

O deslizamento disponível na articulação é um dos componentes do jogo articular. Sua magnitude é determinada pelo formato articular, assim como pelas características dos tecidos conjuntivos adjacentes.

Teoricamente, a quantidade de deslizamento deve ser inversamente proporcional ao grau de congruência e profundidade da concavidade entre as superfícies articulares (Rechtien et al., 2002); por exemplo, o ombro tem menor congruência do que o quadril, de modo que apresenta maior quantidade de deslizamento.

O deslizamento articular ocorre quando um ponto de uma superfície articular entra em contato com uma série de pontos diferentes de outra superfície articular, o que impede a compressão e a perda de contato entre as superfícies articulares e fornece o rolamento necessário para a função plena da articulação (ver figuras 3.5 e 3.6).

Assim, o rolamento articular sem deslizamento causa compressão das superfícies no lado para o qual o osso está se direcionando e descompressão (afastamento) no outro lado (Schomacher, 2014).

Os movimentos acessórios (deslizamento, rolamento e giro) não estão sob controle voluntário; entretanto, eles são imprescindíveis para uma função articular íntegra sem compressão e para se alcançar a amplitude total de movimento de uma articulação.

Vale complementar que o jogo articular (movimento acessório) é a combinação de movimento angular (rotação) com translação (deslizamento), produto indispensável para o bom funcionamento da articulação. A Figura 3.7 representa o jogo articular determinado pelos movimentos articulares passivo, angular e de deslizamento.

Além do rolamento, deslizamento e giro, existem outros movimentos acessórios que podem ser considerados de jogo articular ou artrocinemáticos. Entre eles, incluem-se movimentos de compressão articular e tração articular, durante os quais as superfícies articulares são movimentadas para que se aproximem ou são tracionadas para que se afastem uma das outras, respectivamente. A tração e compressão podem ocorrer por meio dos próprios músculos que cruzam a articulação ou por forças externas.

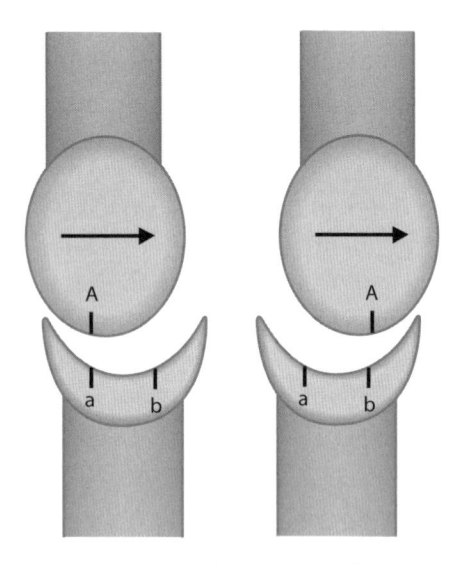

FIGURA 3.5 O deslizamento ocorre quando um ponto de uma superfície óssea entra em contato com uma série de pontos diferentes de outra superfície (vista lateral).
Fonte: Cael (2013).

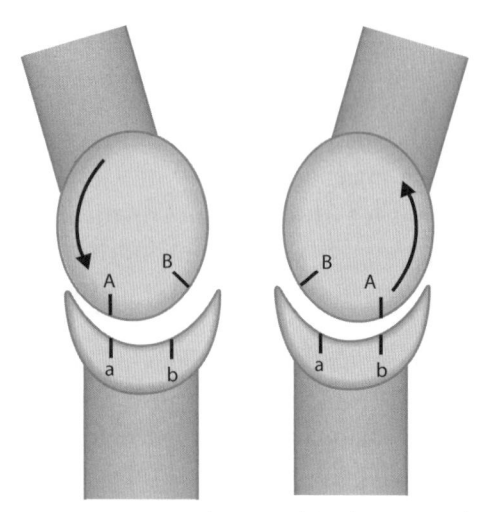

FIGURA 3.6 O rolamento ocorre quando uma série de pontos de uma superfície óssea entra em contato com uma série correspondente de pontos em outra superfície óssea.
Fonte: Cael (2013).

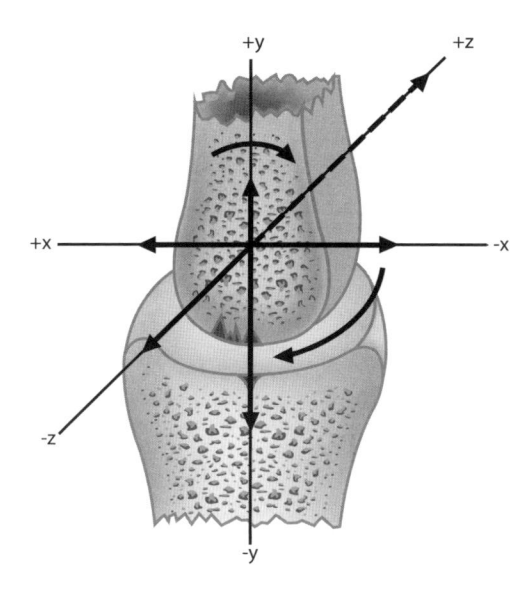

FIGURA 3.7 Jogo articular determinado por movimentos articulares. Legenda: +x, −x = deslizamento lateral; +z, −z= deslizamento anteroposterior; +y= tração; −y= compressão; +z = rotação em torno do eixo z.
Fonte: Schneider et al. (1988).

Restrição no deslizamento articular pode compensar com o rolamento articular e, assim, colocar mais estresse no tecido conjuntivo que estabiliza a articulação e comprime a superfície articular na fase final do movimento, com consequente aumento na tensão do tecido conjuntivo, o que por sua vez provoca dor. Por isso, na falta de deslizamento é indicada a técnica de mobilização articular para aumentar a mobilidade em uma articulação hipomóvel ou com rigidez excessiva, proporcionando assim a recuperação do movimento fisiológico com amplitude normal.

A mobilização articular feita em um segmento específico pode produzir um efeito localizado na mesma articulação e, indiretamente, em uma mesma cadeia muscular. Isso é importante pelo fato de permitir a mobilização de um segmento próximo ao local de dor, mediante pressão.

A rotação e o deslizamento são necessários para a integridade articular e, é também, importante para o jogo articular; um exemplo dessa importância pode ser visto na articulação do joelho, na qual se houvesse somente o rolamento nos côndilos do fêmur sobre o platô da tíbia sem deslizamento, o fêmur rolaria para fora da tíbia e o joelho sofreria uma luxação. Quando o fêmur se estende sobre a tíbia fixa, como ocorre quando uma pessoa se levanta, os côndilos femorais deslizam à medida que rolam e, dessa forma, mantêm contato com os côndilos tibiais

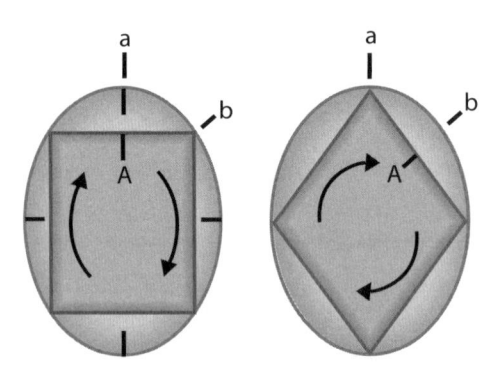

FIGURA 3.8 Rotação ocorre quando uma superfície (A) rotaciona em sentido horário e anti-horário ao redor de um eixo fixo (A e B) (vista superior).
Fonte: Adaptada de Cael (2013, p. 45).

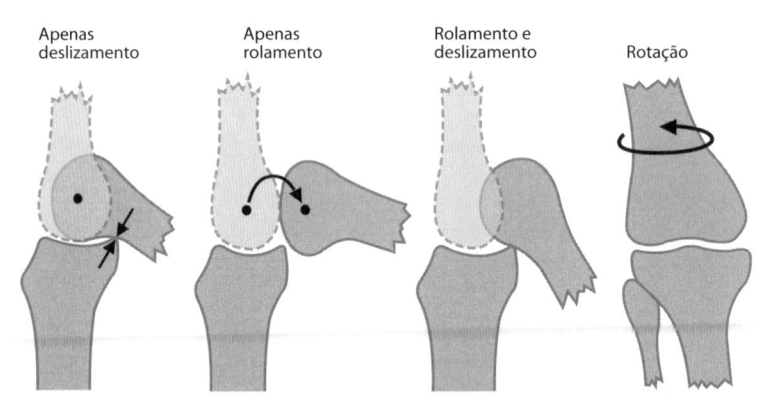

FIGURA 3.9 Representação esquemática dos movimentos do joelho.
Fonte: Palastanga et al. (2000, p. 19).

nos últimos graus de extensão dos joelhos, em uma cadeia cinética fechada (Houglum e Bertoti, 2014; Palastanga, 2000).

A flexão do joelho é feita conjuntamente com a rotação medial e a adução da tíbia, enquanto a extensão do joelho acompanha rotação lateral e abdução.

O fêmur rotaciona medialmente sobre a tíbia para alcançar a extensão total do joelho. Na extensão do joelho sem apoio, a tíbia rola e desliza anteriormente sobre o fêmur fixo. Na extensão do joelho com apoio, o fêmur rola anteriormente e desliza posteriormente sobre a tíbia fixa.

A flexão do joelho, por sua vez, é feita com o deslizamento da tíbia para trás e o rolamento da tíbia sobre o fêmur.

Se o jogo articular for reduzido por uma cápsula articular muito rígida ou um ligamento calcificado, as extremidades ósseas serão impedidas de rotacionar ou

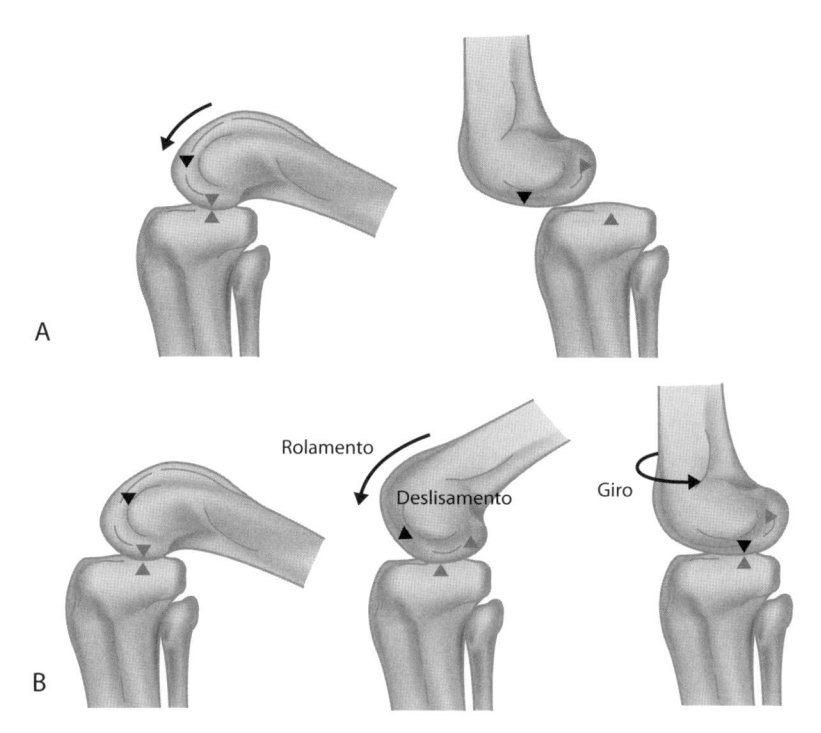

FIGURA 3.10 Movimentos das superfícies articulares do joelho. (A) O rolamento ou movimento de dobradiça do fêmur e da tíbia pode causar luxação articular; (B) o movimento normal do joelho demonstra uma combinação de rolamento, deslizamento e giro nos últimos 20° de extensão (rotação terminal do joelho).
Fonte: Houglum e Bertoti (2014, p. 21).

deslizar pela amplitude de movimento microscópica normal (movimento acessório). Aparentemente, o que se diminui com a disfunção articular é a capacidade da articulação de deslizar.

O tecido presente na cápsula articular é irregular e contém fibras com arranjos em várias direções no mesmo plano. Esse arranjo é de valor funcional para a cápsula, que sofre estresse fisiológico em muitas direções.

Já as fibras regulares orientam mais ou menos no mesmo plano e em uma mesma direção linear. Esse arranjo fornece maior força tensional aos ligamentos e tendões que recebem estresse primariamente unidirecional. Em consequência, diminui a amplitude de movimento (osteocinemática). Nesse contexto, todas as articulações sinoviais e cartilaginosas, em certa extensão, são capazes de uma amplitude de movimento ativa, o chamado movimento voluntário (Oatis, 2014).

Uma diferença que pode haver no deslizamento da superfície articular ocorre pela quantidade maior de força aplicada pelo profissional que o movimento da superfície articular realizado pelo próprio indivíduo (automobilização), que pode ser menos efetivo, pela dificuldade de se posicionar, estabilizar o segmento e colocar tensão adequada; de toda forma, proporciona um benefício adicional de mobilização e não pode ser desconsiderado.

CENTRO INSTANTÂNEO DE ROTAÇÃO

Em relação aos movimentos, não existem eixos reais: todos os eixos são simples linhas imaginárias em torno das quais um componente do esqueleto descreve sua rotação; esses eixos não são fixos, pois também se deslocam com o movimento da articulação.

Cada posição do osso em rotação corresponde a uma única posição do eixo, que é diferente das posições desse mesmo eixo em relação às próximas posições do osso em movimento. Assim, reconhece-se um eixo instantâneo, que durante o movimento se comporta como um eixo evolutivo.

O termo *instantâneo* é um conceito geométrico que localiza um ponto no espaço sobre o qual o osso rotaciona e indica que a localização do eixo é real somente no arco de movimento especificado. E, quanto mais restrita a faixa angular, mais precisa é a estimativa (Neumann, 2011).

Uma articulação que tem um eixo fixo exibe um constante centro instantâneo de rotação, e uma articulação que apresenta rotação e deslizamento apresenta vários centros instantâneos de rotações (Schneider et al , 1988)

Para ilustrar a situação, quando se rola um cilindro, como um rolo de pastel, sobre uma mesa, o eixo do cilindro permanece o mesmo, sempre no mesmo sentido e sempre com a mesma distância da mesa. Por outro lado, se rolarmos uma batata sobre a mesa, seu eixo de rotação irá variar constantemente no sentido e na distância em relação ao plano. No entanto, ela gira (figura 3.11) (Kapandji, 2013).

Na coluna vertebral, a localização do centro instantâneo de rotação se diferencia pelos aspectos anatômicos e funcionais das vértebras. Nas vértebras lombares, o centro instantâneo de rotação está localizado posteriormente ao ânulo fibroso e próximo das facetas articulares, mas pode ser alterado em decorrência de lesão. A destruição do ânulo fibroso desloca o centro instantâneo de rotação das vértebras posteriormente, enquanto a destruição dos elementos posteriores do segmento vertebral desloca o centro instantâneo de rotação das vértebras anteriormente (Defino et al., 2006).

Por causa das assimetrias na forma das superfícies articulares, na maioria das articulações, um ou ambos os ossos constituintes podem exibir deslocamento em relação ao outro. O que funciona para os eixos também serve para os centros de rotação. Em relação ao ombro, pode-se acreditar que por ser uma parte quase

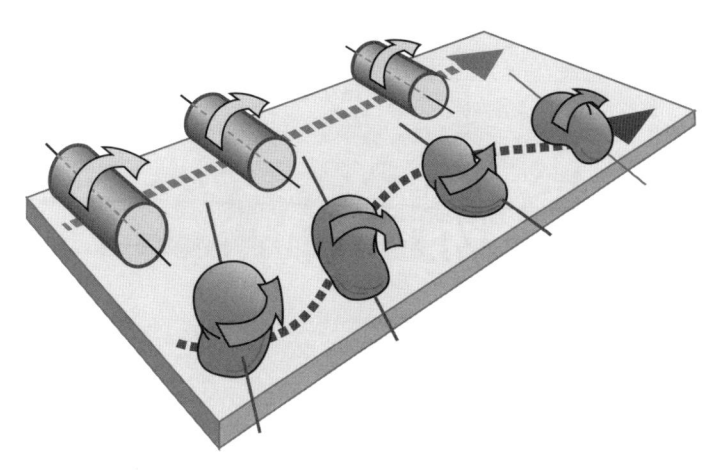

FIGURA 3.11 Quando se rola um cilindro sobre a mesa, o eixo dele permanece paralelo à superfície em que está rolando, assim como continua na mesma direção e distância em relação ao plano. O que vale para os eixos também vale para os centros de rotação.
Fonte: Kapandji (2013).

esférica, a cabeça do úmero giraria em torno de um centro, o centro da esfera, mas isso não acontece.

Constata-se, no caso do ombro, por exemplo, que em vez de coincidir com o centro da cabeça do úmero, os centros instantâneos de rotação se agrupam em dois conjuntos conhecidos por nuvens e separados por uma posição, cujo centro momentâneo se situa fora e longe dessas nuvens, o que se denomina *posição de descontinuidade* (Kapandji, 2013).

É difícil localizar esse eixo de rotação móvel sem técnicas especiais ou pelo menos com medidas radiográficas, que feitas em sucessivas posições permitiram localizar o centro de rotação real de cada posição. Na maioria das situações, essas medidas não são práticas; portanto, é preciso considerar a hipótese de um centro articular instantâneo estático (Hamill e Knutzen, 2012).

A definição de um segmento mediante a aplicação de marcadores nos centros das articulações do indivíduo resulta em uma suposição tecnicamente incorreta. O centro da articulação no vértice do ângulo não muda ao longo do movimento.

É válido lembrar que pela cabeça do úmero ser quase esférica, torna-se possível predizer que os movimentos se efetuam em torno do centro da "esfera". Contudo, Kapandji (2013) refere-se aos estudos de Fischer et al., em que não há apenas um, mas uma série de centros instantâneos agrupados em "nuvens" ou apontados como evolução. Por exemplo, no caso da flexão-extensão (Fig. 3.12) existe uma única nuvem cujos pontos são agrupados em torno do centro da cabeça do úmero.

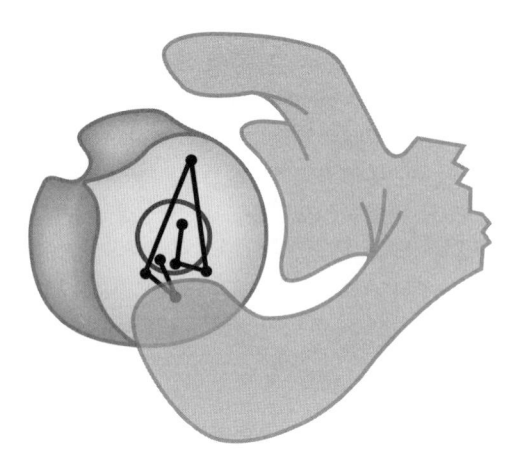

FIGURA 3.12 Movimento de flexão e extensão do ombro mostrando uma única "nuvem" cujos pontos são agrupados em torno do centro da cabeça do úmero.
Fonte: Kapandji (2013, p. 358).

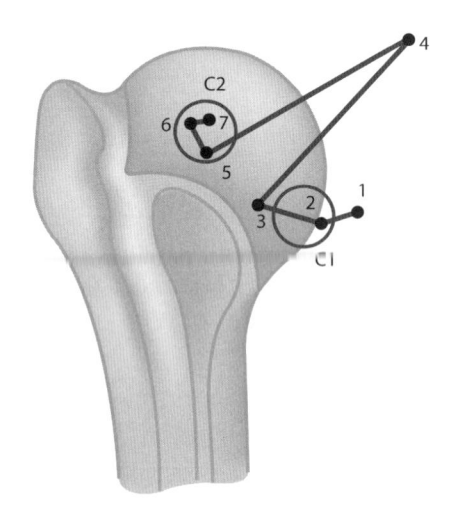

FIGURA 3.13 Movimento de abdução do ombro mostrando duas "nuvens" separadas por uma área descontínua.
Fonte: Kapandji (2014).

No caso da abdução do ombro (Fig. 3.13), não existe uma, mas duas nuvens, separadas por uma área de descontinuidade: a nuvem inferior e interna corresponde ao início da abdução, entre 0 e 50°, enquanto a superior e externa equivale a 50 a 90°.

Finalmente, o centro de rotação representaria o movimento relativo entre duas posições de um objeto em movimento. Para aprender a calcular o centro de rotação instantâneo em radiografias, sugere-se a leitura de Neumann (2011) e Nordin e Frankel (2003).

CAPÍTULO 4

Regra côncavo-convexa

As articulações sinoviais são classificadas como côncavas ou convexas; Quando ambas as superfícies aparentam ser planas, a maior superfície é considerada convexa (Gould, 1993). Em uma superfície convexa existe mais cartilagem na região central, ao passo que na superfície côncava a cartilagem predomina nos perímetros.

A Figura 4.1 ilustra o exemplo da articulação do quadril, cuja face articular compõe-se de uma cabeça semiesférica convexa e uma cavidade côncava na qual esta se encaixa, recoberta por uma cápsula articular e por ligamentos.

Esse tópico remete em grande parte à concepção de Kaltenborn (2001) a respeito da regra côncavo-convexa para as técnicas de mobilização, as quais foram pesquisadas por vários autores que colocaram em prática seus procedimentos. Alguns encontraram resultados positivos, outros contestaram sua teoria e propos-

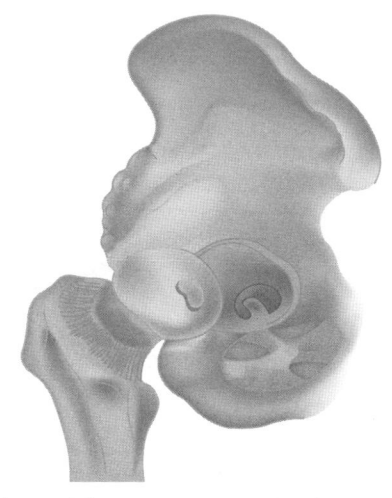

FIGURA 4.1 Articulação do quadril com representação das superfícies côncava e convexa. Fonte: Vigué (2007)

ta prática, e houve, ainda, aqueles que discordaram de seus preceitos, mas apontam que na prática a mobilização produz resultados positivos.

Clássico na literatura é o estudo elaborado por Kaltenborn (2001; 2012) no qual este elabora a regra côncavo-convexa. Segundo essa lei, o sentido do desliza-mento da articulação depende do fato de sua superfície ser côncava ou convexa: se é a superfície óssea côncava que se movimenta, o deslizamento da articulação e o rolamento ósseo ocorre na mesma direção do osso. Por outro lado, se a super-fície óssea que se movimenta for a convexa, o rolamento ocorrerá na mesma di-reção, mas o deslizamento ocorrerá no sentido oposto ao osso.

Tome como exemplo uma superfície côncava: a articulação gínglimo do joelho. Os côndilos da tíbia podem se mover para a frente (limitados pelo ligamento cruzado anterior) e se mover para trás (limitados pelo ligamento cruzado poste-rior), produzindo um deslizamento com o fêmur.

Como a tíbia é côncava, ao se movimentar para trás, produz um deslizamen-to no mesmo sentido sobre a superfície convexa da parte distal do fêmur. Se o deslizamento ocorresse no mesmo lado da superfície óssea convexa em movimen-to, as superfícies articulares tenderiam a comprimir e pinçar as estruturas intra--articulares.

Contudo, quando a superfície articular do fêmur (convexa) se movimenta sobre uma superfície côncava, o deslizamento acontece no sentido contrário ao

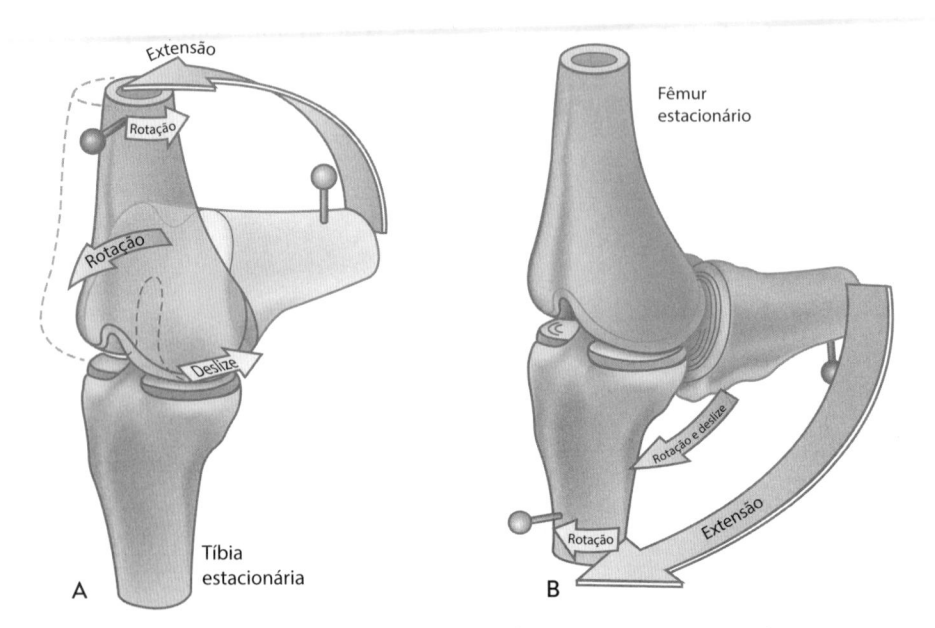

FIGURA 4.2 Regra côncavo-convexa. (A) A superfície convexa se move sobre a côncava, e (B) a superfície côncava se move sobre a convexa.
Fonte: Voight (2014, p. 283); Gould (1993, p. 203).

movimento. Isso ocorre porque o eixo de rotação está sempre no osso convexo. Assim, durante a flexão, o rolamento ocorre no mesmo sentido do movimento e o deslizamento se dá no sentido contrário (Callens, 2009).

Verifica-se que o rolamento articular ocorre no sentido do movimento ósseo, independentemente de a superfície óssea ser convexa ou côncava. Na articulação do ombro durante abdução, por exemplo, a cabeça do úmero rola para cima. Se houver somente o rolamento, a cabeça do úmero deverá por fim impactar o acrômio, apresentando, assim, um pequeno deslizamento inferior.

A cápsula do ombro é um componente estabilizador estático da articulação glenoumeral; trata-se de um envoltório fibroso ligeiramente cilíndrico que, do lado interno, insere-se no colo da escápula e no lábio glenoidal, e, do lado externo, em parte no colo do úmero e nos tubérculos maior e menor. Existe um hiato capsular no nível do sulco intertubercular.

Durante o movimento osteocinemático de abdução do ombro, ocorre movimento artrocinemático da cabeça do úmero, que desliza para baixo. Como a cabeça do úmero é muito maior que a cavidade glenoide, seu deslizamento no sentido oposto do movimento permite situá-la no interior do soquete com o mínimo de translação (deslizamento). Se o deslizamento não acompanhasse o rolamento, a cabeça do úmero se moveria para fora da borda superior glenoidal quando o braço fosse levantado em abdução.

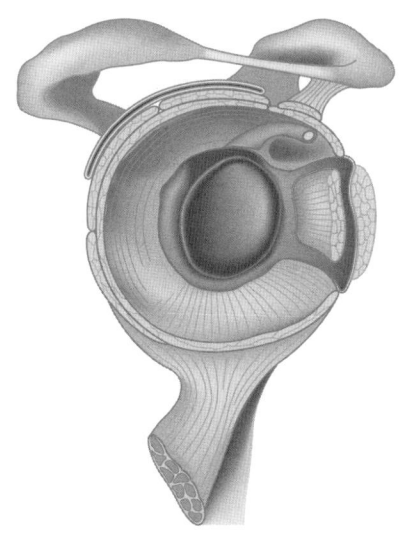

FIGURA 4.3 Articulação do ombro.
Fonte: Vigué (2007).

O deslizamento inferior também impede que a cabeça do úmero se choque na parte superior da articulação do ombro, evitando assim impacto sob o arco coracoacromial (Houglum e Bertoti, 2014).

Quando a restrição capsular impede o deslizamento descendente da cabeça do úmero durante abdução do ombro, o movimento osteocinemático de elevação umeral não ocorre concomitantemente, sendo necessária a aplicação de técnicas de mobilização (Bandy e Sanders, 2003).

Na abdução da articulação do ombro, simultaneamente ao rolamento, a cabeça do úmero desliza para baixo na cavidade inferior da glenoide. Esse movimento acessório (deslizamento), combinado com rolamento, permite ao ombro abduzir totalmente, mantendo a integridade da articulação. Em geral, a falha do úmero em deslizar para baixo na fossa glenoide resulta em pinçamento do ombro, pois a superfície convexa (nesse caso, a cabeça do úmero) sempre desliza no sentido oposto ao movimento de rolamento (Mangus et al., 2002).

A artrocinemática da abdução do ombro delineia o modo como um rolamento e um deslizamento articular simultâneo permitem que uma ampla superfície convexa role sobre uma superfície côncava muito menor, mantendo-se na superfície escapular. Sem um deslizamento inferior concomitante durante a abdução, o rolamento superior da cabeça umeral conduziria a uma compressão no arco acromial inflexível, gerando uma translação no espaço subacromial de aproximadamente 10 mm após somente 22° de abdução. Essa situação irá criar um impacto no tendão do supraespinal e na bursa subacromial entre a cabeça do úmero e

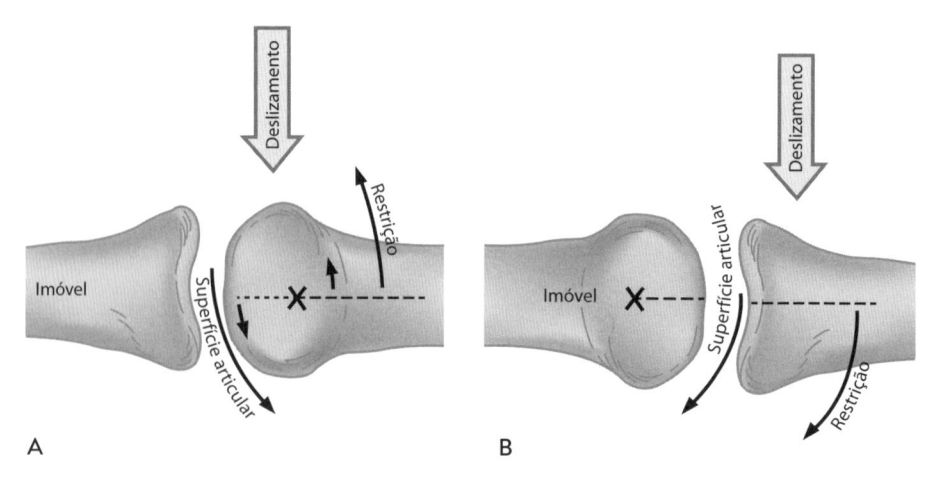

FIGURA 4.4 O deslizamento do segmento convexo deve ser em sentido oposto à restrição (A) do movimento ao passo que o deslizamento do segmento côncavo ocorre no sentido da restrição do movimento (B).
Fonte: Voight (2014) e Gould (1993, p. 202).

o arco subacromial. Tal compressão não natural e repetida pode danificar e inflamar o tendão supraespinal, a bursa subacromial, a cabeça longa do tendão do bíceps e a parte superior da escápula (Neumann, 2011).

A regra côncavo-convexa é difícil de aplicar em articulações que não se localizam na extremidade do osso, como a articulação radioulnar. Isso ocorre porque, nessa regra, o movimento a ser analisado é aquele da superfície óssea oposta à superfície articular; além disso, os ossos que se movem primariamente pelo deslizamento e que possuem superfícies articulares relativamente planas, como as articulações facetárias da coluna vertebral, tendem a deslizar no sentido do movimento fisiológico, independentemente da relação côncavo-convexa das superfícies articulares (Edmond, 2000). A mobilização da coluna vertebral, no entanto, é assegurada pela proximidade das articulações.

Críticas à regra côncavo-convexa

Inúmeros estudos recentes têm questionado a regra côncavo-convexa, apontando que não houve até o momento validação mediante cinética intra-articular. No importante estudo conduzido por Baeyens et al. (2000), os pesquisadores encontraram resultados divergentes sobre a proposta da regra de Kaltenborn mediante uma série de estudos.

Em um experimento que analisou a articulação do ombro com imagens tridimensionais em indivíduos assintomáticos, Cattrysse et al. (2005) observaram deslizamento posterior da cabeça umeral durante mobilização com rotação lateral em 90°, enquanto a regra de Kaltenborn preceitua deslizamento anterior nesse contexto.

Em outro estudo, Baeyens et al. (2006) também se apoiaram no recurso da imagem tridimensional e investigaram o movimento de pronação do antebraço com o cotovelo estendido. O movimento de deslizamento do centro da cabeça do rádio ocorreu no sentido anterior, para o qual deslizou 1,96 mm em relação à ulna na supinação. Isso contrasta com a regra côncavo-convexa, a qual prediz que o deslizamento com a pronação deve ocorrer no sentido posterior. A restrição do movimento da articulação radioulnar proximal foi causada pela rigidez da cápsula e pela redução na amplitude de movimento do ligamento colateral.

Em uma revisão sistemática composta de 30 artigos, Brandt et al. (2007) concluíram que se a intenção for alongar a estrutura da cápsula ligamentar rígida que causa limitação articular, a regra côncavo-convexa pode ser funcional, mas o deslizamento da cabeça umeral não ocorre em conformidade com a regra de Kaltenborn.

A estrutura capsular ligamentosa pode ser a responsável pelo deslizamento na amplitude final do movimento, quando a cápsula e o ligamento são tensionados. Isso foi especialmente observado em movimentos passivos na ausência de atividade do manguito rotador. Durante o movimento, o manguito rotador exerce um efeito estabilizador na centralização da cabeça do úmero, e, com a perda de estabilização, pode ocorrer disfunção no deslizamento.

Os pesquisadores citados revisaram dez estudos que concordavam quanto à ideia de que a estrutura cápsula ligamentar pode ser responsável pela translação da cabeça umeral no final da amplitude de movimento quando a cápsula ou ligamento são tensionados (Brandt et al., 2007).

Lockard e Oatis (2009) mencionaram cinco estudos que contrapõem a regra de Kaltenborn, chegando à conclusão de que a regra côncavo-convexa não é correta nem útil clinicamente. No entanto, notaram que a mobilização articular com deslizamento e rolamento continua sendo fundamental para recuperar a amplitude de movimento. Esses autores esclareceram que os estudos iniciais usavam técnicas bidimensionais e que, durante a flexão do joelho, o fêmur deslizava anteriormente (regra côncavo-convexa), mas as pesquisas tridimensionais apontam que durante a flexão do joelho um mínimo deslizamento pode ocorrer no sentido posterior ou anterior. Além disso, apontaram dois estudos em que a articulação glenoumeral demonstra um leve deslizamento superior da cabeça do úmero à medida que rola no sentido superior durante a flexão e a abdução do ombro. Ainda no que se refere à cabeça do úmero, observaram que ela desliza no sentido posterior durante a rotação lateral e no sentido anterior durante a rotação medial, contrapondo, assim, a regra côncavo-convexa. Na sequência, citaram dois estudos que verificaram que as articulações metacarpais, também compostas de superfícies côncavo-convexas, possuem eixos fixos durante os movimentos de flexão e extensão, sendo desprovidos de deslizamento aparente; o movimento dessas articulações é fundamentalmente de rotação pura.

È possível especular que uma alteração patológica ou um encurtamento crônico pode conduzir à translação não fisiológica da articulação. Além disso, os tecidos conjuntivos crescem desorganizados quando ocorre fibrose ou um encurtamento crônico, os quais poderiam comprometer a regra côncavo-convexa.

Em outro experimento, Johnson et al. (2007) compararam a efetividade da mobilização anterior com a mobilização posterior do ombro para verificar o desenvolvimento da rotação lateral dessa articulação em pessoas com capsulite. Constataram que a mobilização posterior aumentou tanto a rotação medial quanto a rotação lateral e que a mobilização anterior não provocou aumento na rotação anterior nem na rotação posterior.

Em uma investigação sobre a influência da rigidez na articulação glenoumeral durante rotação medial, se era de ordem capsular ou muscular, Poser e Casonato (2008) aplicaram massagem no redondo menor e no infraespinal e, com esse procedimento, verificaram aumento da rotação medial em um paciente com pinçamento do ombro. Com isso, constataram que o problema ocorria na musculatura posterior em vez de ocorrer na cápsula posterior, o que permitiu sugerir que a deficiência da rotação medial pode ser causada por um encurtamento crônico (contratura muscular), e não por rigidez na cápsula posterior.

O posicionamento inadequado ou a disfunção das facetas articulares podem ser influenciados pelo movimento passivo da articulação. Nessas condições, qualquer procedimento que induza relaxamento muscular ou movimento vertebral possui algumas chances de sucesso (Rechtien et al., 2002).

Com resultados semelhantes, Gokeler et al. (2003) não encontraram diferenças importantes entre as posições da cabeça do úmero e da fossa glenoide durante tração de 40 segundos na posição articular em repouso (aberta) e na posição de compactação em seis voluntários. Eles aventaram a possibilidade de que a alteração ocorra no tecido conjuntivo e a percepção de desconforto aconteça na articulação.

Uma hipótese alternativa é que a mobilização independente da regra côncavo-convexa possa ocasionar deslizamento. Contudo, se a mobilização (deslizamento) ocorresse de forma oposta à regra de Kaltenborn, se esperaria que as superfícies articulares tendessem a comprimir e a pinçar as estruturas intra-articulares, exigindo maiores investigações sobre quais os efeitos reais dos resultados positivos encontrados. No entanto, os diferentes resultados podem ser atribuídos às variações nas superfícies articulares.

O sentido da mobilização articular é determinado pela rigidez excessiva da articulação. Conforme esse raciocínio, se a restrição ocorrer na flexão de ombro, a mobilização poderá ser feita no sentido anterior; contudo, se houver restrição na flexão e na extensão de ombro, seria possível argumentar que, ao se mobilizar de um lado, se provocaria uma compressão na própria região de restrição, de modo que nesses casos sugere-se seguir o conceito de Hammer (2003), que não recomenda alongar a parte anterior e a parte posterior da cápsula articular em uma mesma sessão de tratamento.

Apesar de a cápsula articular desempenhar um importante papel juntamente com a geometria da cavidade glenoide para descrever a translação da cabeça umeral no sentido oposto da articulação com restrição de movimento, na prática torna-se complicado aceitar a transferência do sentido do deslizamento de uma articulação funcional para uma patológica, pois a restrição do deslizamento pode ter diferentes causas quando associada à disfunção.

Em uma interessante revisão, Schomacher (2009) questionou se a regra côncavo-convexa introduzida por Kaltenborn não seria uma forma simplificada da regra da alavanca durante os movimentos articulares. Argumentou que o movimento do osso com a superfície articular convexa corresponde a uma alavanca com dois braços, sendo o eixo aproximadamente o centro da cabeça umeral. Um braço da alavanca é a diáfise do úmero, movendo para cima durante a abdução do ombro, e o outro braço da alavanca está entre o eixo e a superfície da cabeça umeral, movendo para baixo durante a abdução. Ao mover um osso com superfície articular côncava, como a escápula, o sistema de alavanca tem um braço. O eixo de movimento permanece no centro da cabeça umeral. O osso da escápula se move no mesmo sentido porque ambos estão no mesmo lado do eixo e na mesma alavanca.

Um editorial elaborado por Neumann (2012) merece ser lido na íntegra; nele, o autor discute a artrocinemática e cita vários estudos em que a cabeça umeral permanece quase no mesmo lugar durante translação superior quando se faz abdução do ombro de 90 a 120° (Matruquei et al., 2011). Isso contrasta com a lei do côncavo-convexo, que estabelece que a translação seria inferior ao abduzir o ombro.

Em continuidade, Neumann (2011) argumenta que pode haver uma falsa interpretação na lei do côncavo-convexo, pois nesses estudos a translação superior da cabeça do úmero ocorre apenas em poucos milímetros. Nessa perspectiva, ao considerar uma cabeça umeral com circunferência de 16 cm, um movimento de 90° de abdução da articulação glenoumeral ocorre puramente em decorrência do rolamento com ínfimo deslizamento inferior concomitante na superfície articular, especialmente considerando que o espaço subacromial possui cerca de 1 cm de altura. Os estudos demonstraram que a cabeça umeral migra somente de 1 a 3 mm acima, o que atesta a existência de um deslizamento inferior durante abdução da articulação glenoumeral.

Além desse fato, Newmann (2011) referiu aos estudos de Harryman et al. (1992) e Howell et al. (1986), os quais averiguaram que a cabeça umeral desliza posteriormente entre 2 e 7 mm na cavidade glenoide durante rotação lateral.

Em um recente estudo, Witt (2015) quantificou com ultrassom o deslizamento inferior do úmero na articulação glenoumeral de 23 pessoas jovens saudáveis conforme os pressupostos de Kaltenborn, com graus I, II e III. A diferença média entre o deslizamento foi 0,96 mm, 2,44 mm e 3,6 mm, respectivamente, com média de força para graus I, II e III de 37,4 N; 91,2 N e 140,1 N, respectivamente. Houve boa fidedignidade em relação à quantidade de força aplicada entre todos os graus, principalmente para o grau II (0,89) e o grau III (0,90).

Os resultados são favoráveis à regra côncavo-convexa, no entanto são necessários procedimentos sofisticados para estabelecer a quantidade ideal de mobilização articular.

A regra côncavo-convexa meramente descreve o padrão artrocinemático, que minimiza o deslizamento característico no sentido do rolamento se o osso móvel for convexo. (Neumann, 2011).

O sentido específico do deslizamento aplicado com esse propósito é um assunto *à parte*, fundamentado primeiramente na compreensão de qual parte da cápsula está restritiva e limitando o movimento de interesse.

Tradicionalmente, o movimento de abdução da articulação glenoumeral tem sido associado com a rigidez da parte inferior da cápsula articular, um cenário frequentemente relacionado com excessiva migração superior da cabeça umeral, o que por sua vez causa compressão do manguito rotador. Em indivíduos com essa condição, torna-se lógico direcionar a falta de movimento incluindo mobilização a partir do deslizamento inferior da cabeça do úmero com o objetivo de alongar a cápsula inferior. Da mesma forma, deverá ser lógico considerar que a limitação da rotação lateral da articulação glenoumeral seja causada pela restrição da parte anterior da cápsula.

O estudo de Johnson et al. (2007) relata que o deslizamento posterior aplicado na cabeça umeral foi mais efetivo que o deslizamento anterior para aumentar a rotação lateral em pessoas com capsulite adesiva, e isso pode estar relacionado a um fator específico não abordado na regra côncavo-convexa.

Talvez a rigidez capsular associada com a patologia tenha causado a migração da cabeça umeral para uma posição de repouso mais anterior. Pode ser que o deslizamento posterior possa alongar preferencialmente a parte da cápsula, permitindo centralizar a cabeça umeral em relação à posição da glenoide.

Sem ter dados objetivos a respeito de qual parte da cápsula é mais restritiva e qual é a posição da cabeça umeral no começo do movimento, o assunto se torna especulativo. Assim, o termo "regra" ou "lei" côncavo-convexa torna-se uma expressão muito rígida para ser aplicada na artrocinemática, pois implica um padrão estrito e altamente repetitivo no comportamento da articulação, e esse não é o caso. A relação côncavo-convexa não é falha se interpretada corretamente (Johnson et al., 2007). Então, sobre como se deve proceder no caso de encurtamento no complexo musculoarticular, uma vez que muitas pesquisas apontam resultados conflitantes, lembre-se dos estudos discutidos nesta seção sobre o os efeitos contrários ao postulado por Kaltenborn: Cattrysse et al. (2005); Baeyens et al. (2006); Brandt et al. (2007); Lockard e Oatis (2009).

O efeito da mobilização ocorre no tecido conjuntivo e não na superfície articular (Gokeler et al., 2003). A mobilização provoca deslizamento posterior e anterior da articulação (Johnson et al., 2007).

Enquanto alguns autores sugerem que a avaliação é imperativa para determinar a parte articular que se deve deslizar, Mulligan (2009) ajusta o efeito do procedimento e indica que, no caso da coluna cervical, se a restrição for unilateral à direita, aplica-se inicialmente o deslizamento no lado direito, e caso essa estratégia não surta efeito, a aplicação deverá ser repetida no lado esquerdo; e, se mais uma vez, não surtir efeito, aplica-se então no processo espinhoso, sempre de forma indolor com o movimento. Em saúde, na ausência de dor, mas com sentimento de desconforto esporádico na coluna cervical, também é uma boa opção verificar em quais dos lados se consegue maior amplitude de movimento e alívio do desconforto com a mobilização articular.

Assim, não há nenhum inconveniente em modificar o lado da aplicabilidade da mobilização articular na coluna cervical se não ocasionar efeito na redução do desconforto ou dor. Não se trata de uma regra, mas de uma sucessão de eventos que mostram efeitos favoráveis à mobilização articular independentemente do sentido do deslizamento articular. Claro que essa mudança de estratégia não se faz de um dia para o outro, pois somente ao longo do tempo é possível precisar com maior clareza os efeitos dos exercícios de mobilização e alongamento.

CAPÍTULO 5

Características básicas da articulação

Um fator determinante para quantificar a mobilidade articular consiste em saber se a articulação tem função prioritária de mobilidade ou de estabilidade, o que é atribuído pelo formato da superfície articular.

As articulações mais simples têm função primária de estabilidade, e as articulações mais complexas possuem função predominante de mobilidade. Independentemente de suas características específicas, ambas requerem, em menor ou maior grau, tanto mobilidade como estabilidade para manter sua integridade funcional. Quanto mais achatadas e mais estáveis à superfície articular, maior a possibilidade de deslizamento; e quanto mais curvilíneas, maior a possibilidade de rotação.

A pouca congruência articular permite liberdade (folga) dos movimentos, e esses pequenos espaços entre as superfícies articulares são importantes para a nutrição articular e para evitar compactação prematura, tendo em vista que a maioria dos movimentos nas amplitudes normais ocorrem em mais de um eixo (MacConaill e Ireland, 1953).

As articulações são agrupadas nas seguintes classes: fibrosas, cartilaginosas e sinoviais, com aumento do grau de mobilidade das articulações fibrosas para as articulações sinoviais (Palastanga et al., 2000).

As articulações sinoviais são aquelas com maior mobilidade e complexidade; elas produzem líquido sinovial, que contribui para a nutrição e permite que os ossos deslizem com o mínimo atrito sobre suas superfícies rígidas. Na articulação sinovial, as extremidades ósseas são irregulares e pouco congruentes, de modo que são indiretamente articuladas para se movimentarem uma em relação à outra, uma vez que o tecido conjuntivo não se conecta diretamente na superfície óssea adjacente (Lockard e Oatis, 2009). Essas articulações são cobertas com cartilagem hialina e envolvidas em uma bainha sinovial (cápsula articular), constituída externamente de tecido conjuntivo colagenoso, irregular e denso para oferecer estabilidade articular extra e proteger a articulação.

As articulações sinoviais são construídas com as seguintes características:

1. uma cápsula articular composta com duas camadas;
2. uma cavidade articular envolvida pela cápsula articular;
3. um tecido sinovial que envolve a camada interna da cápsula vascularizada;
4. o líquido sinovial que forma uma película sobre a superfície articular e a cartilagem hialina que cobre a superfície do osso contíguo (Levangie e Norkin, 2005).

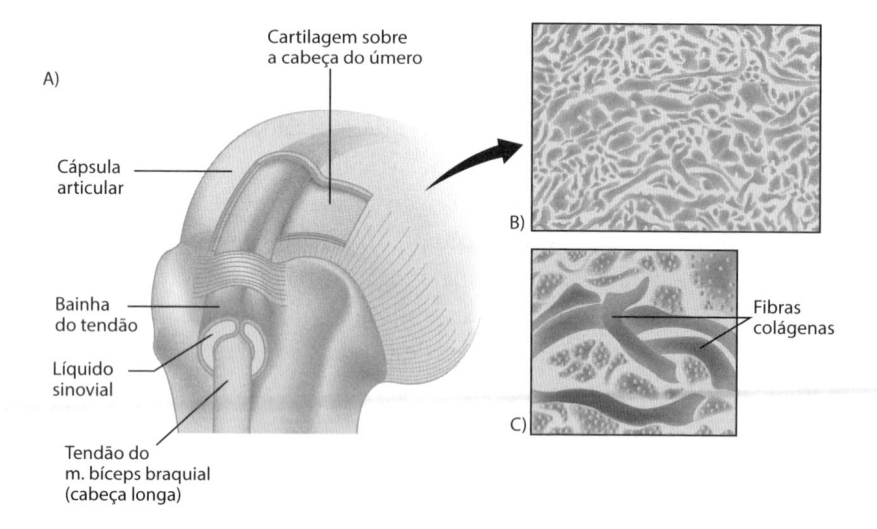

FIGURA 5.1 Tecidos conjuntivos densos irregulares formam cápsulas articulares (A) que contêm líquidos sinoviais para lubrificar a articulação. Fotomicrografia do tecido (B). Diagrama com identificações (C).
Fonte: Graaf (2003).

A película fina de líquido sinovial que envolve as superfícies da camada interna da cartilagem articular ajuda a manter as superfícies articulares lubrificadas e reduz o atrito entre os componentes ósseos. O líquido sinovial fornece nutrientes para a cartilagem hialina que cobre as superfícies articulares sem vascularização. Para que ocorra a difusão dos nutrientes, esse líquido precisa circular no interior da cápsula para colocar o nutriente em contato com a superfície articular (Mow e Hung, 2003).

A composição do líquido sinovial é semelhante à do plasma sanguíneo, exceto pelo fato de que contém hialuronato (ácido hialurônico) e uma glicoproteína chamada lubricina. O componente hialuronato do líquido sinovial é responsável por sua viscosidade e é essencial para a lubrificação da membrana sinovial. O hialuronato reduz o atrito entre a dobra da cápsula sinovial e a superfície articular. E a lubricina é o componente do líquido sinovial responsável pela lubricação (Hui et al., 2012).

Qualquer atrito registrado como resultado do movimento de cisalhamento ocorrerá entre as moléculas lubrificantes e entre as próprias superfícies articulares. Alterações na concentração de hialuronato ou de lubricina no líquido sinovial irão afetar a lubrificação geral e o atrito (Gould, 1993).

Há troca direta entre a vascularização da sinóvia e o espaço intracapsular, onde os nutrientes podem ser fornecidos e os resíduos podem ser retirados por difusão. A viscosidade do líquido varia inversamente à velocidade comum ou taxa de cisalhamento. Assim, o líquido sinovial é referido como tixotrópico. Quando os componentes ósseos de uma articulação estão se movendo rapidamente, a viscosidade do líquido diminui e oferece menor resistência ao movimento. O movimento do líquido sinovial diminui sua viscosidade, garantindo maior facilidade do movimento do líquido e, consequentemente, mobilidade articular (Edmond, 2000).

A viscosidade também é sensível às mudanças de temperatura. A temperatura elevada diminui a viscosidade, enquanto a baixa temperatura a aumenta, motivo para se tomar cuidados extras ao aplicar as técnicas de mobilização com alongamento, considerando o período do dia, a faixa etária do cliente e suas atividades diárias.

Como são os movimentos que possibilitam a circulação do líquido sinovial na articulação, se houver restrições de mobilidade, a nutrição será diminuída no interior da cavidade sinovial. A cartilagem constitui-se de fluidos e colágeno, e o grau de estreitamento da cartilagem é resultado da exsudação de líquido (Hui et al., 2012). O tipo e a resistência das ligações transversas do colágeno são a chave para a resistência tensional e, dependendo da carga mecânica aplicada, sofrem alteração. Por exemplo, a cápsula articular em pessoas com instabilidade é propensa a repetitivo estresse de tensão, ocorrendo maior diâmetro com fibrila de colágeno e aumentando a densidade da elastina em comparação com a cápsula normal, mais um componente que compromete a integridade funcional da articulação.

Em um estudo, Trudel e Uhthoff (2000) imobilizaram 40 ratos durante 2, 4, 8, 16 e 32 semanas. Os animais desenvolveram contraturas na estrutura articular no joelho imobilizado, o que provocou limitação na amplitude de movimento em 12,6° nas duas primeiras semanas e em 51° no final da 32ª semana, e não houve estabilização de restrição de movimento articular. O aumento na restrição articular ocorreu predominantemente na extensão de joelho, em comparação com a flexão de joelho.

Com a inflamação da articulação em decorrência de uma lesão ou pela imobilização por um tempo importante, a cápsula pode se tornar mais espessa em razão de uma maior produção de colágeno ou pelo grupamento de fibras de colágeno individuais, o que evidencia a necessidade da manutenção física com exercícios de força para obtenção de estabilidade e de alongamento para alcance do realinhamento do tecido conjuntivo.

FLUIDOS INTERFIBRILARES E LUBRIFICAÇÃO ARTICULAR

As fibras de colágeno e elastina presentes nos tecidos conjuntivos (matriz extracelular) são envolvidas em uma matriz saturada por água e gel (reconhecida como substância fundamental) e representadas pelas glicoproteínas estruturais e proteoglicanos, sendo isentas de colágenos.

A substância fundamental é um gel não estruturado hidrofílico; 65 a 80% da cartilagem consiste em líquido e atrai grande quantidade de água, a qual proporciona um meio fluido para a difusão dos nutrientes pela matriz (Edmond, 2000).

Discos hidratados protegem as articulações, reduzem o atrito entre o colágeno e a elastina, mantêm o espaçamento entre as fibras para evitar a formação excessiva de ligações cruzadas e reduzem o transporte de nutrientes para as células (Muir, 1983).

Como a substância fundamental é coloidal (partículas suspensas em um meio líquido), quando está fria e/ou estagnada, ela se torna mais viscosa e sólido-gel. Quando está quente e/ou em movimento, torna-se menos viscosa e mais líquido-sol. Essa capacidade da substância fundamental de se modificar entre os estados de gel e sol confere à fáscia sua natureza tixotrópica (Enoka, 2015).

Trata-se de um líquido estrutural que desempenha um papel fundamental para as propriedades mecânicas da cartilagem, já que consegue migrar para os tecidos adjacentes sob pressão permanente e reintegrar o substrato se a compressão não for duradoura. Essa é uma das razões para que as articulações exijam esforços constantes e para que a imobilização em longo tempo seja um fator de degradação (Guillemain, 2013).

Há vários tipos de proteoglicanos, grandes moléculas de proteínas de polissacarídeo compostas de uma proteína central na qual há um ou mais glicosaminoglicanos ligados (sulfato de condroitina e sulfato de queratano), na forma de estrutura semelhante a uma escova de limpar mamadeira (Oatis, 2014). As glicosaminoglicanos são longas cadeias de polissacarídeos com repetitivas estruturas de dissacarídeos.

Os proteoglicanos consistem em uma proteína central com cadeias laterais de sulfato de condroitina e sulfato de queratano. Locais com cargas negativas nas

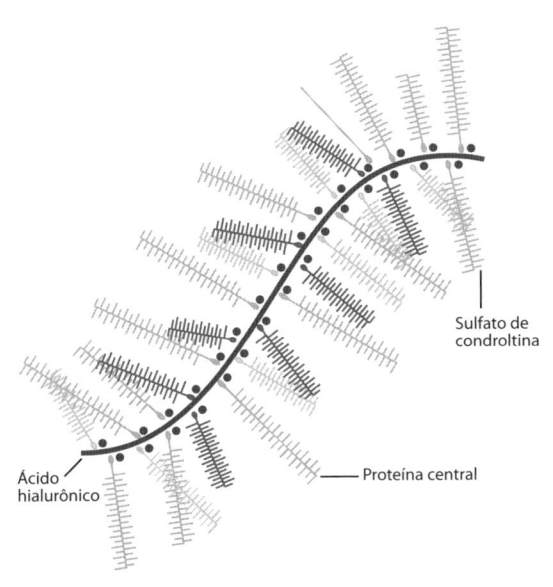

FIGURA 5.2 Um agregado de proteoglicanos ligados a uma coluna de ácido hialurônico.

cadeias de sulfato de condroitina e sulfato de queratano fazem com que essas propriedades se espalhem quando colocadas em solução aquosa (Oatis, 2014, p. 73).

Geralmente, as glicosaminoglicanos estão ligadas a uma proteína e são coletivamente referidas como proteoglicanos. Há quatro principais glicosaminoglicanos no tecido conjuntivo: ácido hialurônico, condroitina-4 sulfato, condroitina-6 sulfato e dermatan sulfato (Andrews et al., 2005).

Há menor quantidade de glicosaminoglicanos no tendão e no ligamento do que na cartilagem; mesmo assim, uma compressão na cartilagem conduz a sua deformação e retorno ao seu tamanho original, fator fundamental para que consiga resistir à força de compressão e tensão. Essa propriedade contribui na regulação e na organização estrutural do tecido, provendo sustentação e espaço para o tecido conjuntivo (Oatis, 2014).

O ligamento e a cápsula articular também modificam sua tensão de acordo com a quantidade de esforço e tensão na sua amplitude final de movimento. E, no que se refere aos músculos, a contração muscular isométrica mantida por longo período, como ocorre em algumas posturas mantidas durante atividades profissionais, pode gerar ao longo do tempo encurtamento muscular e dor pela compressão dos vasos sanguíneos, com interrupção parcial ou total do fluxo sanguíneo.

Mediante compressão, isto é, quando duas forças agem em direção uma à outra, ocorre diminuição do espaço articular entre as partes articulares. Por exemplo na figura abaixo, durante a flexão de joelho, o líquido sinovial move-se da parte anterior para a posterior e a cápsula articular é deformada, o que provoca

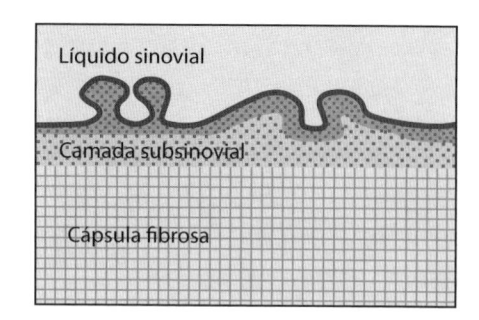

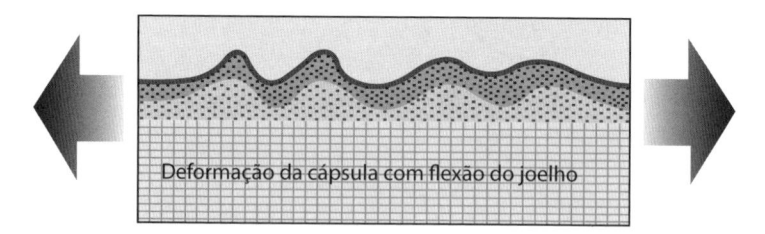

FIGURA 5.3 Descrição cinemática estrutural da deformação da cápsula articular em razão do movimento de flexão de joelhos em coelhos.
Fonte: William et al. (2011).

arrasto e redução da bursa e ao longo do tempo, alteração do tamanho do espaço articular. (William et al., 2011).

Cada fase intermitente de compressão e descompressão articular, facilita a troca de nutrientes e ajuda a manter uma película lubrificada entre as superfícies. O contato ponto a ponto entre as superfícies articulares se chama coaptação articular. Quem garante essa coaptação, que ocorre com a compressão, não é a cápsula articular, pelo fato de ser relativamente frouxa para permitir a amplitude de movimento, mas sim os ligamentos e os músculos. Contudo, a cápsula pode permitir espaço para que outros componentes a estabilizem (Kapandji, 2014).

Estudos com imagens de ressonância magnética para avaliar a alteração na rigidez da cartilagem articular resultante do exercício físico com 30 profundas flexões de joelhos verificaram perda de rigidez de 2,8% e uma redução de 4,9% na rigidez da cartilagem patelofemoral com o agachamento em 90° após um tempo de 20 segundos (Eckstein et al., 1998).

No estudo de Park et al. (1999), sobrecargas adicionais não causaram continuidade de aumento na deformação da cartilagem após os exercícios. A cartilagem aumentou lentamente o fluido exsudado e recuperou-se totalmente após aproximadamente 90 minutos. Com a aplicação de sobrecarga, as articulações se deformam para aumentar sua congruência e estabilidade entre as superfícies articulares.

A cápsula articular conta com um fornecimento sanguíneo irrisório, mas apresenta uma rede de nervos articulares composta por ramificações de nervos periféricos adjacentes e de nervos que suprem os músculos, tendões e ligamentos responsáveis pelo controle da articulação. Dessa forma, o metabolismo da cápsula articular é baixo, e isso faz que seja importante fazer exercícios físicos para incrementá-lo, bem como para elevar a síntese de glicosaminoglicanos e de colágeno (Bogduk, 1997). Ainda que a cápsula articular, assim como os ligamentos, apresente um suprimento vascular reduzido, ela contém um elevado suprimento nervoso com terminações proprioceptivas e nociceptivas. As fibras sensoriais maiores formam as terminações proprioceptivas que são sensíveis ao posicionamento e ao movimento da articulação.

A maioria das fibras sensitivas pequenas encerra-se na terminação da cápsula, do ligamento e dos vasos sanguíneos (Rowinski, 1993). As terminações nervosas livres são particularmente sensíveis às torções e ao alongamento da cápsula e dos ligamentos. A cápsula articular é o componente mais receptivo do tecido articular e é particularmente sensível ao alongamento (Radin, 1973). Contudo, a dor originária da cápsula ou da membrana sinovial é difusa.

CAPÍTULO 6

Mecanorreceptores articulares: resposta da mobilização e tração

A propriocepção contribui para a retroalimentação e antecipação no controle sensório-motor e para a regulação da rigidez muscular, fatores especificamente importantes para a acuidade do movimento, a estabilidade articular, a coordenação e o equilíbrio (Wyke, 1972; Clark et al., 2015). Pode-se atribuir à propriocepção o produto da informação sensorial gerenciado pelos terminais nervosos especializados denominados *mecanorreceptores*.

Se os potenciais graduados atingem o limiar na articulação, eles passam a formar potenciais de ação que transitam do receptor para o neurônio sensitivo aferente até o sistema nervoso central (SNC), local em que os sinais são integrados.

Um aumento da deformação do tecido conjuntivo é codificado por um incremento na descarga aferente ou pelo aumento do número de receptores ativados. A ativação dos mecanorreceptores varia de acordo com a densidade da cápsula que envolve o receptor e a quantidade de estímulo (Levangie e Norkin, 2005) e permite a percepção da posição corporal e a localização relativa de cada parte do corpo no espaço.

Alguns estímulos que passam para o córtex cerebral tornam-se percepção consciente, mas outros ocorrem sem o nível de consciência. Em cada sinapse ao longo do percurso, o sistema nervoso é capaz de modular e formar a informação e responde para que o sistema musculoarticular forneça estabilidade ou movimento (Rowinski, 1993).

Essa sensibilidade fornece informações sobre as forças internas e externas atuantes nas articulações, nos músculos, ligamentos e tendões. Assim, estratégias como alongamento, tração, mobilização e relaxamento servem de alerta às células neuronais centrais a respeito das alterações mecânicas (Proske e Gandevia, 2012).

O comportamento mecânico da articulação pode ser rápida e eficientemente conduzido ao SNC, e cada informação pode influenciar:

1. A atividade das unidades motoras que regulam a abertura, a posição e a angulação articulares.
2. Os neurônios motores superiores que coordenam os padrões e a atividade muscular da articulação.
3. A atividade das vias neurais que medeiam a percepção associada ao conhecimento do estado articular.

Funcionalmente, a informação neural protege a articulação de lesões decorrentes de movimentos de amplitude maior que o normal e pode regular o equilíbrio apropriado das forças agonistas e antagonistas (p. ex., na ação muscular necessária para um movimento articular voluntário sincrônico); além disso, pode participar, com outros receptores aferentes proprioceptivos dos tendões e músculos, para gerar uma resposta somatossensorial no SNC (Proske e Gandevia, 2012).

Em uma revisão, Aquino et al. (2004) verificaram que a presença de mecanorreceptores nos ligamentos levou vários pesquisadores a supor que eles teriam também um papel sensorial. Foi proposto que, além de servir como obstáculo à movimentação excessiva da articulação, os ligamentos poderiam estimular a contração reflexa da musculatura por meio dos receptores articulares.

O reflexo ligamento-muscular pode ser considerado um mecanismo de controle baseado em retroalimentação no qual uma perturbação imposta à articulação estimula os mecanorreceptores que, por sua vez, enviam sinais aferentes até a medula e, por meio da ação nos motoneurônios (MN) alfa, ativam os músculos antagonistas ao movimento articular gerado por essa perturbação. Os terminais ligamentares de Golgi são sensíveis ao alongamento com baixa adaptação nos ligamentos (Riemann e Lephart, 2002).

Recentemente, em um estudo de revisão, Roijezon et al. (2015) discutiram que os proprioceptores articulares fornecem informação com baixa e alta carga em amplitude de movimento, acionando o fuso muscular – principal proprioceptor muscular protetor do músculo contra o excesso de extensibilidade muscular –, o que pode contribuir como um servomecanismo de controle na instabilidade articular.

Há cada vez mais evidências de que todas as camadas de tecidos conjuntivos e contráteis estão inter-relacionadas. Na presença de fadiga muscular com alteração do estado metabólico, ocorre um aumento do padrão de ativação muscular em razão da maior descarga do fuso muscular e do reflexo espinal, o que acarreta por sua vez maior sensação de tensão, assim como ocorre após um treinamento muito intenso e no treinamento com predominância da fase excêntrica que deteriora a coordenação das tarefas de coordenação fina, com influência adversa na entrada e retroalimentação do sistema neuromotor, comprometendo a estabilidade articular, dificultando a proteção articular e muscular e gerando aumento no risco de lesão (Roijezon et al., 2015).

Se uma pessoa realizar um treinamento intenso e apresentar percepção de dor muscular tardia moderada ou forte durante 24, 48 ou 72 horas, caso seja submetida a mobilização e alongamento nesse intervalo, a proposta de relaxamento e alongamento deverá ser suave e com baixa tensão.

Após treinamento intenso e com altas cargas, sugere-se não alongar com forte tensão muscular a fim de aumentar a flexibilidade ou empregar facilitação neuromuscular proprioceptiva com forte ação isométrica, pois com os fusos musculares fatigados pode-se comprometer a resposta de contração muscular durante a extensão muscular (Enoka, 2015).

Uma opção é realizar exercícios de mobilização articular, tração e alongamento de forma sutil como um meio favorável de aliviar a tensão e produzir descompressão articular.

A mobilização articular com propósito de relaxamento pode ser aplicada em qualquer articulação entre os graus I e II. Mobilizações com pequena amplitude articular e até provocar a primeira resistência do tecido conjuntivo, incluindo naquela área inicial do tecido com frouxidão, podem ser feitas na posição de repouso articular sem a intenção de suprimir encurtamentos (Kaltenborn, 2012).

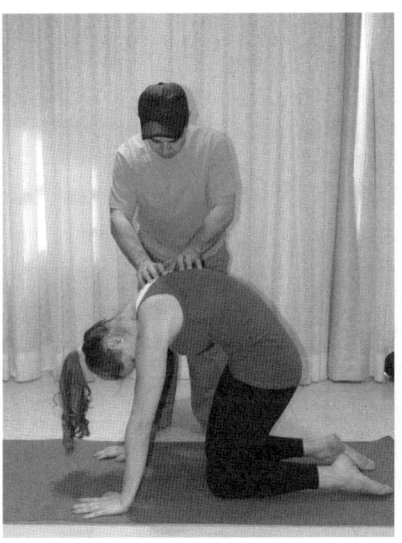 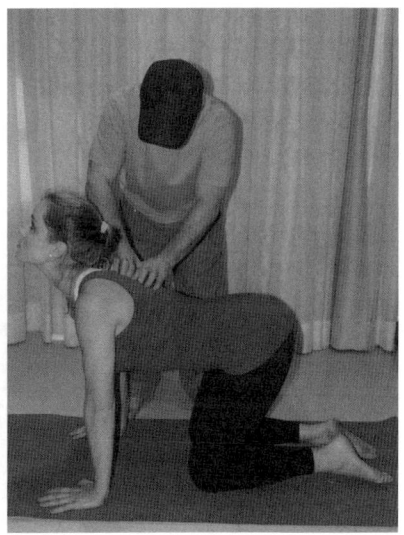

A B

FIGURA 6.1 Na inspiração (A), pode-se localizar os processos espinhosos das vértebras e durante a expiração (B) continua-se pressionando suavemente os processos espinhosos para baixo. Inicia-se pela primeira vértebra da coluna torácica. Essa mobilização suave em geral é bem relaxante, em particular após o treinamento.

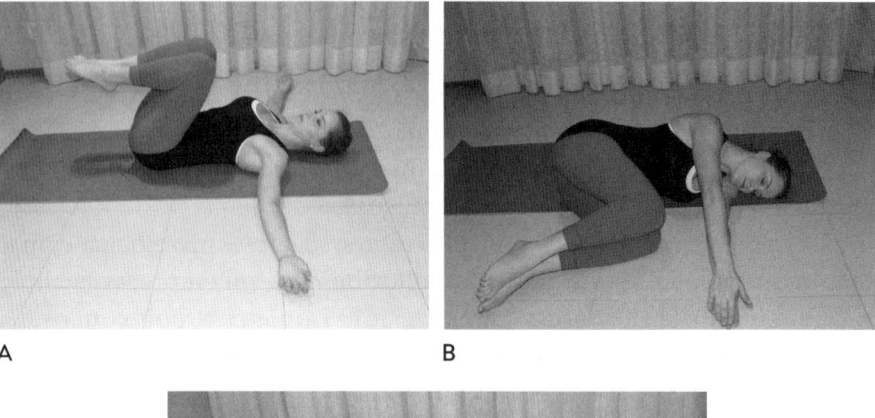

A   B

C

FIGURA 6.2 Colocam-se os dois joelhos em direção ao tórax (A), em seguida rotaciona-se o tronco e o quadril simultaneamente, passando para o decúbito lateral (B); os joelhos são mantidos acima do nível do quadril. O movimento é feito para o outro lado retornando-se à posição inicial e em seguida rotacionando-se o tronco e o quadril simultaneamente (C), apoiando a mão o mais alto possível e mobilizando as costelas com uma expiração profunda e longa. Deve-se procurar trazer os joelhos o mais próximo possível do tórax. Faz-se após o treinamento como um meio de relaxamento.

O importante é saber se logo após o exercício físico o limiar de dor aumenta ou diminui. Em um experimento, comprovou-se que exercícios físicos de longa duração com intensidade entre 60 e 75% do consumo máximo de oxigênio diminuem a percepção de dor. Em outro experimento, este com treinamento com pesos perfazendo três séries de 10 repetições a 75% da carga máxima, observou-se aumento do limiar de dor (Koltyn et al., 2002). Assim, se houver a percepção de que após o treinamento, o limiar de dor aumenta, usa-se do alongamento suave e prolongado por 45 a 60 segundos pelo menos. E, se no caso houver percepção de que a dor diminui pode-se mobilizar e aumentar a tensão de alongamento. Nesses exemplos, note, porém, que não estamos nos referindo ao treinamento com elevada intensidade ou em condições extremas.

RECEPTORES ARTICULARES

Os nervos aferentes aos quais conduzem impulsos para o sistema nervoso central têm característica única em termos de adaptação, limiar e frequência de descarga.

Os mecanorreceptores articulares podem ser classificados em: terminações de Ruffini, localizadas predominantemente na cápsula articular; terminações de Golgi, localizadas nos ligamentos; corpúsculo de Golgi-Mazzoni, situado na superfície interna da cápsula articular; e terminações encapsuladas de Pacini, localizadas no periósteo fibroso próximo das fixações articulares e nas terminações livres.

A Figura 6.3 mostra os vários tipos de receptores encontrados nos tecidos periarticulares, juntamente com o segmento cuja origem está no axônio e o modelo típico dos feixes.

Os corpúsculos de Pacini – os maiores receptores do corpo – possuem formato cônico, são espessamente encapsulados, e situam-se incrustados nas camadas mais profundas da cápsula articular fibrosa e na borda do tecido sinovial (ver Fig. 6.4). Trata-se de receptores dinâmicos que emitem breves e intensos impulsos e exibem adaptação rápida e limiar mecânico muito baixo, o que significa que se tornam inibidos se o estímulo persiste. Essa propriedade permite que respondam a uma determinada mudança com um toque ou pressão e depois a ignorem (Silverthorn 2003; Kahanov e Kato, 2007).

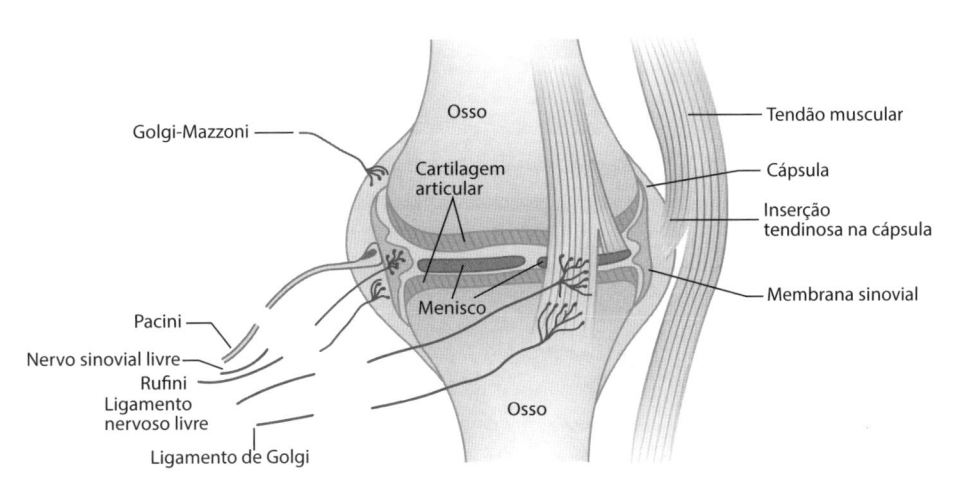

FIGURA 6.3 Diagrama da morfologia típica das terminações receptoras da articulação mostrando as inter-relações dos receptores aferentes.
Adaptado de (Rowinski, 1993).

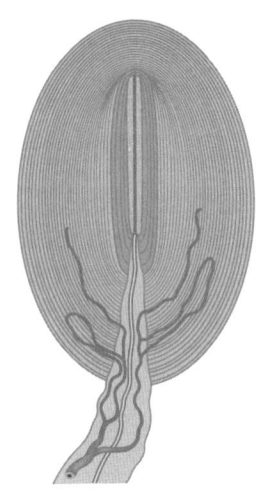

FIGURA 6.4 Corpúsculo de Pacini.
Adaptado de Rowinski, 1993, p. 52.

Os receptores de Ruffini (Fig. 6.5) são corpúsculos globulares ovoides encapsulados. Estão situados principalmente na camada externa da cápsula e respondem a pequenos limiares de tensão em todas as posições articulares, além de ter baixo limiar com adaptação lenta (Schleip, 2003). Quando a tensão na cápsula articular é aumentada com alongamento ou tração, sua frequência de disparo aumenta em proporção ao grau de disparo, e esse aumento ocorre proporcionalmente ao grau de alteração na cápsula articular. Esses receptores são estáticos e dinâmicos (Cox, 2002).

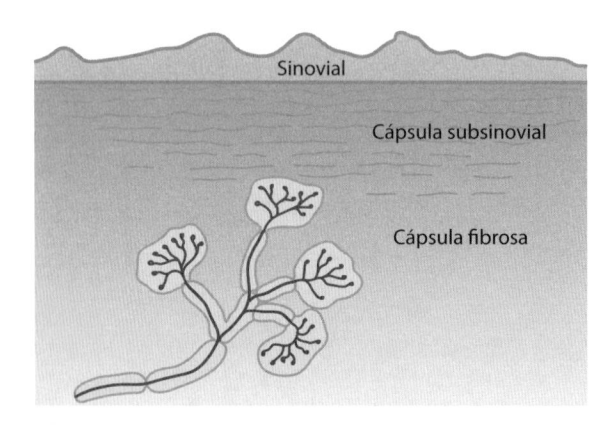

FIGURA 6.5 Receptores de Ruffini.
Fonte: Rowinski (1993).

O corpúsculo de Golgi Mazzoni, de modo semelhante ao corpúsculo de Pacini, localiza-se na superfície interna da cápsula articular, nos ligamentos e é sensível à compressão da cápsula articular no plano perpendicular. Ele mostra adaptação lenta, respondendo com altas cargas na articulação (Freeman e Wyke, 1967).

As terminações nervosas livres estão localizadas nas extremidades dos membros inferiores e superiores na cápsula articular, nos ligamentos, nas fibras e paredes dos vasos sanguíneos (Kahanov e Kato, 2007). São compostas por filamentos nervosos amielínicos, com adaptação lenta, que permanecem inativos em circunstâncias normais e ativos com irritação ou alterações anormais mecânicas ou químicas, responsáveis por acusar inflamação e dor (Cox, 2002).

Com a ocorrência de trauma ou inflamação, os tecidos lesados liberam mediadores químicos que podem sensibilizar e às vezes ativar os nociceptores A-delta e C. Dois desses agentes são a bradicina (peptídeo) e as prostaglandinas.

Os nociceptores que respondem e liberam a substância P podem liberar também histamina, o que por sua vez excita os nociceptores. Além disso, a substância P estimula a dilatação dos vasos sanguíneos, evento que é acompanhado por edema e maior liberação de bradicina (Noback et al., 1999).

O nociceptor desenvolve impulsos mais frequentes e torna-se mais sensível em resposta a estímulos químicos. Esse processo afeta o estímulo mecânico resultante de tensão no tecido (como uma mobilização articular, massagem ou alongamento) e cujas alterações mecânicas levam à excitação de uma determinada fibra aferente articular, (Gould, 1993).

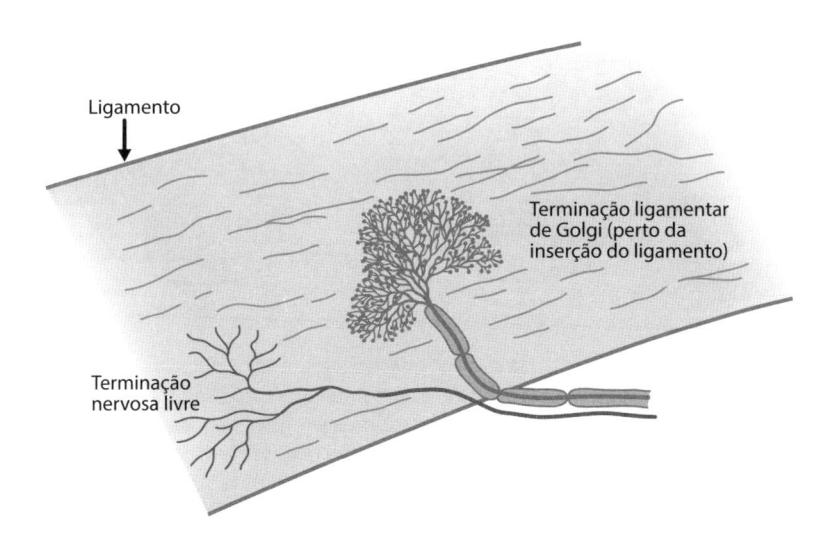

FIGURA 6.6 Terminações ligamentares de Golgi e as terminações nervosas livres (nocivas e não nocivas).
Adaptado de Rowinski, 1993, p. 53.

A maioria dos receptores articulares aferentes é ativada somente perto do final do movimento articular e, assim, provavelmente, contribui apenas para os mecanismos de controle motor e reflexo do movimento corporal e da posição, isto é, um tipo de "percepção final própria" (Edmond, 2000; Cox, 2002).

Essa constatação pode ser uma das razões para esclarecer o efeito da mobilização na amplitude final de movimento, a qual gera maior desenvolvimento da flexibilidade (Konrad e Tilp, 2014).

Os receptores possuem um mecanismo de frenagem contra o excesso de movimento articular (como uma mobilização mais intensa) e reagem na amplitude final do movimento. É válido explicitar que, na mobilização articular, maior tensão não implica maior deslizamento (De Souza et al., 2008).

Esse é um dos motivos para que movimentos súbitos que gerem contração e/ou dor estimulem o sistema reflexo para limitar a amplitude de movimento. Nesse aspecto, vale mencionar uma importante região do corpo: a coluna vertebral, que, na população geral com queixas de dor, constitui uma das áreas mais afetadas.

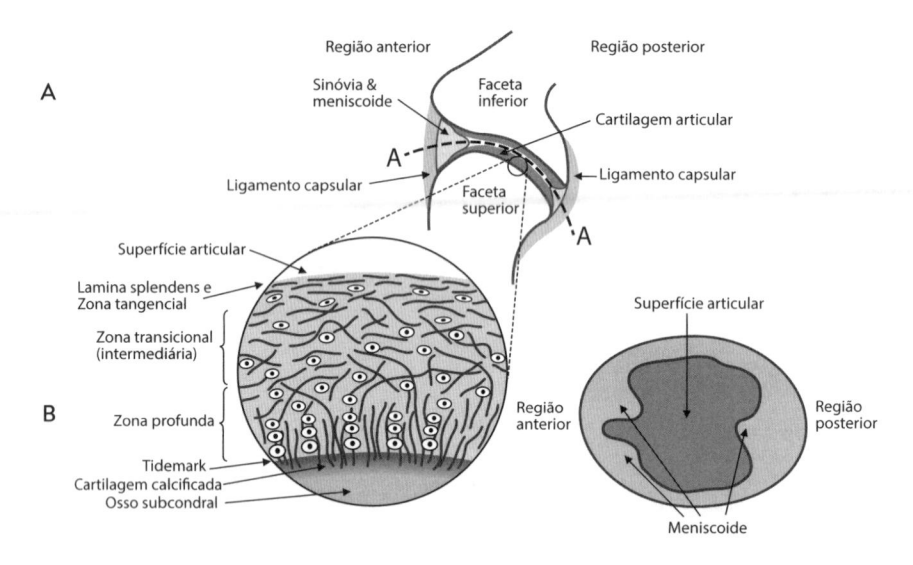

FIGURA 6.7 Descrição esquemática da faceta articular e dos principais tecidos que a compõem, como a cartilagem e o menisco da faceta articular. Secção sagital de uma faceta articular (A) e vista de forma ampliada (B), mostrando as pregas meniscoides; na extensão, as superfícies articulares tendem a se aproximar, ao passo que na flexão tendem a e se separar. A imagem ampliada mostra as diferentes zonas da camada articular, como as fibras colágenas e a área de orientação dos condrócitos. Também está ilustrado um corte através da faceta articular, para demonstrar a forma elíptica da superfície interarticular com a superfície da cartilagem na faceta inferior da prega meniscoide e sinovial.
Fonte: Jaumard et al. (2013).

A cápsula da faceta articular (que constitui um local de dor na coluna verte-bral), por exemplo, é substancialmente inervada por fibras nervosas propriocep-tivas e conta com uma base estrutural para a percepção de dor (Bogduk, 1997). A sinóvia torna-se espessada e se dobra sobre si mesma nas suas inserções nas face-tas. Apresenta pequenos coxins de gordura que se projetam vários milímetros no interior do espaço articular, formando uma estrutura fibroadiposa parecida com um menisco.

Os "meniscos" – pregas meniscoides da coluna vertebral – (Fig. 6.7) são am-plamente inervados por terminações nervosas proprioceptivas e por fibras noci-ceptivas que funcionam no sentido de informar a posição do tronco e como local de dor (Corrigan e Maitland, 2005).

Esses "meniscos" podem provocar compressão da faceta quando voltam ao espaço articular na re-extensão, após uma flexão completa do tronco. Há também a possibilidade de que seja um local de aderências que se formam entre as super-fícies articulares.

A presença de receptores de dor na cápsula articular é um indicativo de sua importância e de uma cápsula bloqueada. Isto é, com excessiva compressão ou frouxidão, pode ser suscetível do colágeno ceder ou originar dor. As terminações nervosas livres presentes na cápsula subsinovial, nos ligamentos e na cartilagem apresentam adaptação lenta com limiar mecânico de baixo a alto e não só trans-mitem informação, como também contribuem para a liberação de neuropeptide-os (Lephart et al., 1994). Elas se situam também nos músculos, na junção muscu-lotendínea e nos fusos musculares.

A pequena população de neurônios aferentes articulares é ativada por conse-quências mecânicas em apenas um local específico do tecido articular, e esse local determina o ângulo do movimento ou a postura estática adequada por meio da qual a fibra aferente pode ser ativada. O pico de sensitividade da unidade da po-pulação neuronal ocorre em algum local naquele ângulo do movimento. Por isso, a resposta da população neuronal deve refletir as seguintes características da função articular:

1. ângulo articular estático;
2. velocidade da excursão articular;
3. plano em que ocorre a excursão;
4. atividade ou possibilidade da excursão articular;
5. natureza das forças compressivas nos tecidos moles articulares (Rowinski, 1993).

CAPÍTULO 7

Comportamento do tecido conjuntivo

O tecido conjuntivo responde em conformidade com a sobrecarga para gerar adaptação musculoarticular. A sobrecarga, quando é muito forte, diminui a integridade musculoarticular; por outro lado, quando é muito leve, não gera adaptação; e a sobrecarga moderada, por sua vez, preserva a qualidade dessa adaptação.

O efeito positivo da mobilização e do alongamento pode ser obtido com o relaxamento, a redução da viscosidade dos líquidos circundantes, o arrasto do tecido conjuntivo e o aumento da tolerância ao alongamento, enquanto a resposta biológica duradoura depende em grande parte da reconstrução do tecido conjuntivo, que promove um efeito duradouro e consistente.

O alongamento do tecido conjuntivo na presença de encurtamento depende de dois componentes em interação: uma quantidade significativa de tensão para superar a resistência (rigidez) do tecido conjuntivo e gerar movimento, e a capacidade de tolerar passivamente e durante o maior tempo possível o desconforto gerado pelo alongamento, sem a presença de dor (Fig. 7.1a).

As características provenientes dos sistemas neural e mecânico interagem e servem como indicadores para controle da tensão e do tempo de alongamento (Fig. 7.1b)

Exercícios de alongamento com ajuda pode contribuir para posicionar bem o músculo e impor um pouco mais de tensão do que o alongamento sem ajuda.

Deformação significa que a configuração geométrica de uma estrutura elástica é alterada (deformada) em relação a seu comprimento original. A mensuração da deformação pode ser feita mediante um deslocamento ou um ângulo. E a deformação tem relação com a rigidez, expressão usada para mensurar a força necessária para causar deformação no tecido conjuntivo.

A propriedade viscoelástica do músculo mostra relação com seu comportamento mecânico. Há o componente elástico, que se comporta como um sistema que armazena e transporta energia cinética, e o viscoso, que é um amortecedor e lubrificante do sistema muscular.

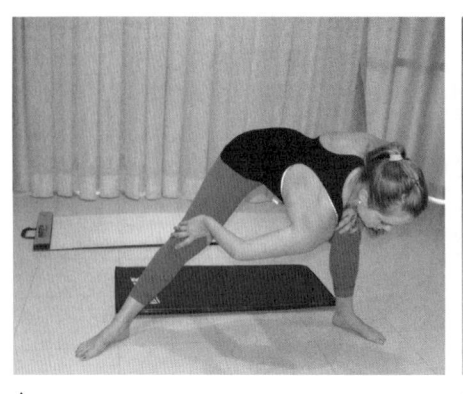 

A   B

FIGURA 7.1 Rotação de tronco feita (A) de forma independente e (B) com a ajuda de um profissional (método passivo) estabilizando uma parte do tronco não alongada e relaxando a parte do tronco alongada. Neste caso, o profissional tensiona de forma sutil a musculatura paravertebral, adicionando um pouco mais de tensão. Sempre que se fizer uma rotação do tronco com flexão, deve-se desfazer a rotação para então se estender o tronco.

A sinuosidade inicial do tecido conjuntivo ajuda a amenizar as ações de contração, compressão (cápsula, cartilagem) e de extensão (Muraki et al., 2011). Cada um dos tecidos (cápsula, ligamento e tendão) apresenta uma quantidade distinta de resistência durante o aumento da amplitude de movimento.

Há inicialmente no alongamento uma área no tecido conjuntivo considerada (sinuosa), em que os tecidos oferecem mínima resistência ao movimento músculo-articular.

No estado relaxado, as fibras elásticas apresentam-se menores e fazem que as fibras do colágeno assumam uma forma ondulada; na proporção em que a fibra é tensionada, as fibras elásticas se alongam e tornam-se mais resistentes à tensão (ver Fig. 7.2). Quando a tensão é removida, as fibras elásticas retornam ao estado retraído e o tecido torna-se novamente ondulado.

A primeira resistência do tecido conjuntivo representa a região inicial (ponta) ondulada do colágeno indicada pela curva tensão-deslocamento e em seguida o começo da região linear, com maior quantidade de tecido em paralelo resistindo à tensão (Hsu et al., 2002). Nesse processo, os proteoglicanos, presentes em grande número, distribuem-se ao redor das fibras elásticas e de colágeno e atuam como um lubrificante, permitindo a deformação dos elementos fibrilares e ajudando a reter água no tecido, o que por sua vez garante o balanço hidrofóbico e faz que corpos globulares de elastina tendam a se reconstituir após o alongamento (Carvalho e Recco-Pimentel, 2012).

Com a continuidade da tensão, mais fluido deixa a articulação e aumenta o deslizamento e alongamento do colágeno, fase conhecida como alinhamento (li-

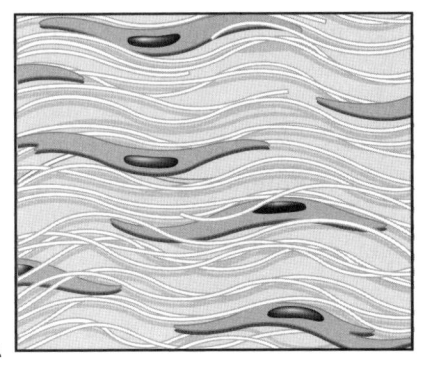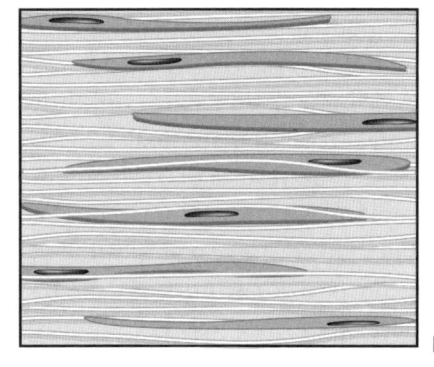

A   B

FIGURA 7.2 (A) O tecido conjuntivo em um estado relaxado. As fibras permanecem frouxas. Ao ser aplicada tensão (B), o tecido se estende e as fibras ficam paralelas e mais resistentes à tensão.

Fonte: Hamill e Knutzen (2012).

near) do tecido. Uma vez que o tecido conjuntivo passa a exibir muita rigidez, se houver aumento da tensão, provavelmente isso irá ocasionar microlesão no tecido (Glasgow et al., 2010).

Aqui, é válido comentar que exagerar na intensidade da mobilização, do alongamento e da tração corresponde a imprimir mais força do que é necessário, e essa atitude revela mais insegurança do que experiência por parte do praticante ou do profissional, sendo assim um fator tão determinante quanto sutil.

Nesse sentido, uma precaução importante seria não buscar o objetivo de adquirir flexibilidade rapidamente e, em vez disso, exercitar-se com racionalidade quanto à resistência articular, porque não é possível prever de forma segura o quanto se suporta de tensão no limite articular. Alongue tanto quanto possível no limite tolerável do desconforto (sem dor) e permaneça um tempo considerável para que ocorra aumento da tolerância ao alongamento. Imprudência quanto à tensão imposta de alongamento, pode gerar lesão e reduzir os efeitos da aptidão física conquistada. Quando ocorre uma lesão, sempre há a possibilidade de que, em um futuro próximo, a pessoa tenha lembranças negativas daquela ação, e essa sensação pode levar ao seu afastamento da prática que provocou a agressão.

À medida que a articulação se afasta da posição inicial, ocorre incremento da resistência viscoelástica mediada pelos tecidos periarticulares, aumentando a pressão intra-articular. E nesse contexto, se os tecidos estiverem com restrição, haverá maior resistência e impactação articular, impedindo a deformação muscular e a amplitude de movimento articular considerada normal (Glasgow et al., 2010).

Na articulação saudável, geralmente se percebe uma resistência inicial mínima, até que ocorre uma nova resistência em razão do aumento considerável na amplitude de movimento. No entanto, não há uma nítida região de início da curva ou região linear. A resistência se inicia quando a tensão para deslizamento é aplicada e gradualmente aumenta quando a tensão progride para atingir amplitudes de movimento maiores (Petty et al., 2002).

A resistência do tecido conjuntivo é maior quando as fibras estão alinhadas em uma direção longitudinal. Isso sugere que a resistência à deformação mediante uma tensão resulta do relaxamento do tecido conjuntivo ou do relaxamento das moléculas entre as fibras e os glicosaminoglicanos (Purslow et al.,1998).

Quando se atinge a amplitude de movimento até o final da região linear do colágeno, provoca-se um aumento da flexibilidade. Esse mecanismo se deve à deformação plástica do tecido conjuntivo. Em razão de que extensibilidade do tecido conjuntivo no início da região elástica não ocasiona microlesões (Muraki et al., 2011).

Quanto maior a deformação, mais se alinha em paralelo o tecido conjuntivo e maior resistência há naquela região; se ocorrer fadiga estrutural identificada

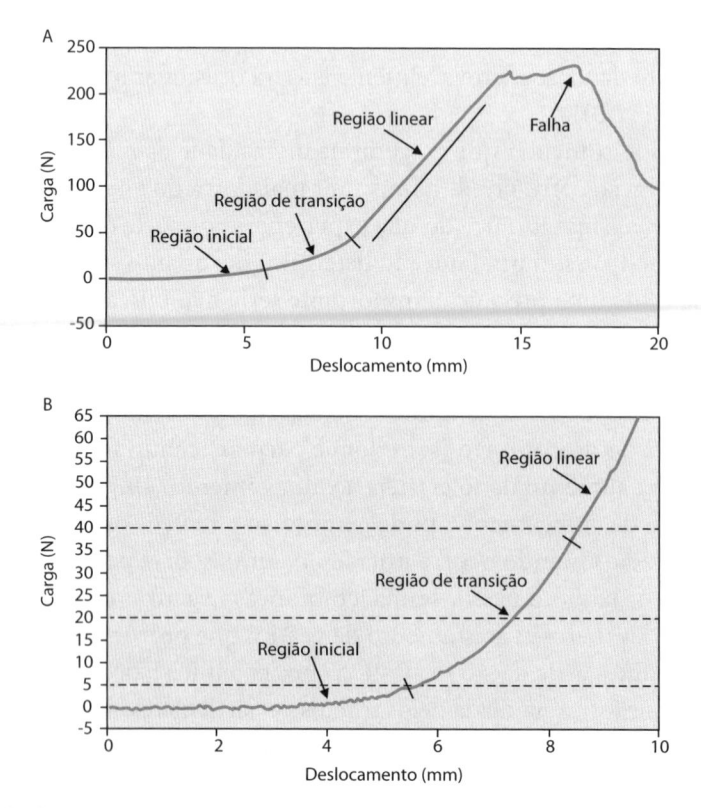

FIGURA 7.3 Curva de deslocamento sob carga cíclica da cápsula posterior do ombro. (A) A carga foi aplicada até a região de falha da cápsula. (B) A parte da curva entre o deslocamento da região inicial do colágeno e o começo da região linear é aumentada. Cinco newtons abrange a região inicial do colágeno; 20 newtons, a região de transição; e com 40 newtons, começa a região linear.
Fonte: Muraki et al. (2011).

como uma área na qual o tecido não sustenta mais uma dada tensão, ele sofrerá microlesão ou ruptura. Isso pode ocorrer por um movimento brusco ou mesmo por uma permanência prolongada (mais difícil de sustentar); esse processo é conhecido como falha por fadiga ou limite da resistência (Enoka, 2015). Na Figura 7.3 é apresentado um exemplo de carga aplicada na cápsula posterior do ombro (Muraki et al., 2011).

Dessa natureza, se a tensão aplicada no tecido conjuntivo for muito pequena, não se desenvolverá a flexibilidade de forma importante.

Quanto a mobilização articular, pode ser precedida de uma leve tensão (tração) em uma superfície articular para alcançar a resistência articular (Michlovitz et al., 2004).

Na mobilização articular, ocorre um efeito parecido com a unidade musculotendínea, em que há um forte relacionamento negativo entre a resistência ao alongamento e seu deslocamento.

Para aplicar a mobilização articular, orientam-se as exigências impostas pelo formato da articulação e dos ligamentos, aliadas à quantidade de rigidez e ao grau em que a articulação cede durante sua aplicação. O componente de força longitudinal pode produzir grande deformação no tecido conjuntivo superficial, enquanto o componente transversal tende a produzir pressão (Caling e Lee, 2001).

Durante a mobilização articular, a tensão aplicada no tecido conjuntivo deve ocasionar arrasto e alinhamento do tecido e, quanto maior a deformação do tecido conjuntivo em um maior período de tempo, maiores serão as chances de aumento de amplitude de movimento e promoção de crescimento e reorganização do tecido conjuntivo.

No processo de mobilização, ocorrem duas resistências – uma inicial e uma final (Provenzano et al., 2002). Isso é importante, além de se ressaltar que a rigidez de uma articulação lesionada e curada pode ser diferente da articulação rígida sem histórico de lesão. Todavia, embora com mais tensão (pressão), possa haver maior deformação no tecido, esse comportamento não relaciona de forma linear a quantidade de força e o aumento da amplitude articular. É mais prudente aumentar o número de repetições ou o tempo mantido com tensão de mobilização (provocar deslizamento) do que impor maior força ao superar ligeiramente a resistência articular.

O efeito resultante da mobilização articular pode ser maior durante as primeiras repetições ou com o tempo mantido em mobilização, e torna-se progressivamente menor com o aumento da amplitude de movimento com uma mesma tensão, o que não significa, porém, que essa menor amplitude alcançada seja pouco relevante.

Logo depois da mobilização articular, é feito alongamento em adução do quadril e/ou adução com rotação medial do quadril (Fig. 7.4).

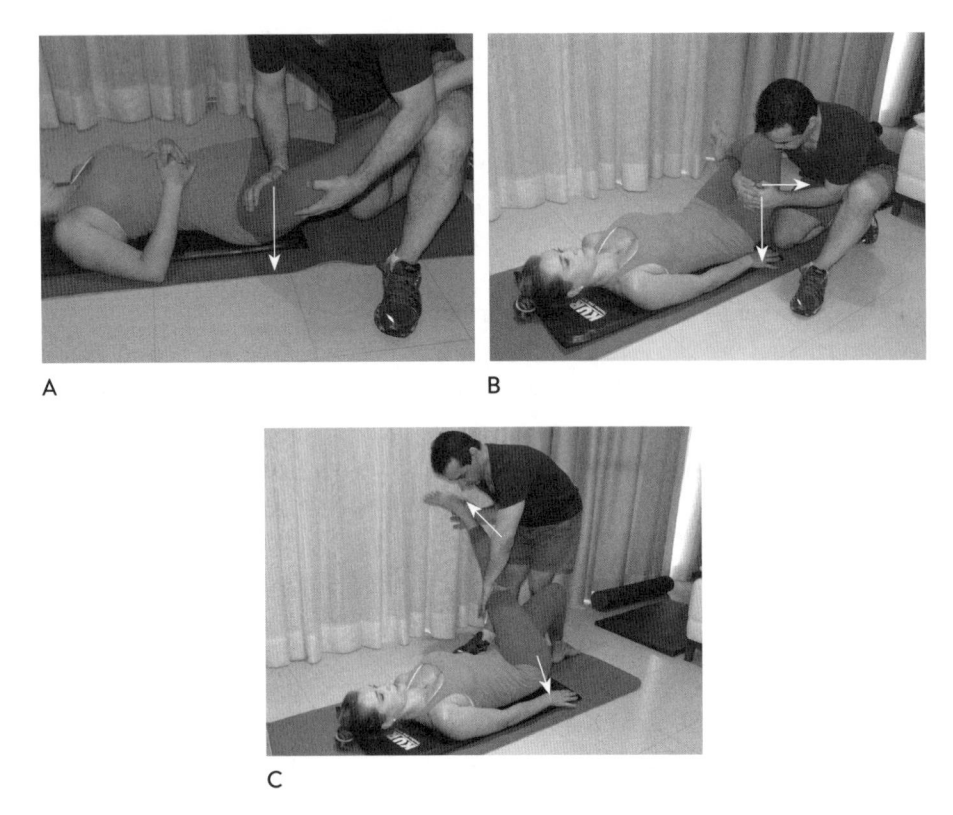

FIGURA 7.4 (A) Exemplo de mobilização articular no quadril provocando deslizamento para a lateral. O profissional traciona sutilmente o quadril e o mobiliza (mão direita) para a lateral. (B) Variação da mobilização articular do quadril para lateral. (C) Alongamento com adução e rotação medial do quadril.

A mobilização repetitiva no limite elástico pode aumentar a amplitude de movimento. Parte da energia é liberada na forma de calor e é reconhecida como histerese quando há extensibilidade e o tecido se torna mais facilmente alongado. Quando o tecido é incapaz de acompanhar as forças adequadamente, ele se alonga em resposta às cargas repetidas (Edmond, 2000).

É possível que a mobilização em uma pessoa com menos flexibilidade que outra exija maior tensão de alongamento. Ou seja, se houver muita resistência ao alongamento, uma menor tensão poderá não desenvolver a flexibilidade. Foi isso que Freitas et al. (2015) constataram com uma tensão de 80% da flexão dorsal de tornozelo (alongamento do gastrocnêmio) que foi estimada como necessária para aumentar a amplitude de movimento, ao passo que 40 e 60% de tensão não causaram alteração na amplitude de movimento.

É provável também que uma mesma tensão de alongamento com tempos diferentes de 15 e 45 segundos provoque um desenvolvimento semelhante na flexibilidade do quadril, conforme observaram Tsolakis e Bogdanis (2012).

No que concerne à mobilização articular, se houver restrição do tecido conjuntivo periarticular, torna-se necessário imprimir um pouco mais de tensão (na zona do desconforto) para recuperar a flexibilidade (Rechtiem et al. 2002), porém uma tensão na medida certa e mediante as técnicas mais apropriadas de mobilização e alongamento.

Se a força aplicada for maior que a capacidade elástica, ela pode conduzir a micro ou macrolesões nas estruturas dos tecidos articulares. É evidente que se houver alcance da região plástica com a mobilização (e isso com maior tensão), teoricamente pode-se conseguir maiores amplitudes de movimento; todavia, nesse contexto, as possibilidades de lesões são ligeiramente maiores.

Não se pode prever de forma segura o limite articular. Mantém-se o foco com plena atenção e de forma silente e paciente até atingir o relaxamento do tecido conjuntivo. A tensão de alongamento é sustentada de forma passiva e de forma ativa; a forma passiva consiste em aceitar o desconforto moderado, e a forma ativa implica interpretar a reação do tecido conjuntivo e tomar uma decisão quanto a permanecer, aumentar ou diminuir a tensão do alongamento. Trata-se de uma questão de consciência e ação, para recuar ou aumentar a tensão de alongamento.

O arrasto se identifica com uma tensão de baixa intensidade na amplitude elástica, a qual é aplicada por um período prolongado. Um alongamento mantido por um tempo prolongado na amplitude elástica nem sempre provocará deformação permanente (Baumgart, 2000); contudo, pode ser possível que se alcance o realinhamento do tecido conjuntivo. Em razão disso, mobiliza-se a articulação até que se perceba sua rigidez e interrompe-se a tensão, mantendo-a até relaxar o tecido.

Implementar um pouco mais de tensão articular após a primeira percepção de rigidez requer conhecimento do cliente quanto a sua capacidade de relaxar e também experiência por parte do profissional. Nessa circunstância, os primeiros movimentos podem ser mais sutis do que os subsequentes.

Os primeiros treinos com mobilização e alongamento podem ser mais fracos para verificar a resposta do tecido em relação à amplitude de movimento e a ocorrência de dor tardia. Dessa forma, em geral os resultados iniciais são favoráveis logo no começo da prática. Assim, a comunicação do cliente é importante antes de se aumentar a tensão da mobilização, pois nem sempre é possível detectar um relaxamento durante a mobilização.

Os profissionais experientes acreditam saber alcançar bem próxima da região elástica do tecido conjuntivo periarticular com a mobilização articular sem danificar o sistema musculoarticular. Nessa lógica, vale lembrar que somente os profissionais muito hábeis se permitem adicionar maior tensão se houver percepção de redução da resistência dos tecidos periarticulares. Então, deve-se abordar com cautela a região inicial de resistência. Essa percepção do profissional é determinada mecanicamente pelo aumento da amplitude de movimento, dada a extensibilidade dos tecidos conjuntivos.

Tanto o cliente como o profissional têm possibilidades de controlar a tensão de alongamento. É evidente que o profissional deverá perceber mais apuradamente a tensão de alongamento, mas, em comum acordo, o cliente poderá se manifestar sobre sua sensibilidade de tensão, indicando se está fraca, média ou forte. Ou seja, as tensões impostas nas articulações e a percepção de resistência articular ajudam a estabelecer um limite na quantidade de tensão aplicada; porém, esses graus atribuídos são subjetivos, por causa das diferenças na rigidez articular em diferentes tecidos, do nível de desconforto e da capacidade de descontração.

Pode-se ignorar um baixo desconforto da mobilização, mas se o desconforto for moderado ou forte, deve-se mobilizar as regiões circunjacentes e evitar a continuidade da mobilização naquele local.

A mobilização articular será orientada pela resistência articular inicial; nesse sentido, ao se perceber resistência musculoarticular, interrompe-se a intensidade da tensão na articulação e mantém-se com ritmo e constância por um tempo entre 20 e 30 segundos ou 20 a 30 oscilações, perfazendo duas séries com mobilizações mantidas, duas séries oscilatórias ou ainda uma série de cada intercalada.

Uma combinação das duas técnicas de mobilização (mantida e oscilatória) pode ser importante para aumentar o tempo em uma mesma série de exercício com estímulos aparentemente diferentes e congruentes.

É extremamente importante que sua impassibilidade durante a mobilização seja maior que o tempo que programou para ceder à rigidez articular. Não é sempre com 20 a 30 segundos ou com 20 a 30 repetições que se percebe menos tensão articular. O número de repetições ou o tempo de mobilização e alongamento não são nem de longe absolutos. Uma pessoa mais tensa pode requerer maior número de repetições ou tempo na posição para relaxar. Assim, a percepção de tensão do cliente é determinante nesse processo.

Na mobilização e na tração, não se deve agir segundo o objetivo de adquirir rapidamente a flexibilidade; deve-se mobilizar com racionalidade, considerando a resistência articular. Com paciência durante o alongamento, a energia elástica cede e dá espaço à plasticidade. A rigidez do tecido conjuntivo é superada por meio do tempo mediante tensão moderada, o que requer determinação para aguardar a resistência ceder.

É importante mobilizar a articulação sem dor para que não haja uma resposta reflexa e restrição do movimento. Um movimento articular súbito tende a estimular o disparo dos receptores tipo III (localizados principalmente nos ligamentos articulares), o que inicia uma contração muscular reflexa, limitando a continuidade do movimento. Já uma mobilização articular rítmica e gradual estimula os receptores tipo II, encontrados na cápsula articular e nos ligamentos, e facilita a resposta muscular (Hertling e Kessler, 2009).

Em praticantes de esportes ou atletas que apresentem massa muscular bem desenvolvida em algumas regiões corporais, como a coluna vertebral e o quadril, a frequência de mobilizações se ajusta melhor do que a tentativa de atingir maiores amplitudes de movimento com tensão para provocar um deslizamento nitidamente maior.

Mobilização articular com oscilações repetitivas entre uma e quatro séries de 4 a 15 repetições ou com período de tempo de 30 a 50 segundos tem sido sugerida por Grindstaff et al. (2009), com as sucessivas repetições da tensão, podendo fatigar e/ou relaxar o tecido, resultando em um aumento da mobilidade articular.

Quantificar o tempo mantido na mobilização ou o número de oscilações durante a mobilização não é uma tarefa fácil. Indicações do número de série e de repetições em mobilização variam amplamente na literatura. Isso provavelmente se deve às características específicas das articulações, às diferenças de rigidez em razão do estado prévio da articulação e das habilidades dos profissionais no controle de exercer tensão e fazer o posicionamento articular ao usar técnicas diferentes.

No quesito números de oscilação por minuto, a média recomendada por Corrigan e Maitland, 2005) é bem aceita: uma oscilação a cada 2 ou 3 segundos com pequenas amplitudes de movimento. Estas não devem ser muito rápidas nem muito lentas; se porventura forem, não se consegue perceber a quantidade de rigidez e relaxamento articular (Snodgrass et al., 2007).

A mobilização articular se orienta em um ritmo natural, sem necessidade de contar ou marcar os segundos na posição. Mas essa indicação não ajuda muito os profissionais no estágio de iniciação na técnica; geralmente só os mais experientes conseguem perceber o momento de interromper a mobilização, levando em consideração a diminuição da tensão articular, tanto no braço de apoio como no que mobiliza.

Vários pesquisadores confirmam que a presença de contração muscular durante a mobilização pode comprometer o movimento articular passivo; nessa situação, a mobilização passa a ser resistiva. Portanto, o estado relaxado durante a mobilização é fundamental para o bom posicionamento e para garantir precisão.

Em um estudo, Venturini et al. (2007) atestaram que 30 segundos de mobilização anteroposterior no tálus, com o tornozelo mantido em 20° de flexão plantar, aumentou a flexão dorsal do tornozelo em adultos saudáveis.

Já a mobilização posteroanterior na coluna lombar, proposta por Willett et al. (2010), abrangeu três séries de 1 minuto e evidenciou diminuição na dor localizada e generalizada em pessoas saudáveis. O efeito na redução da dor foi independente da quantidade de tensão aplicada na mobilização.

De forma semelhante, Krouwel et al. (2010) atestaram que três series de 1 minuto de mobilização na terceira vértebra da coluna lombar em pessoas saudáveis aumentaram o limiar de dor, sem diferenciar, contudo, se as oscilações eram pequenas ou de grande amplitude. Resultados semelhantes com aumento do limiar de dor na coluna cervical foram encontrados por Snodgrass et al. (2007).

Em pessoas saudáveis, a mobilização na coluna lombar com duração de 30 segundos apresenta um mesmo efeito que aquela com duração de 60 segundos; contudo, observa-se uma tendência para um maior efeito hipoálgico na intervenção de 60 segundos. Em virtude desse resultado, recomendam-se quatro séries de 30 segundos (Pentelka et al., 2012). Contudo, esses resultados apontam divergências em razão das dificuldades em estabelecer comparações diante das diferenças entre as pessoas, bem como do grau de tensão imposto na articulação.

A quantificação de mobilização articular e tração é estabelecida por clínicos que em sua maioria trabalham com pacientes acometidos de lesões, no período pós-operatório ou mesmo com encurtamento acentuado acompanhado de dor. Aqui não nos referimos a esses casos clínicos, mas sua leitura é inestimável para interpretar as diferenças entre clientes saudáveis e aqueles pacientes com alguma patologia articular.

Um sistema que usa tração combinada com mobilização em graus I, II e III foi estruturado por Kaltenborn et al. (2001; 2012).

O grau I utiliza pequena amplitude articular e não provoca afastamento da articulação; é usado simultaneamente para testar o movimento e o deslizamento e anula a força de compressão normal da articulação. O grau II provoca o alinhamento do tecido e serve para testar a folga da articulação; é denominado de primeira resistência, e uma maior extensibilidade do tecido conjuntivo ocorre além dessa área. No grau III, a resistência do movimento aumenta rapidamente e provoca separação e aumento da mobilidade articular.

Vários autores classificam a tração (descompressão articular) e a mobilização com a quantidade de amplitude articular em graus I, II, III e IV (Schneider et al., 1988; Schomacher, 2009). Há ainda alguns autores que distinguem os graus em relação à mobilização e à tração. Maitland (2003) descreveu cinco graus de técnica de mobilização. Os graus I e II são utilizados para tratamento de dor; os graus III e IV para tratar a rigidez, sendo o objetivo primário tratar dor e posteriormente a rigidez; e o grau V usa a manipulação articular, com movimentos com pouca amplitude e muito rápidos.

A tração grau I é aplicada com lenta descompressão das superfícies articulares e, em seguida, o profissional libera a tensão. Ocorre leve afastamento articular. Geralmente é utilizada nos testes de deslizamento e nas técnicas de mobilização. Ela contribui para perceber a complacência (folga) articular durante a mobilização. O profissional aplica um deslizamento ou tração de pequena amplitude devagar e paralelamente à superfície articular; esse movimento conduz a articulação até a resistência inicial do tecido conjuntivo. Vale observar que uma tração sempre será utilizada antes de mobilizar, com o objetivo de provocar deslizamento articular.

A tração grau II também tensiona a articulação para "afastar a cápsula articular" e os tecidos circunjacentes. O profissional aplica um movimento lento e com maior amplitude que aquela do grau I. A tração grau II também é utilizada para aliviar a dor.

A tração grau III é utilizada para aumentar a mobilidade (atinge o limite da resistência). A meta da mobilização é alongar a estrutura do tecido conjuntivo em torno da articulação. Para Schomacher (2014) e Kaltenborn (2012), isso ocorre com a mobilização em grau III, que vai além da primeira resistência do complexo articular.

A tração grau IV tem grande amplitude, envolve alongamento e é usada para aumentar a mobilidade em uma articulação hipomóvel.

As técnicas de mobilização, conforme mencionado, envolverão uma tração e uma mobilização, considerando a resistência articular, mas em uma linha (imaginária) de prudência, sem exceder o grau III.

Com o propósito de quantificar a translação (deslizamento) na articulação glenoumeral no sentido posterior e investigar a fidedignidade do movimento de translação, Talbott e Witt (2015) desenvolveram um estudo com 28 pessoas de ambos os sexos. Utilizaram a abordagem de Kaltenborn em relação ao grau III, para quantificar a força durante todos os graus com imagem de ultrassom e dinamômetro.

O movimento em média de translação posterior foi de 3,0, 8,2 e 10,7 mm para grau I, grau II e grau III, respectivamente. A média de força (em newtons) de mobilização posterior foi 41,7, 121,5 e 209,4 para grau I, grau II e grau III, respectivamente. A média dos deslocamentos em milímetros aumentou com o grau proposto por Kaltenborn, sustentando a necessidade de uma aprendizagem centrada para aplicar uma quantidade de força suficiente para mobilizar com efetividade.

O coeficiente de correlação foi de 0,85 a 0,95 para movimento e de 0,71 a 0,89 para força, e a força e mensuração eram significativamente diferentes entre os graus de mobilização para os braços dominantes e não dominantes.

A mobilização articular apresentada neste livro envolve movimento rítmico sem movimentos forçados, conforme a resistência articular, utilizando movimento fisiológico e/ou movimento articular acessório.

Na presença de patologia articular, a qualidade da sensação final do movimento e os graus podem ser alterados – por exemplo, na presença de hipomobilidade; a frouxidão se nota antes, e mais precocemente se percebe a força de compressão articular (Kaltenborn, 2012). Kaltenborn considera que hipomobilidade sem sensação de dor na amplitude final do movimento não é patológico e, portanto, não constitui indicação para tratamento.

CAPÍTULO 8

Exercícios de alongamento após mobilização articular

A mobilização articular aumenta a amplitude de movimento em proporção maior quando seguida de alongamento (Manske et al., 2010; Harshbarger et al., 2013, Kang et al., 2015).

Logo após a mobilização articular, alonga-se entre 40 e 120 segundos, aproveitando a redução do desconforto e a possibilidade de extensibilidade do tecido conjuntivo periarticular, dado os efeitos da mobilização. Nas figuras 8.1 e 8.2 são apresentados exemplos de mobilização do ombro na direção postero-anterior.

É um equívoco comum pensar que, para desenvolver a flexibilidade, pessoas com encurtamento musculotendíneo devem alongar-se com elevada tensão, até sentir dor.

Muitas vezes, tanto o cliente quanto o profissional se alinham segundo esse pensamento, gerando situações em que, se o profissional coloca pouca tensão, o

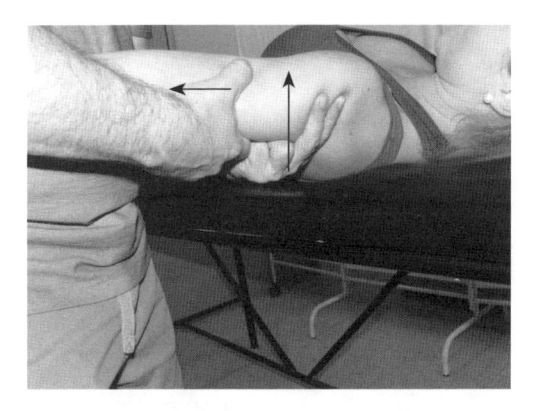

FIGURA 8.1 Com o cliente em decúbito dorsal, o profissional tensiona o ombro para a lateral e estabiliza a escápula; na sequência, executa o deslizamento na direção anterior (tensão do úmero para cima, com o objetivo de deslizar a cabeça do úmero para a frente). Logo em seguida, realiza exercícios de alongamento com extensão de ombro e/ou rotação lateral.

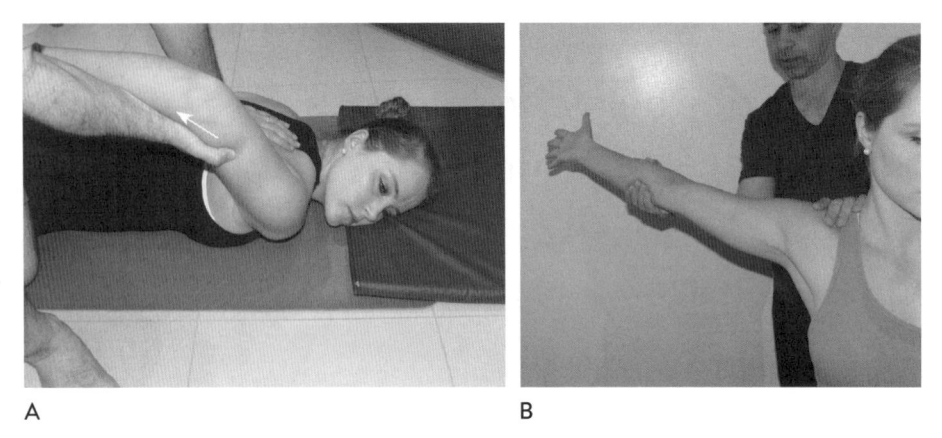

A   B

FIGURA 8.2 (A) Alongamento com extensão e rotação lateral do ombro. O profissional tensiona o braço para trás e estabiliza a escápula; na amplitude final do movimento, tensiona levemente o ombro em rotação lateral. (B) No exercício de alongamento em extensão do ombro, realiza sutil tração durante o movimento em extensão do ombro; pode-se fazer ainda uma leve rotação lateral da articulação.

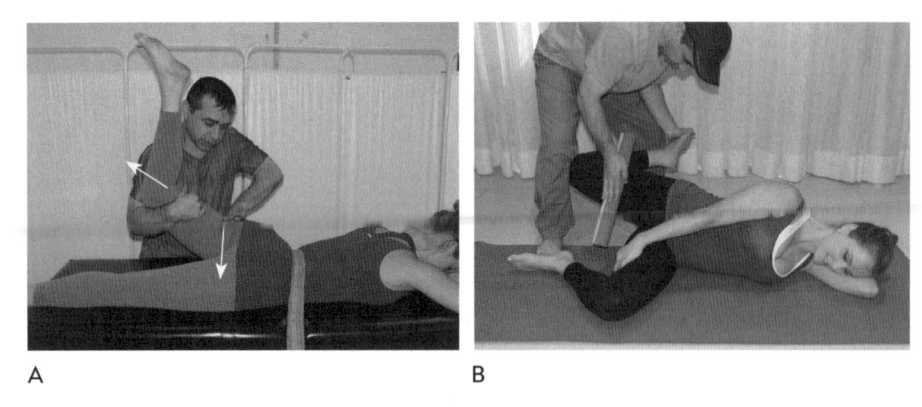

A   B

FIGURA 8.3 (A) Mobilização com a finalidade de obter deslizamento anterior do fêmur. Quanto maior a extensão do quadril, sem sobrecarregar a coluna lombar, maior poderá ser o efeito dessa mobilização na articulação do quadril, desde que seja apropriada à rigidez da articulação. (B) Logo em seguida, pode-se fazer um alongamento em extensão do quadril e deslizar um rolo sobre o quadríceps, com o objetivo de reduzir o desconforto.

cliente desacredita do efeito do exercício e, em contrapartida, se o profissional coloca muita tensão, o cliente pode até elogiá-lo, mas não continua com o programa de alongamento.

São poucas as pessoas que conseguem suportar o extremo desconforto provocado pelo alongamento com forte tensão; geralmente suportam a tensão aqueles que sentem dor diariamente e acreditam na supressão da dor por meio dessa forma de alongamento. Há ainda aqueles que precisam adquirir uma notável flexibilidade para determinados esportes em que esse atributo seja determinante;

os atletas muitas vezes toleram a tensão do alongamento de forma penosa para adquirir flexibilidade. Assim, por exemplo, se um atleta apresenta o mesmo encurtamento que outra pessoa não atleta, ambos podem precisar do mesmo treinamento; contudo, o atleta possui um objetivo e uma meta específica em mente e pode, por essa razão, aceitar mais facilmente a tensão muscular e adentrar na área de desconforto, suportando manter-se em alongamento.

Isso é bem evidente em atletas de várias faixas etárias para os quais a flexibilidade é um fator determinante para a realização das habilidades esportivas. Eles geralmente suportam o alongamento realizado com extrema tensão, no intuito de adquirir a flexibilidade possível; contudo, é importante que o atleta aceite sua limitação, identificando que muitas vezes a flexibilidade máxima que se pretende não pode ser obtida.

É válido observar que, para que os atletas desenvolvam a flexibilidade, pode-se ainda utilizar da mobilização para produzir deslizamento articular e em seguida realizar o alongamento (Figuras 8.4 e 8.5).

Em síntese, pode-se dizer que sentir um desconforto moderado e suportá-lo é aceitável; no entanto, sentir dor não é apropriado, e acredita-se que o alongamento praticado com dor afeta uma área do sistema límbico que provoca reação emocional negativa e afastamento.

É importante evitar qualquer mudança de hábitos de forma abrupta. Almejar adaptações com desafios intensos pode levar ao abandono do programa. Qualquer mudança por si só produz ansiedade e gera muitas expectativas, e o aumento da flexibilidade em uma pessoa com encurtamento não se alcança com muita facilidade.

Há casos ainda em que as pessoas não possuem um objetivo determinado de flexibilidade, e por essa razão dificilmente conseguirão entender o porquê de manter-se em um alongamento com desconforto intenso se não sentem dor muscular na sua vida cotidiana.

Quanto mais acentuado o estado de encurtamento, maior a ponderação do binômio tensão e tempo de alongamento, e muito se reivindica da impassibilidade do cliente durante a permanência no alongamento e da calma do profissional para interpretar a relação entre a condição do tecido conjuntivo e a percepção geral do cliente.

Nesse contexto, em vez de aplicação de uma tensão extrema de alongamento, a recomendação seria tracionar, massagear, mobilizar e alongar a área do desconforto. Todos esses procedimentos podem ser usados de forma associada para estimular a complacência do tecido conjuntivo. Deve-se empregar a tensão de modo controlado e moderado na área de desconforto, proporcionando ao mesmo tempo maior permanência no alongamento.

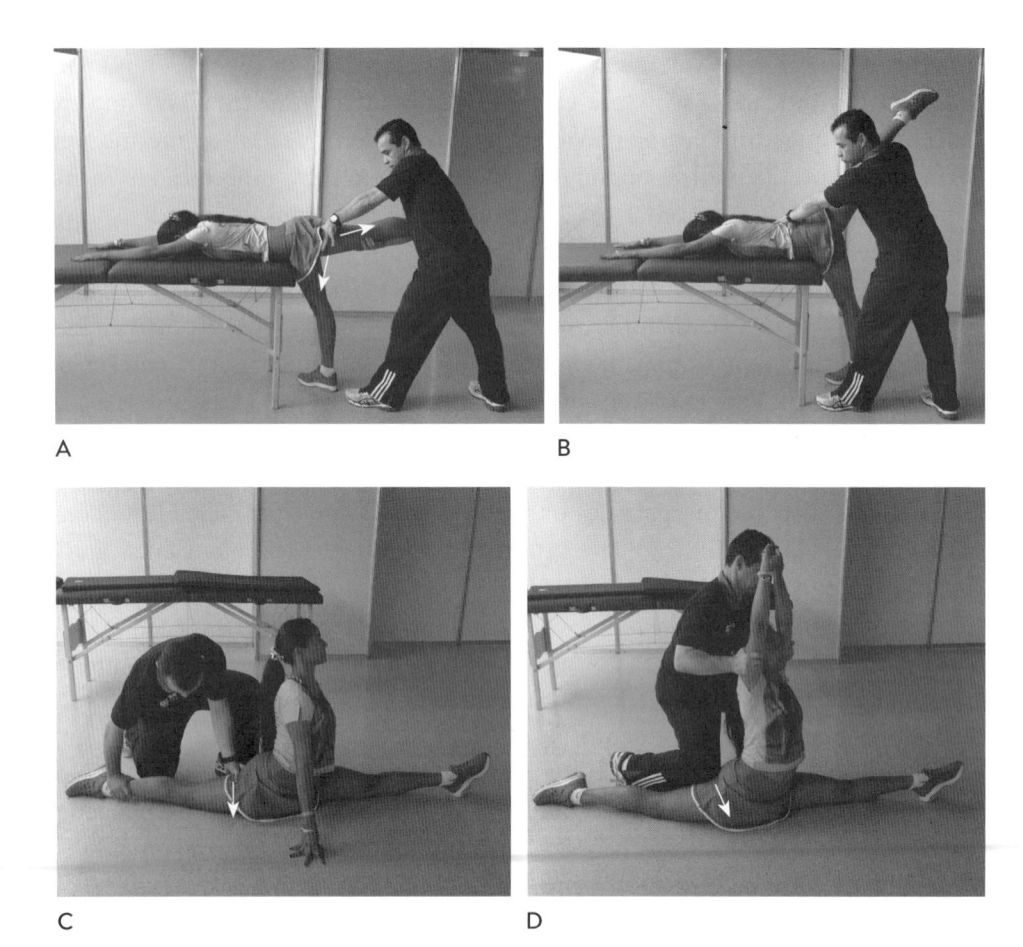

A   B
C   D

FIGURA 8.4 Desenvolvimento da flexibilidade em extensão de quadril. Estende-se o quadril até a resistência articular; em seguida, tensiona-se para trás (deslizamento inferior) e mobiliza-se com a intenção de deslizar a cabeça do fêmur para a frente (direção ao solo) (A). Em seguida, aumenta-se a extensão de quadril (B).
Faz-se o alongamento pressionando de forma sustentada o fêmur (direção ao solo) com a mão (C) ou com o joelho, de modo a assegurar uma posição do tronco e aplicar maior sobrecarga sobre o quadril (D).

Nos casos em que há muito encurtamento presente, um dos motivos da desistência e do retorno constantes ao programa de flexibilidade é a negligência quanto ao preparo prévio com aquecimento, liberação miofascial, tração e mobilização no sistema musculoarticular, além do alongamento com baixa tensão somente onde começa a resistência muscular, durante 15 e 30 segundos.

Por exemplo, em pessoas muito sensíveis à dor, pode-se deslizar a região ulnar do antebraço ou apoiar a região do osso pisiforme e hamato da mão. Nas pessoas que suportam o desconforto, avança-se com sua experiência um pouquinho mais.

FIGURA 8.5 (A) Tração e mobilização articular em flexão e em extensão de quadril. Com o cliente em pé e apoiando-se em uma barra, faz-se com delicadeza o deslizamento inferior do quadril. (B) Em seguida, faz-se um deslizamento inferior e mobiliza-se com deslizamento posterior (em direção ao solo), mantendo-se a posição por alguns segundos. (C) Com o cliente sentado no solo com um joelho estendido à frente e o outro estendido para trás, aplica-se um deslizamento em extensão de quadril com o joelho semiflexionado e com leve tensão mantida por alguns segundos. Faz-se então um deslizamento em extensão de quadril com o joelho estendido e leve tensão para baixo, mantendo-se a posição por alguns segundos (D).

Dessa forma, após os procedimentos referidos acima, em vez de alongar isoladamente, é possível fazer a mobilização articular e alongamento com deslizamento utilizando um rolo, as mãos, os antebraços ou os cotovelos, como é demonstrado nas figuras 8.6 a 8.9. O sentimento de percepção de desconforto ou dor da pessoa é um indicador de qual procedimento a ser aplicado.

Quanto maior o desconforto, mais suave deve ser o deslizamento com o rolo. Quanto ao tempo de permanência no alongamento, as pessoas que querem alcançar uma evolução muito rapidamente não acreditam que se mantiverem o alongamento por um tempo de 45 a 120 segundos poderão aumentar a flexibilidade, e por isso aumentam o alongamento em 10 a 15 segundos e rapidamente abandonam a posição. Poderiam, em vez disso, ficar em uma tensão bem leve no início

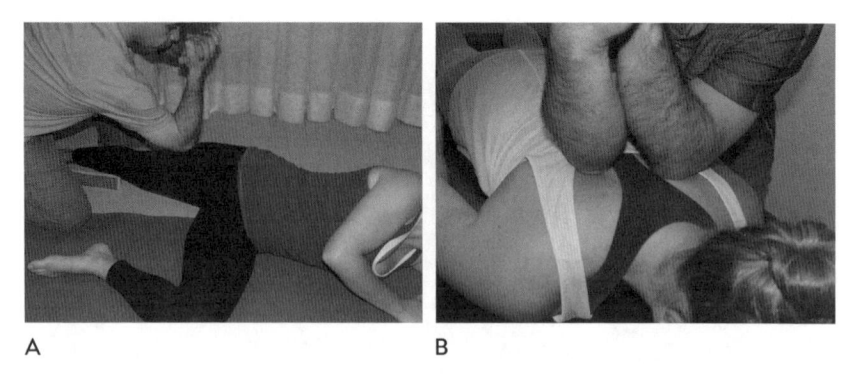

A   B

FIGURA 8.6 A técnica com o olécrano do cotovelo é um recurso favorável que pode ser aplicado antes da mobilização e do alongamento na presença de aderências ou feixes musculares muito encurtados. Faz-se uma pressão suave e em seguida pressiona-se até alcançar a resistência do tecido conjuntivo, mantendo a tensão.

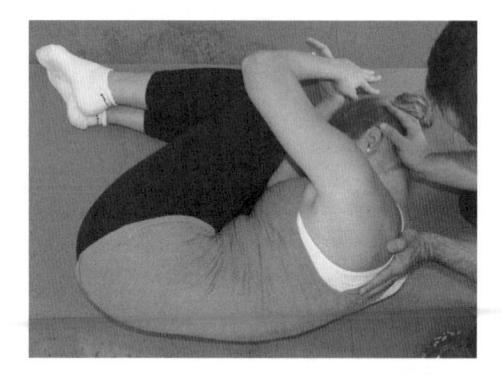

FIGURA 8.7 Flexão de quadril e tronco. Aproximam-se os joelhos ao tronco e o queixo aos joelhos. Faz-se uma inspiração profunda e em seguida, durante a expiração, o profissional desliza uma mão sobre a nuca e a outra mão na coluna torácica. A intenção é encostar o queixo nos joelhos. O cliente tensiona o tronco com força submáxima para trás e mantém por 3 a 10 segundos; em seguida relaxa, e aumenta-se a amplitude de movimento.

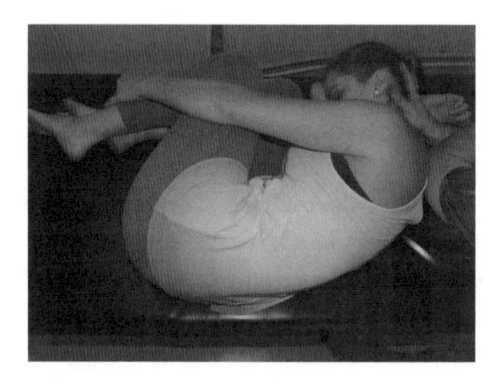

FIGURA 8.8 Flexão de quadril e tronco. Nesta variação, o profissional desliza uma mão sobre a nuca e a cabeça, e o cotovelo sobre os músculos paravertebrais, durante a expiração.

FIGURA 8.9 Relaxamento das regiões cervical e torácica da coluna. O cliente inspira e, durante a expiração, o profissional desliza o rolo sobre a coluna, exercendo certa pressão.

e depois sim intensificar um pouco a tensão, para manter em alongamento pelo menos 45 segundos.

É difícil para uma pessoa acometida de encurtamento acentuado conseguir desenvolver a flexibilidade de forma significativa. Inúmeras pessoas tentam praticar alongamento de forma sazonal, sem obter efeitos importantes, e então desistem.

Há também uma variabilidade intrapessoal de acordo com diferentes dias e horários durante o desenvolvimento da flexibilidade. Nesse sentido, um fator que pode ser considerado é o estado de treinamento anterior; outro fator seria o estado psicológico ou estresse. Assim, ao se identificar que se está mais propenso ao desenvolvimento da flexibilidade, sugere-se aumentar o volume do treino (exceto se a pessoa tiver um treino muito intenso logo após ou no dia seguinte), e quando perceber que se está com muita resistência, deve-se aumentar o tempo de massagem e liberação miofascial e alongar-se mais suavemente, sem insistir na tensão de alongamento. Na figura 8.10 há exemplo de exercício com alongamento manual.

O estado do cliente e sua capacidade de enfrentar o desconforto de forma relaxada são fatores importantes para a adesão ao programa. Para relaxar durante a tensão de alongamento, permite-se a complacência muscular em vez de se esforçar para relaxar. Essa atitude exige controle mental para permanecer sob desconforto de forma descontraída.

Dependendo da resposta comportamental a esse desconforto, pode-se ativar o sistema nervoso central ou conseguir sua inibição. É preciso que o praticante comece a observar seu estado de tensão; deve-se expirar de forma prolongada e profunda, e assim o corpo tende a regular-se e adaptar-se àquele desconforto. Após alguns treinos, algumas pessoas se acostumam e até conseguem aumentar a per-

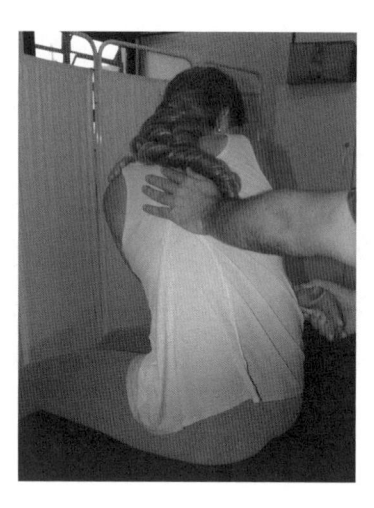

FIGURA 8.10 Exercício de alongamento com deslizamento manual. O cliente realiza uma rotação do tronco e o profissional simultaneamente desliza a região do osso pisiforme sobre os músculos paravertebrais (regiões torácica e lombar da coluna), do lado esquerdo ao processo espinhoso. Se a pessoa apresentar pouca adução do ombro esquerdo, libera-se a mão para que consiga flexionar um pouco mais o tronco e facilitar o deslizamento da mão na coluna lombar.

manência na sensação de desconforto. No entanto, se houver no alongamento uma sensação de ardência ou queimação, deve-se diminuir a tensão do exercício.

Se o objetivo for o desenvolvimento da flexibilidade, conforme mencionado, recomenda-se uma tensão de alongamento imposta por um período de 45 a 120 segundos, podendo esse tempo ser dividido, o grupo muscular em foco pode ser alternado e a série pode ser ajustada até que ocorra a adaptação, e com isso aumenta-se o tempo e, se possível, a tensão de alongamento. Se a tensão for fraca, pode-se aumentá-la; ou, ainda, pode-se graduar a tensão entre média, forte e fraca, em vez de se manter a mesma tensão durante todo o período de tempo.

É muito mais fácil permanecer 60 segundos em um alongamento com baixa tensão do que ficar o mesmo tempo com forte tensão; obviamente, então, deve-se permanecer um determinado tempo com baixa tensão, avançar com tensão moderada e finalizar com a maior tensão possível dentro de sua área de segurança. É preciso aprender a gerenciar seu estado de tolerância aceitável durante o alongamento. Se durante o tempo de permanência no alongamento o cliente sentir forte desconforto, diminui-se a tensão de alongamento.

Há uma quantidade de tensão muscular aplicada necessária para inibir ou eliminar uma restrição conjuntiva; a tensão muito aquém ou um pouco além da necessária pode comprometer o alcance do objetivo. A tensão imposta serve para restaurar a função, e não para causar sua própria disfunção.

Graduar a tensão de alongamento é muito importante, e ponderar na quantidade de tensão aplicada requer acreditar na via da moderação. É possível que ao optar por mobilizar, tracionar e alongar se consiga perceber o sistema articular ceder um pouco. É importante orientar o cliente a preservar, eliminando sua barreira articular com paciência executando o alongamento com sensatez e controladamente.

Em relação às pessoas que sentem parestesia durante o alongamento, a orientação é aquecer e intercalar o alongamento estático com o dinâmico, ou mesmo massagear durante o alongamento.

Poderia ser adicionado um aquecimento e/ou massagem antes ou durante o alongamento (deslizamento, liberação miofascial, alongamento manual), para assegurar maior facilidade e integridade aos componentes articulares.

Essas técnicas citadas acima são mencionadas na literatura como alongamento longitudinal pela força exercida no sentido do eixo longo do músculo ou alongamento transversal (se aplicado em ângulo reto ao músculo), muitas vezes descritos como massagem ou liberação miofascial indistintamente.

Pressão profunda pode ser aplicada com as mãos, com os cotovelos ou com os joelhos sobre o ventre muscular (Greenman, 2001). Alguns autores referem a pressão no ventre muscular como mobilização do tecido conjuntivo (mais sobre o assunto nas figuras 8.11 e 8.12)

Além disso, descontrair o grupo musculoarticular com pequenos balanceios dos membros (entre 8 e 20 movimentos) antes e durante as séries ao tracionar e/ou mobilizar é uma boa estratégia (Fig. 8.13); isso é feito principalmente para as pessoas excessivamente rígidas ou que tenham treinado intensamente no dia anterior.

Preceder exercícios com a contração isométrica pode contribuir para diminuir a dor e aumentar a percepção do cliente sobre o estado de tensão. Essa prática provavelmente contribui para os efeitos subsequentes do exercício. Por exemplo, após realizar contração isométrica dos membros inferiores, a pessoa segura os membros e faz movimentos de chacoalhar, e após isso mobiliza-se e alonga.

Quanto à frequência da aplicação da mobilização articular com alongamento, é preciso que seja definida considerando-se associar os diversos contextos em que o cliente se encontra.

Por exemplo, se for realizar treinos intensos (com alta potência e velocidade), evita-se realizar no mesmo dia a mobilização com tração e o alongamento de longa duração. Em vez disso, indica-se preceder o treino com um alongamento estático, de curto tempo de permanência (10 a 20 segundos) e continuar a série com alongamento dinâmico ou mesmo com a facilitação neuromuscular proprioceptiva antes dessas modalidades de força e velocidade.

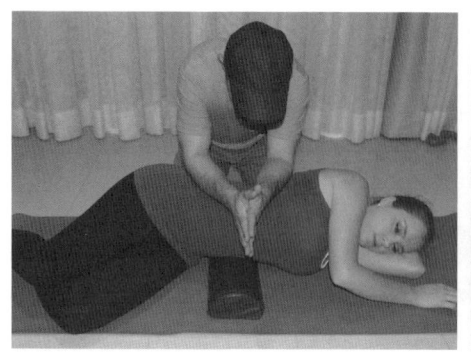 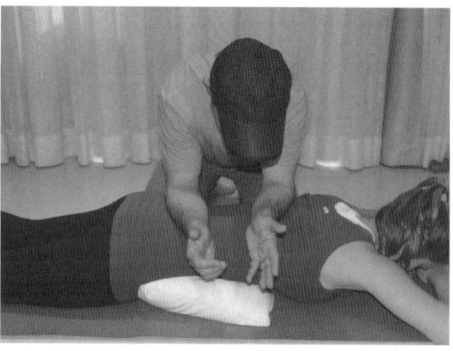

A — B

FIGURA 8.11 Alongamento com liberação miofascial no músculo quadrado do lombo. (A) Apoiam-se os antebraços na crista ilíaca e abaixo da décima segunda costela. O cliente inspira e, ao expirar, o profissional desliza a região ulnar (rotação parcial do antebraço) sobre a lateral do tronco. (B) Uma variante desta técnica consiste em iniciar a técnica com os cotovelos unidos e afastá-los com o deslizamento; o movimento é feito para os dois lados e, em seguida, alonga-se na flexão lateral do tronco.

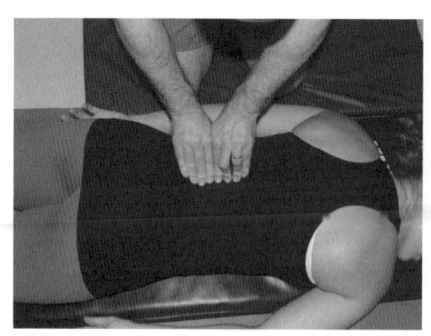 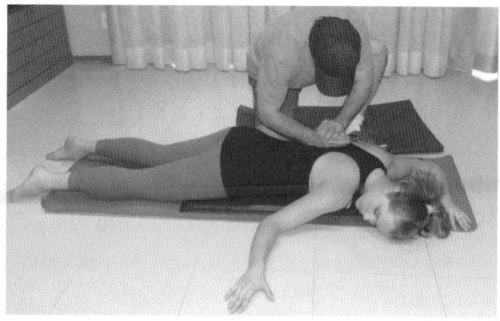

A — B

FIGURA 8.12 Liberação miofascial e alongamento em flexão lateral do tronco. O profissional aplica pressão com os dedos e desliza-os a partir do processo transversal no sentido lateral (A); após isso, executa-se um alongamento com flexão lateral do tronco e deslizam-se os dedos e região do pisiforme das mãos sobre os processos transversais da coluna (B). O profissional fica no lado em que houver convexidade da coluna.

Se o objetivo for desenvolver flexibilidade, faz-se mobilização com alongamento mantido (45 segundos ou mais) duas vezes por semana, em dias bem espaçados entre uma e três séries.

Em outros dias de treinamento da semana, o alongamento tem a proposta apenas de reduzir a rigidez, com tempos aproximados de 10 e 20 segundos. Se a pessoa pretende desenvolver a flexibilidade, manter-se entre 10, 20 e 30 segundos em alongamento não é eficiente, a não ser nos primeiros treinos de adaptação. É um equívoco comum acreditar que o alongamento com duração de 10, 20 e 30

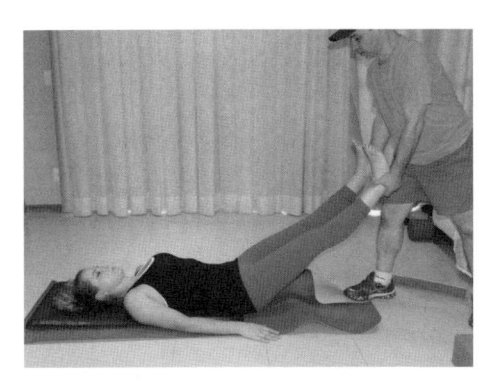

FIGURA 8.13 Balanceios antes ou entre as séries de mobilização e alongamento. Aplicação de movimentos com balanceios, durante 30 a 40 segundos. Em seguida, solicita-se contrair isometricamente os membros inferiores por 10 segundos e novamente se executam os balanceios com uma ínfima tensão dos tornozelos no sentido inferior (o profissional puxa os tornozelos em sua direção).

segundos antes e após os exercícios físicos irá desenvolver significativamente a flexibilidade. Contudo, as pessoas que não têm o hábito de se alongar conseguem uma evolução importante na flexibilidade em algumas articulações com 8 a 12 semanas de treinamento, conforme se constata em muitos estudos.

Com a continuidade do treinamento, o tempo de permanência é estagnado ou diminuído; então, se a pessoa não alcança uma flexibilidade considerada normal, em geral pode-se ter um efeito bem abaixo do esperado na prevenção de lesões. Por isso, avaliar e reavaliar a flexibilidade nesse período de tempo é condição *sine qua non* para analisar se há necessidade de modificar o treinamento de flexibilidade.

Na coluna cervical, por exemplo, considera-se saudável e profilático obter uma amplitude de movimento mínima considerada apropriada para a boa movimentação, além de evitar compressão mediante as diversas posturas mantidas diariamente e realizar exercícios de alongamento, a fim de conservar os níveis de flexibilidade, aumentar o fluxo sanguíneo e relaxar. Veja a sequência de alongamentos para essa região do corpo na figura 8.14.

Se foi realizada uma avaliação inicial e verificou-se que um dos hemisférios está com amplitude bem diferente se comparado com o outro, (Fig.8.15), é de se esperar que após um período de tempo de prática essa diferença tenha sido reduzida.

Com o objetivo de investigar a resposta de relaxamento (diminuição da viscoelasticidade) em um programa de alongamento dos músculos isquiotibiais com 10 semanas de duração, em uma frequência de quatro vezes por semana, Peixoto et al. (2015) elaboraram um estudo com 13 jovens adultos do sexo masculino que realizaram seis séries de alongamento estático de 30 segundos seguindo a estru-

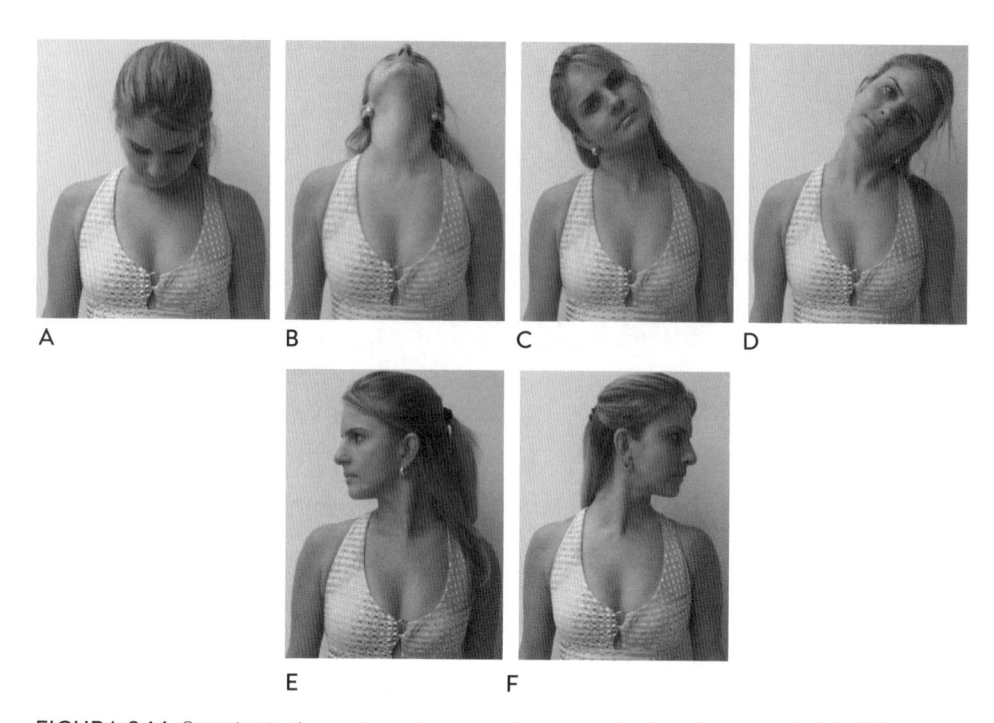

A   B   C   D

E   F

FIGURA 8.14 Sequência de movimentos para alongamento da coluna cervical. (A) Flexiona-se a coluna cervical sem protrusão ou elevação dos ombros. Evita-se a translação acentuada da coluna cervical (projeção acentuada da cabeça à frente). (B) Na extensão da coluna cervical, a amplitude do movimento é considerada normal quando o queixo e os olhos mantêm-se relativamente paralelos ao solo, o tronco permanece imóvel e constata-se que não há compressão e dor na coluna cervical. (C, D) Na flexão lateral da coluna cervical, evita-se que a parte do trapézio superior do lado oposto se eleve. Não se deve exagerar no movimento conjugado de flexão com rotação da coluna cervical. Manter os olhos à frente ou ligeiramente para cima. Observe se ao olhar obliquamente para baixo a cabeça acompanha e torna-se uma flexão com rotação. Dessa forma, orienta-se manter-se olhando para o horizonte. (E, F) Na rotação da coluna cervical, assim como na flexão lateral, torna-se essencial ter simetria para ambos os lados e manter-se com os olhos no horizonte. Expira-se durante os movimentos da coluna cervical, pois alguns músculos são sinergistas inspiratórios; dessa maneira, ao expirar, a pessoa está relaxando esses músculos.

tura indicada. Os autores notaram expressivos aumentos de 53% na flexibilidade, indo de 75° para 114° do pré-teste ao pós-teste.

Os resultados mostraram ainda diminuição da resistência nas três primeiras séries, com a primeira ocasionando maior relaxamento que as séries subsequentes, e não houve efeitos da quarta à sexta série de alongamento.

Pelo fato de ter ocorrido menos relaxamento após as dez semanas, provavelmente pela adaptação da unidade musculotendínea, os pesquisadores recomendaram maior tempo e duração no alongamento com a continuidade do programa.

A   B

C

FIGURA 8.15 Diferença de rotação medial com adução no ombro direito comparado com o esquerdo, apresentando normalidade na abdução com rotação lateral entre os membros.

Na presença de encurtamento musculotendíneo e restrição periarticular, faz-se uso de mobilização articular, tração, massagem e alongamento, recursos que são bem recebidos pelo tecido conjuntivo enrijecido e encurtado.

No começo do programa, pode-se adotar um tempo de alongamento de 20 a 40 segundos; e após cerca de 8 a 12 treinos, reavalia-se a flexibilidade – se houve aumento da flexibilidade, é possível continuar com o mesmo programa; se porventura não houve aumento da flexibilidade, aumenta-se o tempo de alongamento para aproximadamente 40 a 60 segundos. Vale notar que estamos nos referindo aqui ao alongamento após mobilização articular. Nesse período, de 8 a 12 semanas, geralmente se consegue desenvolver um pouco a flexibilidade; a redução do encurtamento é notada pela maior facilidade de executar determinado movimento e pela diminuição da percepção de desconforto durante o alongamento.

Embora esse mecanismo ainda exija experimentos bem controlados, já se tem observado que o alongamento proporciona bem menos desconforto quando aplicado após mobilização em pessoas saudáveis com encurtamento musculoarticular e atletas que necessitam de amplitudes de movimentos extremas.

A fim de aprimorar a orientação do treinamento, avalia-se a flexibilidade com um aparelho (flexímetro, inclinômetro ou goniômetro – ver exemplo na Fig. 8.16) e verifica-se se após um período de treinamento (se com o mesmo valor em graus de flexibilidade comparado com a avaliação inicial) há diferenças quanto ao desconforto do complexo musculoarticular.

De modo surpreendente, muitas vezes resultados expressivos são alcançados em 2 meses, e em pessoas com encurtamento muito acentuado os resultados são bem significativos em, aproximadamente, 5 a 6 meses de treinamento realizado uma a duas vezes por semana, combinando mobilização e alongamento. Essa quantidade de tempo para restaurar a função musculoarticular pode parecer muito extensa para pessoas que buscam atalhos e que creem sempre que uma nova técnica irá resolver definitivamente seu problema de encurtamento; no entanto, se for levado em consideração o tempo gasto para que o encurtamento muscular se desenvolvesse, constata-se que o período de treino até a recuperação da função é mínimo.

Vale notar as constatações, por parte dos praticantes, de que a mobilização articular antecedendo o alongamento traz os benefícios de menor desconforto durante o alongamento e alcance de uma amplitude de movimento maior. O relaxamento percebido pela mobilização articular é bem perceptível pelos clientes.

Para se mobilizar a articulação, a posição de repouso oferece maior segurança; entretanto, em situações em que o tecido periarticular está limitando o movimento, a maior amplitude do movimento é desenvolvida com a articulação próxima da amplitude final do movimento (Edmond, 2000). Isso também é aplicável a atletas que precisam de flexibilidade extrema, como praticantes de ginástica rítmica, ginástica artística, balé e taekwondo.

Caso se utilize a mobilização com alongamento duas vezes por semana, propõe-se espaçar a prática em pelo menos três dias e assegurar que o grupo musculoarticular não apresente sensibilidade oriunda de um treinamento anterior, a qual pode se acumular com o treino de mobilização com alongamento.

FIGURA 8.16 A avaliação da flexibilidade com o flexímetro WCS-Cardiomed possibilita identificar os valores iniciais, a evolução e a estagnação da amplitude de movimento, o que permite verificar a efetividade do programa de flexibilidade.

Se houver percepção de dor muscular tardia entre moderada e forte durante as 24, 48 ou 72 horas após a realização de um treinamento intenso e caso se vá mobilizar e alongar em um treino subsequente com similar sobrecarga, propõe-se apenas relaxar e alongar de forma suave, com baixa tensão.

É importante compreender que não há necessidade de se eliminar rapidamente um determinado encurtamento periarticular e que o objetivo é aumentar a flexibilidade em conjunto com outras atividades físicas praticadas pelo indivíduo, e isso com segurança e sem perturbar o desempenho dessas atividades físicas ou mesmo o próprio sistema musculoarticular.

É fundamental ressaltar ainda que se o profissional for mobilizar um atleta na véspera de uma competição ou de um treino importante, não deverá fazer uso da técnica associada de mobilização com alongamento de longa duração. Um dia antes de um treino intenso ou competição, e também no mesmo dia ou no dia seguinte, é importante não intensificar um treinamento com alongamento e mobilização a fim de não estressar o tecido conjuntivo.

Uma vez que a flexibilidade considerada normal tenha sido recuperada com a prática dos exercícios de mobilização com alongamento, não haverá necessidade de continuar com a mesma frequência e tempo de mobilização passiva com movimentos oscilatórios ou mantidos. Pode-se realizar a mobilização com algumas repetições sem tração articular e ainda diminuir o tempo de alongamento entre 20 e 30 segundos com tensão moderada, uma vez por semana e ainda após treinamento com forte sobrecarga. Mobilização articular e tração precisam ter um motivo que justifique sua realização.

APLICABILIDADE DA MOBILIZAÇÃO COM ALONGAMENTO: RECOMENDAÇÕES E OBJETIVOS

- O estado do cliente determina as formas e os meios de treinamento. Um questionário (anamnese) possibilita identificar se há histórico de lesão e, associado a uma avaliação, é usado para definir se haverá aplicação de mobilização e/ou alongamento.
- Maior tensão musculoarticular não é necessariamente o mais recomendado; o essencial é a habilidade para colocar tensão na medida certa ao se mobilizar, tracionar e alongar.
- Tanto o cliente quanto o profissional devem estar bem posicionados para a realização dos procedimentos de mobilização, tração e alongamento.
- O profissional, ao trabalhar confortavelmente, garante maior satisfação, bem-estar e continuidade para um bom desempenho, com menos dispêndio de energia e solicitação de músculos compensatórios. A intenção é se preservar

profissionalmente visando ter uma vida ativa e conseguir trabalhar sem dor até, no mínimo, os 60 anos de idade, sendo este um objetivo necessário, uma vez que a cada ano, a aposentadoria é postergada para idades mais elevadas.

- O profissional deve evitar a aplicação de duas sessões seguidas de alongamento com mobilização. Deixa-se pelo menos um período de 5 a 10 minutos para se restabelecer, e não seria excesso seguir o exemplo dos tailandeses em realizar uma meditação (ou ao menos se concentrar) antes de iniciar a próxima sessão, a fim de se manter focado durante todo o exercício.
- As últimas sessões do dia devem ser conduzidas com o mesmo entusiasmo, empatia e atenção que as primeiras.
- A higienização dos colchonetes, das mãos e dos pés (com unhas bem aparadas) é necessária. Tenha sempre uma toalha à disposição para, se necessário, dar suporte ao cliente.
- Ao finalizar a mobilização com o alongamento, verifique se os membros bilaterais mantêm-se alinhados ou com a mesma amplitude anterior ao treino.
- Quanto maior a faixa etária, maior o tempo de aquecimento com movimentos de circundução com pouca amplitude, antes de aumentar a amplitude de movimento com movimentos de circundução (feitos pelo profissional ou com orientação para que sejam executados pelo próprio cliente).
- Se houver maior restrição de movimento em um membro comparado com outro, sugere-se começar no membro que apresenta menos restrição. Isso pode ajudar a fazer comparações mais apuradas entre os membros mobilizados e alongados.
- A mão de estabilização do membro a ser mobilizado realiza uma pequena tração/deslizamento para eliminar o jogo articular antes da mobilização.
- A mão de estabilização deve se posicionar próximo da articulação. Se a mobilização for feita com o pé, um bom apoio é necessário, tanto para os profissionais experientes como para os iniciantes.
- Quando for aplicar exercícios em grupo, é recomendável não se propor a trabalhar com os alunos fazendo tração entre si.
- Mensurar o tamanho de um membro em relação ao outro antes da tração e tentar exercer a mesma tensão de tração nos dois membros. É oportuno mencionar que o maior aumento do membro mobilizado e tracionado se deve ao arrasto do tecido conjuntivo e que o efeito é de curta duração.
- Em relação ao quadril, verificar a simetria das espinhas ilíacas posterossuperiores; e, na articulação do ombro, verificar a altura das bordas inferiores das escápulas.
- Iniciar com massagem ou com os chamados exercícios de liberação miofascial pode ser importante para aumento dos efeitos da mobilização. O fato de relaxar pode contribuir para a maior amplitude de movimento. Possivelmente, os efeitos antinociceptivos aumentam a tolerância à dor e a resposta de relaxamento. Alguns exemplos são dados a seguir nas figuras 8.17 a 8.19.

A Figura 8.18 ilustra as partes da mão que são utilizadas para aplicação de mobilização e liberação miofascial.

Outra forma menos comum de iniciar o aquecimento pode ser a execução de movimentos em vários planos e eixos; nessa abordagem, o cliente se move descontraidamente em flexão com rotação e em extensão com rotação. É ideal para pessoas muito rígidas de forma generalizada (ver Fig. 8.19).

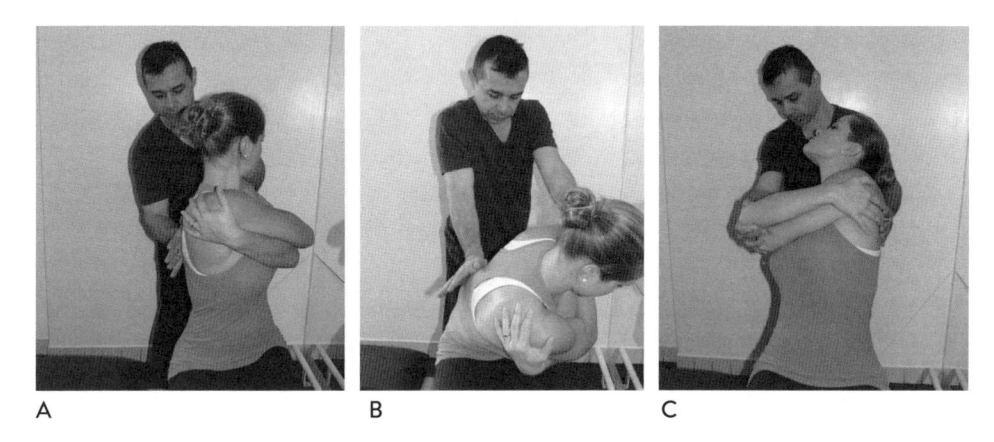

A B C

FIGURA 8.17 (A) Alongamento manual com flexão e extensão de tronco. Com o tronco estabilizado e os pés apoiados no solo, segura-se com uma das mãos o ombro do cliente enquanto a outra (superfície do hamato e pisiforme – Fig.8.18) é apoiada na lateral da coluna do mesmo lado da rotação (na figura, no lado direito), exercendo-se uma tensão de leve a moderada para a lateral durante a rotação. (B) Em seguida, executa-se o mesmo procedimento associando a rotação com flexão do tronco; (C) retorna-se desfazendo a rotação e, em seguida, realizando uma extensão com rotação do tronco.

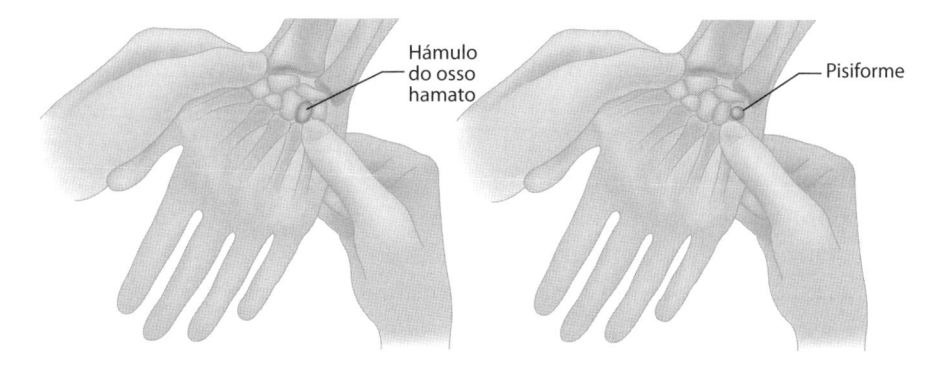

Hámulo do osso hamato

Pisiforme

FIGURA 8.18 Superfícies das mãos muito utilizadas nos movimentos de liberação miofascial. Fonte: Cael (2013, p. 134-5).

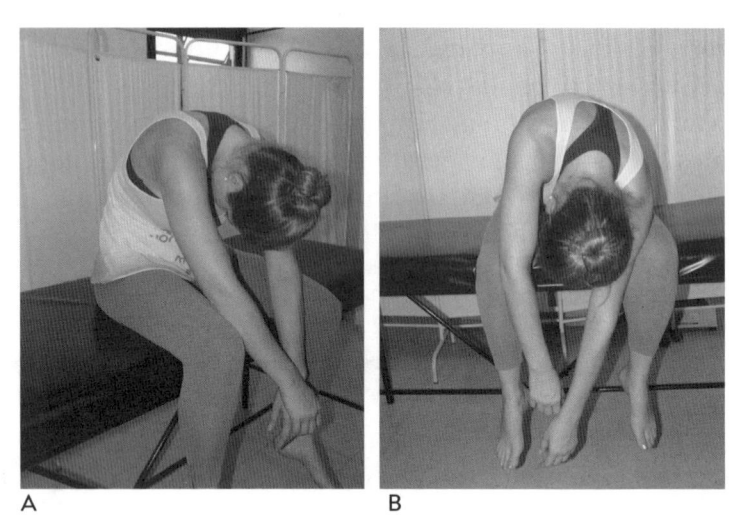

A   B

FIGURA 8.19 Tanto em pé como sentado, estes movimentos em flexão de tronco para descontrair o corpo em vários ângulos e direções são bem apropriados quando o cliente se mantém muito tempo em posturas estáticas e apresenta rigidez muscular acentuada, entre as séries de alongamento e na presença de desconforto muscular. Relaxam-se os ombros, a coluna cervical, a coluna torácica, movimentando-se sem uma ordem predeterminada; deixa-se movimentar pela intuição e pela gravidade. Finalmente, realizam-se movimentos de circundução com os ombros.

RESTRIÇÃO DE MOVIMENTO

Também é vantajoso mobilizar e tracionar a articulação de forma suave após treinamento com exercícios físicos intensos que tenham sobrecarga elevada, com o objetivo de diminuir a compressão do sistema musculoarticular e proporcionar relaxamento (Fig.8.20). Por exemplo, após compressão da coluna lombar com os exercícios físicos de corrida ou musculação, mobilizar, tracionar e alongar são ações que ajudam a assegurar o retorno à posição musculoarticular original.

De forma geral, mobiliza-se a articulação e logo em seguida realiza-se o alongamento estático ou uma tração de maneira suave para realinhamento do tecido conjuntivo, o que é útil após treinamento intenso e com altas sobrecargas. Isso ocorre porque o tecido conjuntivo alinha-se de acordo com a resposta mecânica. Na Figura 8.21, pode-se ver um exemplo de exercício com autotração na coluna vertebral auxiliado pelo rolo apoiados sob os braços e os pés.

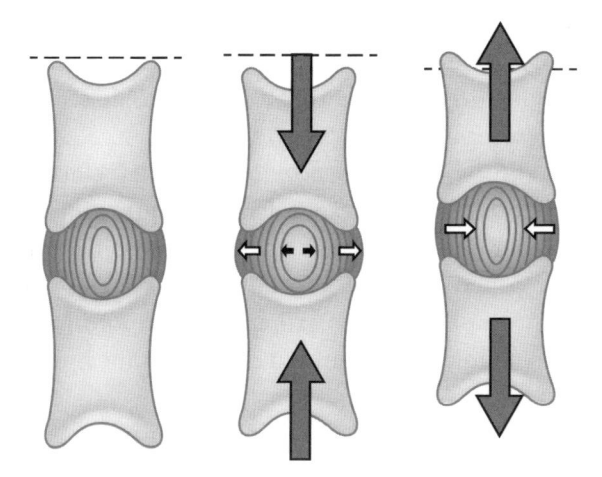

FIGURA 8.20 Compressão e tração da coluna vertebral e ação sobre os discos vertebrais (Kapandji, 2014). À esquerda, as fibras estão relaxadas, e no centro (*setas grandes apontando para dentro*) as fibras estão sob compressão, e a pressão é aumentada do núcleo para as extremidades. As vértebras que estão sob tensão (*setas grandes apontando para fora*) aumentam a pressão do núcleo e as fibras se verticalizam.

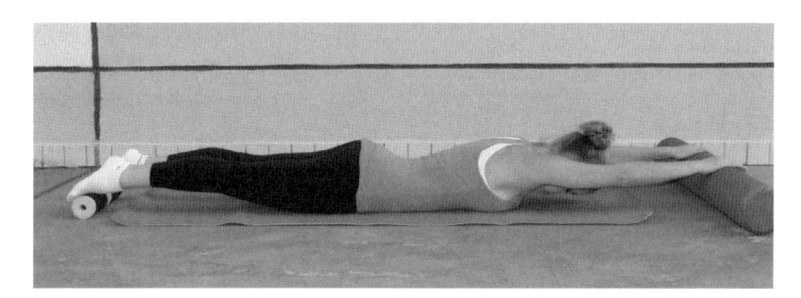

FIGURA 8.21 Com um rolo apoiado sob os pés e outro sob as mãos, o cliente movimenta-se de modo a deslizá-los no solo, provocando uma tensão na coluna. Deve-se permanecer por 20 a 30 segundos realizando uma expiração profunda e em seguida deslizar ao máximo os pés para trás e as mãos para a frente. Uma variante consiste em estender o tronco, tirando as mãos do rolo e elevando os pés em seguida; as mãos e os pés são repousados novamente sobre o rolo e continua-se o movimento de deslizar-se para a frente e para trás.

CONTRAINDICAÇÕES PARA MOBILIZAÇÃO E TRAÇÃO ARTICULAR

Nesta obra, não serão discutidas as formas de manipulação de movimentos com muita velocidade e baixa amplitude (*thrust*), importante do ponto de vista clínico em algumas ocasiões.

Nesse contexto, estalos articulares com dor, inflamação ou informações sobre condições como bursite, hérnia de disco, artrite, artrose, osteoporose, gravidez e espondilolistese devem ser de interesse e responsabilidade no âmbito clínico. Além disso, desaconselhamos mobilizar diretamente uma pessoa de terceira idade sem ter em mãos um diagnóstico preciso ou conhecimento de seu histórico, pois se houver uma fraqueza óssea ela poderá se agravar.

Nas articulações como quadril, tornozelo, ombro e joelho com histórico de lesão, evita-se segurar nos locais correspondentes para tracionar.

Se o cliente perceber desconforto muscular, dor de cabeça ou dor irradiada para os braços, interrompem-se as técnicas de mobilização e/ou tração na coluna cervical. Ainda, se houver problema na articulação temporomandibular, deve-se prestar muita atenção na forma de segurar a cabeça e a nuca, a fim de não desencadear um problema maior.

É evidente também que na presença de hiperflexibilidade não serão utilizadas tração e mobilização. Em articulações hipermóveis, exercícios de força estática e dinâmica em diferentes ângulos com insuficiente amplitude de movimento são uma excelente opção. Nesses casos, a intenção é aumentar a força de compressão articular. Essa compressão facilita os proprioceptores articulares e melhora a estabilidade articular (Houglum e Bertoti, 2014).

CAPÍTULO 9

Métodos de flexibilidade

Há vários métodos de flexibilidade que podem apresentar respostas diferentes no resultado final da flexibilidade. É importante que esses métodos sejam aplicados de acordo com as estratégias de treinamento e as necessidades do cliente.

ALONGAMENTO ESTÁTICO

O alongamento estático é feito com alcance de uma amplitude de movimento até a percepção de uma resistência, permanecendo-se na posição por um determinado tempo. Veja exemplos nas Figuras 9.1 a 9.3.

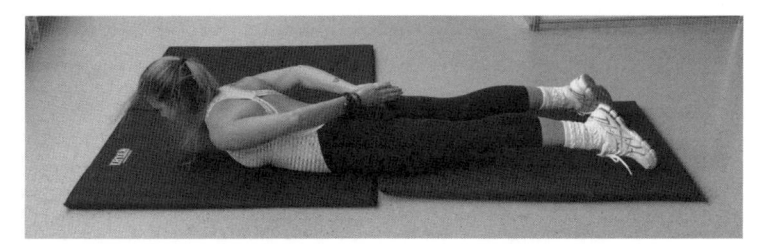

FIGURA 9.1 Alongamento estático em extensão do tronco com depressão dos ombros.

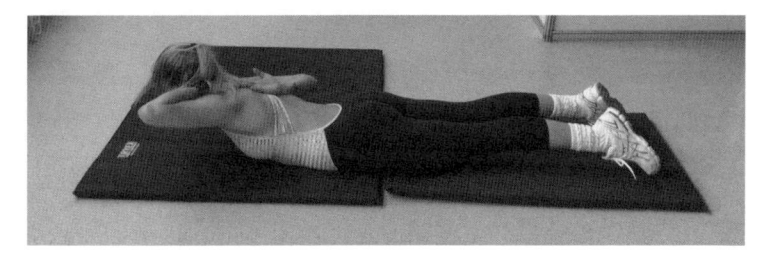

FIGURA 9.2 Alongamento estático em extensão do tronco com adução e rotação medial do ombro direito e abdução do ombro esquerdo com rotação lateral.

FIGURA 9.3 Alongamento estático em flexão plantar do tornozelo, com o objetivo de alongar o músculo tibial anterior.

Em geral, permanece-se em alongamento por 10 a 30 segundos, com o objetivo de reduzir a viscosidade; tempos superiores são aplicados com foco no desenvolvimento da flexibilidade e variam de 40 a 120 segundos, com uma a três séries de alongamento.

O alongamento estático é importante para os iniciantes, em ambientes frios, após um ou dois dias em que se treinou intensamente, e pode ser associado com o alongamento dinâmico durante o aquecimento.

O alongamento estático também é especialmente apropriado para aprender a se concentrar e até relaxar se for feito de forma bem suave – uma necessidade atual e real para os jovens. Infelizmente, na educação física escolar, os exercícios de alongamento estático costumam ser feitos de forma desconexa durante o aquecimento e fora do contexto da vida da criança. Esses exercícios permitem que crianças e jovens se apropriem da experiência sensorial e do uso das técnicas de respiração, servindo ainda como um meio de melhorar a concentração.

Deduz-se do próprio nome do método (alongamento "estático") que se deve permanecer imóvel durante essa modalidade de alongamento. Contudo, em termos práticos, a perceptibilidade da tensão por parte do praticante pode propiciar oportunidade para graduar a tensão muscular e o tempo de permanência no alongamento.

ALONGAMENTO DINÂMICO

O alongamento dinâmico é realizado com movimentos amplos até que se perceba uma resistência na amplitude final do movimento; em seguida, retorna-se à posição de origem para repetir o movimento. Veja exemplos nas Figuras 9.4 e 9.5.

FIGURA 9.4 Alongamento dinâmico com flexão lateral de tronco.

FIGURA 9.5 Alongamento dinâmico. Movimenta-se até uma amplitude que ocasione resistência e retorna-se então à posição original. Neste exercício, a maior parte da rotação ocorre no tronco; deve-se contrair o abdome e expirar longamente durante a rotação. O exercício é feito de forma continuada, e uma alternativa prática consiste em manter-se por um período de tempo no alongamento com rotação no último movimento de cada lado.

Para uma prática segura, sugere-se alongar de forma lenta e alcançar a amplitude sem movimentos bruscos. Modificar o ritmo dos movimentos, tornando-os bem lentos, pode ajudar em sua percepção; depois que forem bem aprendidos, aumenta-se um pouco sua velocidade.

No alongamento dinâmico associado aos esportes, executam-se os primeiros movimentos cadenciados e, na sequência, acentua-se a intensidade do movimento.

Em um estudo com jovens jogadores de futebol, Pojskic et al. (2015) constataram que o alongamento dinâmico aumentou a velocidade, a agilidade e o desempenho em saltos, e atribuíram essa melhora, de forma indireta, ao potencial pós-ativação. O potencial pós-ativação é definido como o aumento agudo na potência muscular, o qual é produzido por estímulo com sobrecarga antes da atividade que aumenta a excitabilidade do neurônio motor. Isso significa que os exercícios de aquecimento devem ser cada vez mais bem orientados e controlados, pois de forma concorrente ao potencial pós-ativação um aquecimento muito intenso e prolongado pode provocar fadiga e redução da velocidade e potência.

O alongamento dinâmico pode ser feito junto com a corrida ou com o deslocamento corporal em várias direções. Além disso, também pode ser associado à ação excêntrica, para prevenção de lesões. Em um trabalho anterior (Achour Junior, 2010) elaborei vários exercícios dinâmicos englobando alongamento, ação excêntrica e equilíbrio, combinações que podem contribuir para um aquecimento mais rico em termos de coordenação.

ALONGAMENTO PASSIVO

O alongamento passivo é realizado com o auxílio do profissional e com um estado de descontração muscular do cliente. Para que o alongamento seja de fato denominado "passivo", o cliente deve estar relaxado durante o alongamento.

É importante desenvolver sensibilidade para perceber se o cliente está relaxado e, assim, definir a necessidade de aumentar a tensão de alongamento (ver Fig. 9.6). O alongamento passivo oferece oportunidade ao se perceber uma região do músculo enrijecido para se massagear levemente durante a posição do alongamento.

FIGURA 9.6 Alongamento passivo. O profissional posiciona o cliente em uma amplitude de movimento final e mantém ou tensiona um pouco mais se perceber diminuição da resistência do tecido conjuntivo.

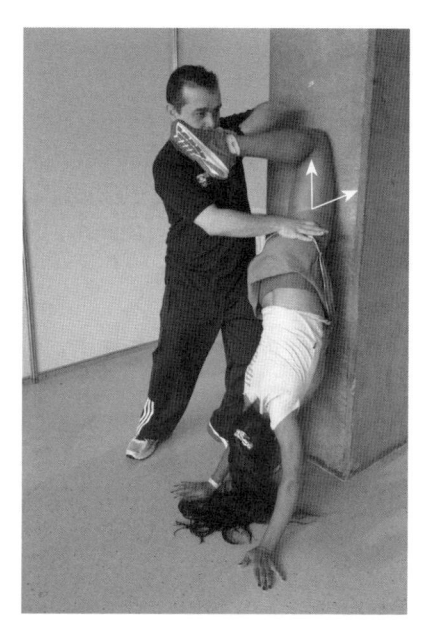

FIGURA 9.7 Alongamento passivo com tração do quadril para cima e mobilização para provocar deslizamento do fêmur na direção anterior. O profissional aplica pressão e mantém a posição.

Há também o alongamento passivo-dinâmico, no qual o profissional conduz o cliente em uma amplitude de movimento de forma passiva e retorna em seguida ao movimento inicial. Uma sugestão para a prática do alongamento passivo consiste em fazê-lo encadeando-o com novos movimentos, envolvendo um grupo muscular que tenha sido alongado no movimento anterior.

FACILITAÇÃO NEUROMUSCULAR PROPRIOCEPTIVA

O método de flexibilidade com a facilitação neuromuscular proprioceptiva (FNP) tem seus fundamentos na contração muscular alternada com o relaxamento muscular e o aumento da amplitude de movimento.

Na FNP, a contração muscular é feita principalmente de forma isométrica, mas também pode ser aplicada com êxito a forma de contração dinâmica com ação concêntrica e/ou excêntrica, embora seja pouco usada. No entanto, independentemente do tipo de contração usado, o método constitui um bom recurso para eliminação do encurtamento e desenvolvimento da flexibilidade.

Alternando contração e relaxamento, o método de FNP pode ser realizado individualmente ou em duplas. O método de FNP é feito dinâmica ou estaticamente em diversos grupos musculares e ainda pode ser associado com outros métodos de flexibilidade.

Meu livro *Flexibilidade e alongamento: futebol* (Achour Junior, 2011), aborda o método de flexibilidade com FNP de forma dinâmica. O objetivo da obra é propor exercícios de alongamento associados a movimentos coordenativos e outras capacidades motoras. É evidente que, para a maioria dos esportes, a contração isométrica em movimento deve ser mínima.

É importante mencionar que a contração muscular isométrica do método FNP produz uma contração nos componentes contráteis e um alongamento compensatório nos componentes passivos do tecido conjuntivo (endomísio, epimísio e perimísio) e do tendão. A FNP em geral pode ser mais apropriada que o alongamento estático para se aumentar a amplitude de movimento, diminuir a rigidez muscular, tendínea e aumento da tolerância ao alongamento.

Entre os métodos de flexibilidade, a FNP é na maioria das vezes o que mais produz resultados, com a "vantagem" de não ocasionar relaxamento e ainda conseguir a inibição da dor. Mas esse é um tópico controverso. Alguns estudos evidenciam que a contração isométrica exercida no método FNP produz somente uma breve redução no relaxamento verificado por meio da resposta do reflexo de Hoffmann independentemente da quantidade de contração isométrica indicando que o alongamento deve ser o mais breve possível após contração.

O reflexo de Hoffmann mede a excitabilidade do sistema neuromuscular provocada pela aplicação de um único estímulo elétrico em um nervo periférico. A resposta é um abalo muscular induzido pelo nervo estimulado. É usado como um teste do nível de excitabilidade de um grupo de motoneurônios; quanto maior a resposta, maior o número de unidades motoras ativadas.

O método FNP pode ser utilizado antes de exercícios com sobrecarga ou antes da prática esportiva (desde que o tempo mantido em alongamento seja de curta duração e que se faça uma série de alongamento com contração submáxima) e pode ser muito bem empregado com pessoas que sintam forte desconforto no alongamento. Mas quanto à aplicabilidade em esportes, é preciso destacar que na maioria das vezes não atende à especificidade das exigências das habilidades esportivas, embora possa trazer uma contribuição importante no desenvolvimento geral da flexibilidade em outros momentos do treinamento.

Alguns estudos evidenciam que o alongamento com FNP atenua a dor quando precede o treinamento com ação excêntrica (Khamwong et al., 2011) e que a contração isométrica pode alterar o percurso corticomotor durante um estímulo nociceptivo (Hoeger et al., 2009).

Utilizando o método de contração e relaxamento do tornozelo, Kay et al. (2015) encontraram uma correlação moderada [r = (0,80)] entre o desenvolvimento na flexibilidade e o aumento na tolerância ao alongamento.

O que importa neste momento é descrever a aplicação segura dos procedimentos de FNP que contribuem para a flexibilidade, e em um futuro próximo desenvolver pesquisas para estabelecer comparações com outros métodos, além de identificar as vantagens e possíveis desvantagens. A seguir, é apresentado um exemplo de aplicação de FNP com ênfase nos músculos isquiotibiais, mas a técnica pode ser empregada em vários outros músculos.

Recomendações para a aplicação da FNP nos músculos isquiotibiais na presença de encurtamento e restrição musculoarticular:

1. Se os músculos estiverem muito tensos, realiza-se uma liberação miofascial.
2. Movimenta-se o quadril em circundução com o joelho flexionado.
3. Realiza-se mobilização articular no sentido anteroposterior.
4. Ao alongar em flexão de quadril com o joelho estendido, diminui-se a flexão de quadril se o joelho permanecer ligeiramente flexionado (coloca-se a mão logo acima da patela para estender o joelho e traciona-se sutilmente a perna para cima).
5. Independentemente do método a ser empregado, verifica-se na amplitude final de movimento se há uma leve folga (molejo) no quadril. Retira-se toda a folga da articulação.
6. Após a contração isométrica, relaxa-se, mas sem permitir que a perna retorne com menor amplitude de movimento.
7. Expira-se (consciência no movimento) logo após a contração isométrica e aumenta-se a amplitude de movimento.
8. Quando se pede que realizem a contração submáxima, muitas pessoas exageram na força; então se solicita uma força bem leve e depois se vai graduando.
9. Ao dizer "relaxe", significa que o cliente deve apenas interromper a força, mas permanecer com a amplitude de movimento.
10. Ao alongar os músculos isquiotibiais em decúbito dorsal, observa-se que se a própria pessoa segurar a perna poderá elevar o tronco e contrair excessivamente o esternocleidomastóideo e o peitoral. Isso ocorre sobretudo em pessoas com bastante limitação na flexibilidade; nesses casos, usa-se uma faixa elástica ou pede-se que o cliente segure na coxa.

Em um primeiro instante, pode-se alongar em flexão de quadril e com o joelho flexionado, de forma passiva ou mesmo com a FNP.

Se os músculos forem multiarticulares – como os isquiotibiais, os adutores do quadril, o peitoral maior e os músculos do ombro – e apresentarem muita restrição à amplitude de movimento, pode-se iniciar com a flexão da articulação, a fim de facilitar os movimentos posteriores com os membros estendidos. As figuras 9.8 a 9.17 apresentam exemplos dessa flexão.

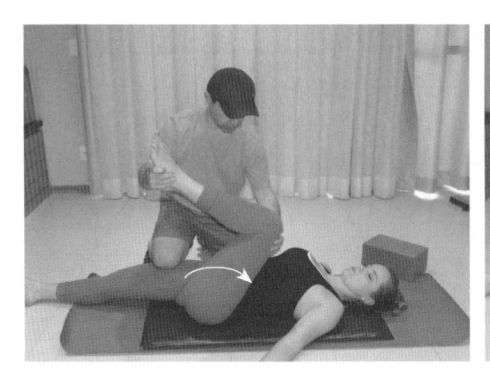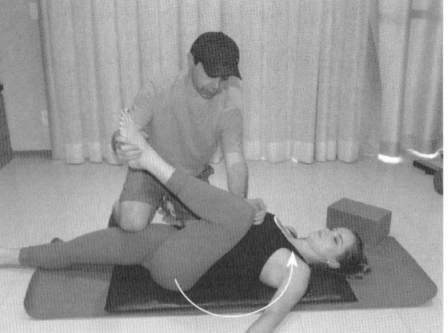

FIGURA 9.8 Com o joelho, o profissional estabiliza o membro estendido do cliente e flexiona então o joelho da outra perna. Realiza em seguida movimentos de circundução aplicando tensão no joelho no sentido lateral e em direção ao tórax. Pede-se que o cliente estenda totalmente o joelho e flexione-o em seguida.

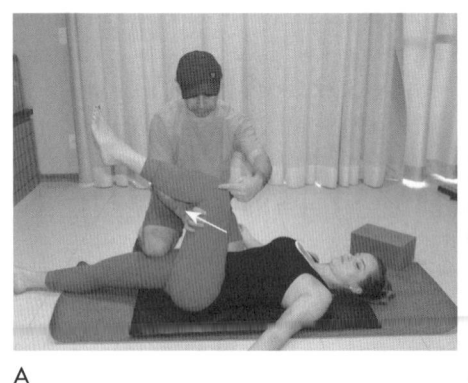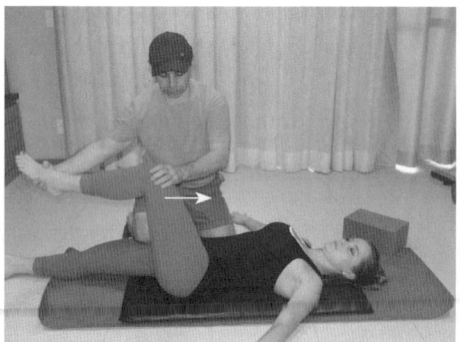

A   B

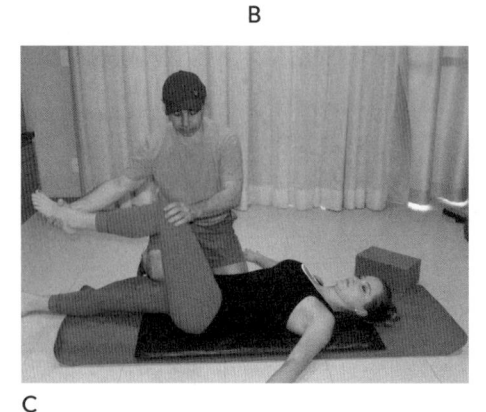

C

FIGURA 9.9 Método de flexibilidade - facilitação neuromuscular proprioceptiva. (A) Realiza-se a contração alternando com relaxamento, a fim de aumentar a amplitude de movimento. Tensionam-se os músculos isquiotibiais para a frente, o que gera uma contração isométrica submáxima, pois o profissional resiste à contração. Relaxa-se e aumenta-se a amplitude de movimento. Em seguida, o profissional coloca a mão no quadríceps e o cliente tensiona em direção ao tórax (B), ação que é resistida pelo profissional; retorna-se então à contração isométrica. Relaxa-se e aumenta-se a amplitude de movimento (C). Logo após ter alongado com o joelho flexionado, faz-se o mesmo procedimento com o joelho estendido.

ALONGAMENTO ESTÁTICO OU FACILITAÇÃO NEUROMUSCULAR PROPRIOCEPTIVA REALIZADOS INDIVIDUALMENTE

A   B

C   D

FIGURA 9.10 Para alongar os isquiotibiais, pode-se em um primeiro momento (A) levar o joelho semiflexionado em direção ao tórax, mantendo a perna oposta flexionada e apoiada no solo. (B) Flexiona-se então o joelho elevado e estende-se o joelho do membro flexionado. (C) Em seguida, estende-se o joelho da perna elevada e flexiona-se a perna oposta, que permanece apoiada no solo; se perceber que o joelho está um pouco flexionado, pode-se tensioná-lo para cima e segurar a perna (tração). (D) Segura-se na parte posterior de coxa, estabilizando a amplitude de movimento e desliza-se o pé do membro flexionado no solo, até a extensão completa (D). Tenta-se impedir qualquer retorno do membro estendido.Tensiona-se o membro elevado em direção ao solo, sendo impedido pelas mãos. Manter posição por 3 a 10 segundos, relaxar e aumentar a amplitude de movimento.

EXEMPLOS DE APLICABILIDADE DO MÉTODO DE FACILITAÇÃO NEUROMUSCULAR PROPRIOCEPTIVA

Contração-relaxamento – antagonista:

Exemplo: alongamento dos músculos isquiotibiais. O profissional conduz o membro inferior do cliente em flexão de quadril com o joelho estendido, até a percepção de resistência do tecido conjuntivo.

Solicita-se ao cliente que contraia de forma submáxima o músculo isquiotibial (antagonista) por um tempo de 3 a 10 segundos, sendo o membro mantido na posição pelo profissional para tornar a contração isométrica; em seguida, interrompe-se a contração isométrica, expira-se e aumenta-se a amplitude de movimento. Com a amplitude de movimento aumentada, realiza-se novamente a contração dos isquiotibiais, sendo impedida pelo profissional, a fim de torná-la isométrica, e aumenta-se a amplitude de movimento.

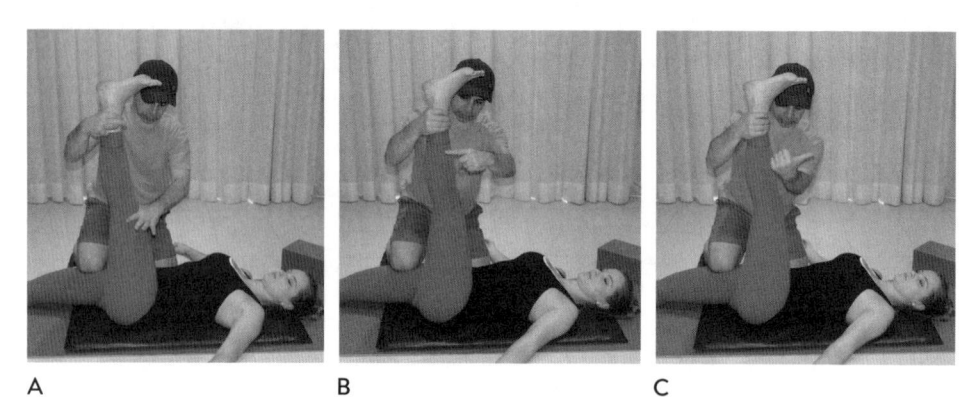

A　　　　　　　B　　　　　　　C

FIGURA 9.11 (A) Estabiliza-se o membro inferior estendido no solo e eleva-se o outro membro totalmente estendido até perceber resistência musculoarticular; (B) em seguida, solicita-se que contraia de forma submáxima (bem leve) os isquiotibiais e segura-se o membro, a fim de tornar a contração isométrica. (C) O cliente mantém-se por 3 a 10 segundos em contração e então relaxa; contudo, o profissional mantém o membro na mesma posição e pede que o cliente expire, aumentando assim a amplitude de movimento..

Na maioria das vezes não se consegue maior amplitude de movimento após a segunda série; por essa razão, mantém-se a amplitude de movimento por 45 a 60 segundos. Uma sugestão prática consiste em realizar a primeira série com uma contração fraca de 20 a 50% e a segunda série com uma contração moderada de 50 a 80%, aproximadamente.

Contração-relaxamento – agonistas:

Exemplo: alongamento dos músculos isquiotibiais. O profissional conduz o membro inferior em flexão de quadril com o joelho estendido até a percepção de resistência do tecido conjuntivo.

Pede-se que o cliente contraia de forma submáxima o músculo quadríceps (agonista) por um tempo de 3 a 10 segundos, sendo o membro mantido na posição pelo profissional, para tornar a contração isométrica (segura-se na região anterior da perna e coxa); em seguida, interrompe-se a contração isométrica, expira-se e aumenta-se a amplitude de movimento. A solicitação de contrair o quadríceps tem a intenção de relaxar os isquiotibiais. Esse método envolve a inibição recíproca e em alguns músculos e posições corporais é difícil de fazer duas séries; desse modo, se for feita uma série mantém-se em alongamento por 45 a 60 segundos após aumentar a amplitude de movimento.

Contração-relaxamento – agonistas e antagonistas:

Alongamento dos músculos isquiotibiais. O profissional conduz o membro inferior do cliente até alcançar a flexão de quadril com o joelho estendido e a percepção de resistência do tecido conjuntivo.

Solicita-se ao cliente que contraia de forma submáxima o músculo quadríceps por um tempo de 3 a 10 segundos, sendo o membro mantido na posição pelo profissional, que segura na região anterior do membro inferior para tornar a contração isométrica; em seguida, interrompe-se a contração isométrica, expira-se e aumenta-se a amplitude de movimento. Na sequência, procede-se da mesma forma, contraindo os isquiotibiais, ação esta impedida pelo profissional, o que torna a contração isométrica. Aumenta-se a amplitude de movimento.

Seria possível inverter a ordem, tornando contração-relaxamento – antagonista. Para definir a ordem a ser adotada, pode-se proceder da seguinte forma: ao se elevar o membro inferior estendido e perceber desconforto nos isquiotibiais,

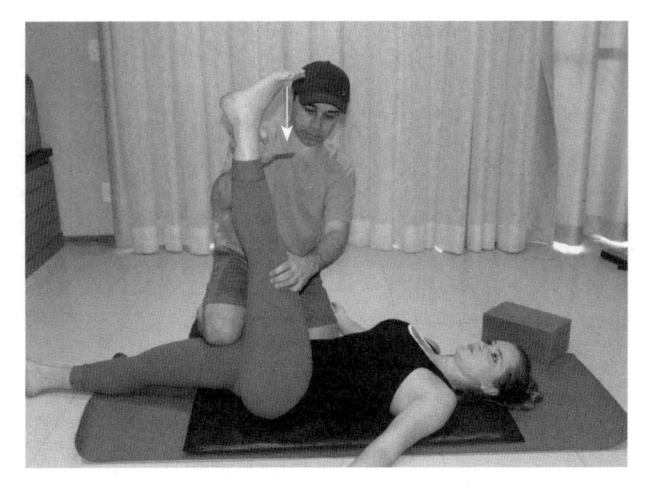

FIGURA 9.12 A contração muscular inicial é feita com a contração do quadríceps. Essa é uma opção para treinamento com um cliente excessivamente forte, pois se solicitasse a contração dos isquiotibiais, o profissional teria que fazer muita força para sustentar o membro; ou no caso de o músculo quadríceps contrair-se demais durante a elevação dos músculos isquiotibiais, então aumenta-se a contração de forma voluntária.

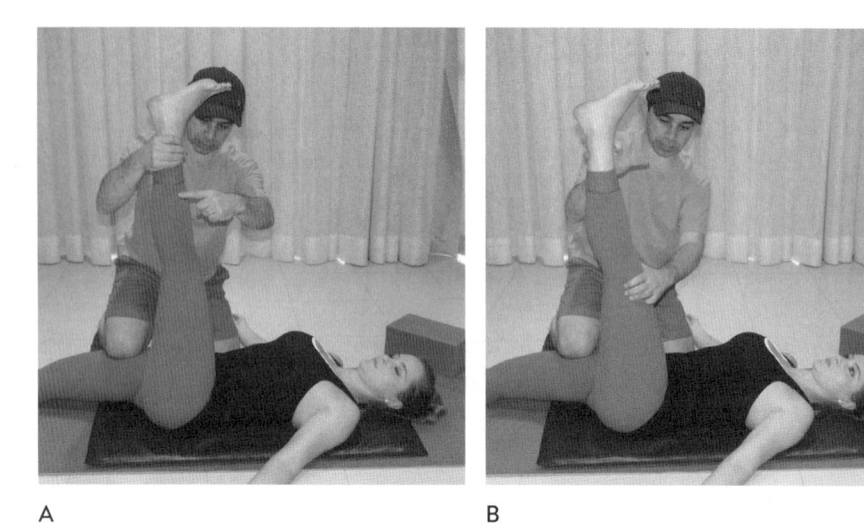

A   B

FIGURA 9.13 Este método de flexibilidade utiliza os procedimentos com a contração dos isquiotibiais (A), aumenta-se a amplitude de movimento depois da contração do quadríceps; (B) relaxa-se e aumenta-se a amplitude de movimento.

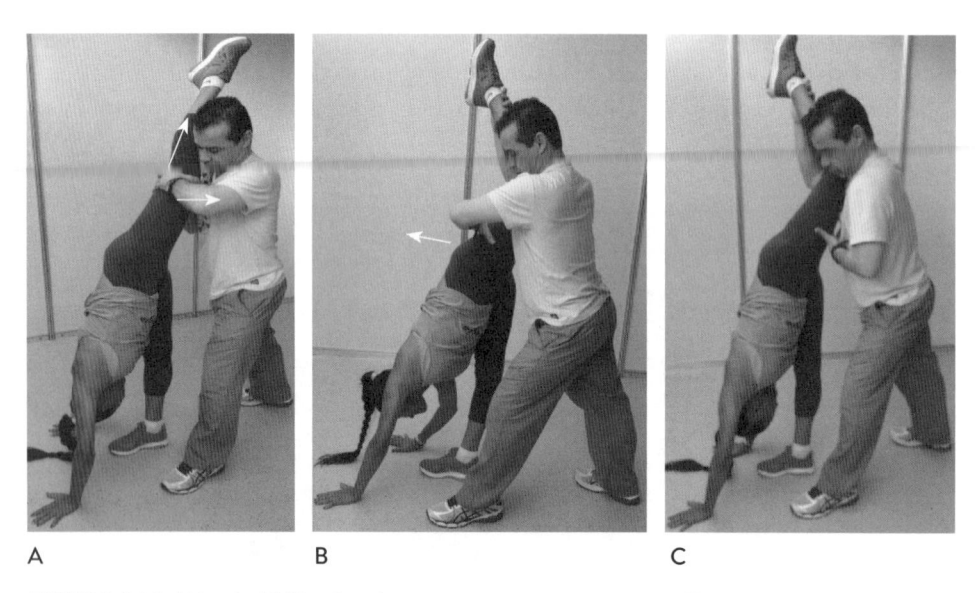

A   B   C

FIGURA 9.14 Método FNP aplicada aos esportes que requerem flexibilidade extrema. Uma estratégia consiste em realizar ligeira tração. (A) O atleta tensiona o isquiotibial para trás, a fim de aumentar a extensão de quadril; (B) sendo impedido pelo profissional, faz uma contração isométrica, relaxa e aumenta a amplitude de movimento em extensão de quadril. (C) Em seguida, tensiona o quadríceps em direção à flexão de quadril, sendo impedido pela mão do profissional; e aumenta-se a amplitude de movimento. Conforme mostrado nas imagens, pode-se fazer este alongamento de forma flexionada e em seguida estender o quadril, ou estender o quadril e depois flexionar o joelho.

inicia-se pela contração desse músculo (antagonista); caso se perceba que o quadríceps contrai intensamente, inicia-se com a contração dos agonistas (quadríceps). Mas esta é apenas uma sugestão, pois falta apoio científico para que se considere mais efetivo esse procedimento.

Alongamento-contração concêntrica-relaxamento – agonistas:

Alongamento dos músculos isquiotibiais. O profissional conduz o membro inferior do cliente em flexão de quadril com o joelho estendido até a percepção de resistência do tecido conjuntivo.

Solicita-se ao cliente que contraia o músculo quadríceps, sendo parcialmente impedido pelo profissional, o que torna a contração concêntrica, uma vez que ocorre aumento da amplitude de movimento contra a resistência. No final, mantém-se o alongamento por 40 a 60 segundos. Em geral, uma série é suficiente.

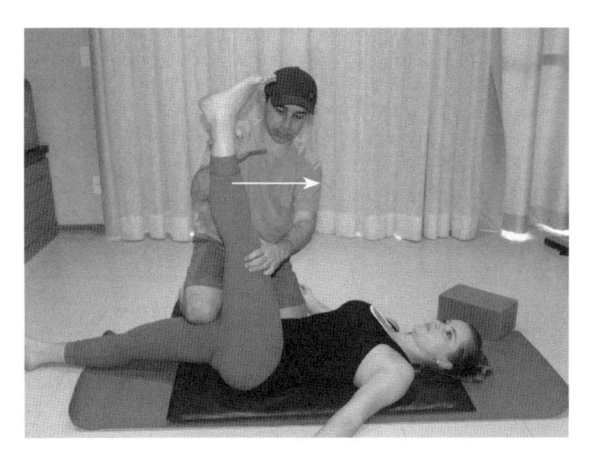

FIGURA 9.15 Contrai-se o quadríceps e o cliente vence a resistência, o que permite aumentar a amplitude de movimento.

Contração excêntrica – relaxamento:

Alongamento dos músculos isquiotibiais. O profissional conduz o membro inferior do cliente até alcançar a flexão de quadril com o joelho estendido e a percepção de resistência do tecido conjuntivo.

Solicita-se ao cliente que contraia o músculo isquiotibial (exercendo força no sentido do solo), sendo superado pelo profissional, o que torna a ação excêntrica com resistência. Obviamente, essa técnica requer muita prudência, e evita-se

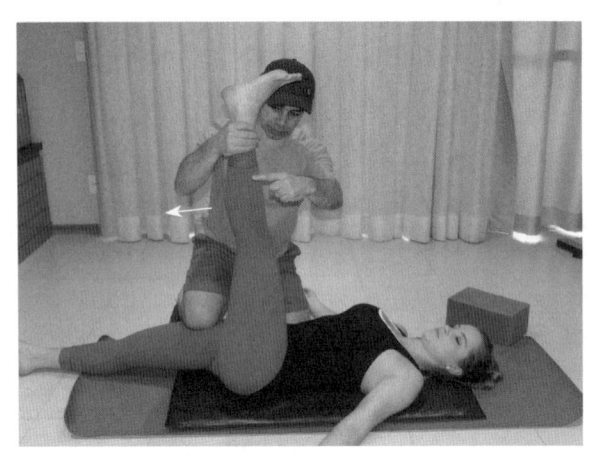

FIGURA 9.16 O cliente faz a contração submáxima com o isquiotibial, porém sua resistência é superada, tornando-se ação excêntrica, pois há movimento em direção ao tórax.

aplicá-la em tecidos "recém-recuperados" de uma lesão ou na articulação da coluna cervical, devendo-se sempre usá-la com o músculo bem aquecido.

Greenmann (2001) denominou essa forma de alongamento *isolítico*; esse autor menciona que, nesse método, há um risco de ruptura na junção musculotendínea ou nas próprias fibras musculares se aplicado em músculos com hipertonia grave ou contratura.

Contração e relaxamento – contração concêntrica e excêntrica:

Alongamento dos músculos isquiotibiais. O profissional conduz o membro inferior do cliente até alcançar a flexão de quadril com o joelho estendido e a percepção de resistência do tecido conjuntivo.

Solicita-se ao cliente que contraia o músculo quadríceps, sendo parcialmente impedido pelo profissional, o que torna a contração concêntrica com resistência, uma vez que há movimento. Em seguida, o cliente exerce tensão com os músculos isquiotibiais para baixo, ação que é superada pela força do profissional, tornando a ação excêntrica.

Esses métodos com ação excêntrica devem ser aplicados na presença de encurtamento extremo, sendo importante que a sutileza e a paciência superem a força de tensão, a fim de se evitar uma lesão.

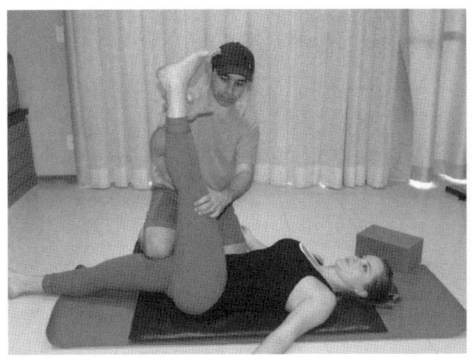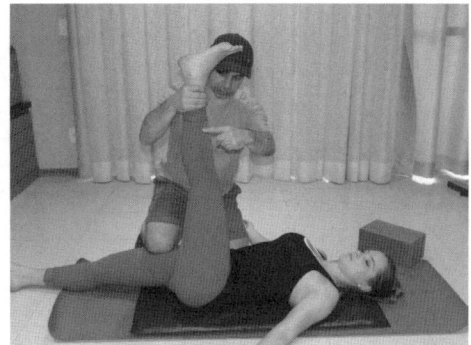

A   B

FIGURA 9.17 A contração do quadríceps (A) e (B) e do isquiotibial de forma submáxima é superada pelo profissional, tornando-se uma contração concêntrica e excêntrica, respectivamente.

INDICAÇÕES PARA APLICABILIDADE DO MÉTODO FACILITAÇÃO NEUROMUSCULAR PROPRIOCEPTIVA

O tempo em contração isométrica pode ser entre 3 e 10 segundos ou mais; frequentemente se utilizam 5 ou 6 segundos. A contração muscular isométrica não necessariamente precisa ser máxima; em contrações submáximas, os resultados são significativos quanto à amplitude de movimento. Uma indicação é aumentar o tempo em contração isométrica se for realizar o alongamento com pouca intensidade de contração.

No método contração-relaxamento aplicado em adultos jovens, intensidades com 20, 40, 60 e 80% provocaram aumento na flexibilidade dos músculos isquiotibiais considerados rígidos (com menos de 70° em flexão de quadril com joelhos estendidos) Khondayari e Dehghani, 2012).

Em outro experimento com quatro grupos de adultos jovens saudáveis, Kwak et al. (2015) verificaram que em uma contração isométrica de 20% da máxima houve aumento na flexibilidade em 20°; com 60% da contração isométrica máxima houve aumento de 25°; e com 100% somente 23,8° na flexão de joelho. Diante desse resultado, o estudo endossou que 100% de contração isométrica pode desencadear fadiga e predispor o indivíduo a lesão.

No método de facilitação neuromuscular proprioceptiva, após contração muscular e aumento da amplitude de movimento, mantém-se entre 40 e 60 segundos no alongamento ou mais. Mobiliza-se a articulação e em seguida se utiliza a facilitação neuromuscular proprioceptiva. Uma vez por semana, ou duas vezes no máximo, em dias espaçados, perfazendo até duas séries para o mesmo grupo muscular. Se uma ou duas vezes por semana é bom, três ou mais vezes não necessariamente trarão benefício. Não se deve exagerar.

CAPÍTULO 10

Desenvolvimento da flexibilidade

É insuficiente realizar exercícios de alongamento durante o aquecimento e após exercícios físicos com propósito de desenvolver a flexibilidade e prevenir lesões. Não se pode considerar o alongamento, ou a falta dele, como único fator preditivo de lesões. A flexibilidade (capacidade motora) merece similar atenção como fator preventivo na perspectiva de preservar o sistema musculoarticular em longo prazo, com movimentos mais coordenados, evitando excessiva tensão no músculo antagonista e sobrecarga compressiva (concêntrica) dos músculos agonistas durante a amplitude de movimentos.

Poderíamos nos perguntar por que os exercícios de alongamento reduziriam substancialmente a incidência de lesão se os movimentos são realizados sem amplitude ideal para realização de movimentos de qualidade. Sim, muitas pessoas se alongam diariamente e mesmo assim permanecem com encurtamentos. Sem contar que, ao usar somente o alongamento estático para se exercitar, não se atende de forma dinâmica a especificidade dos exercícios da atividade a ser praticada logo em seguida. Assim, novamente, é importante mas insuficiente o alongamento antes e depois dos exercícios físicos somente de forma estática com um mesmo tempo de duração.

A realização de exercícios de alongamento em si pode apresentar baixa a moderada associação com lesão. É necessário obter flexibilidade e, a partir dessa condição, utilizar-se de alongamento diário como forma de reduzir a viscosidade e aumentar a temperatura, o fluxo sanguíneo e a ação da actina e miosina de forma ativa (alongamento dinâmico), de modo a estar preparado para as atividades esportivas ou de condicionamento. E, definitivamente, é preciso ser flexível para exercer força em uma amplitude considerável e para sustentar ou superar essa amplitude de movimento alcançada.

Em relação à função musculoarticular, não é vantajoso ser forte e encurtado ou ser flexível e frágil. E é perfeitamente concebível que o tecido conjuntivo seja "treinável" para se tornar forte e flexível. Em outras palavras, o fato de uma maior rigidez em um primeiro momento mostrar maior resistência ao alongamento não é um impeditivo para a pessoa se tornar forte e flexível.

É comum que a pessoa realize apenas alongamento estático durante 10, 20 ou 30 segundos, antes e após exercícios físicos, e acredite que está fazendo um treinamento profilático em relação a lesão e dor. Esse tempo de alongamento estático é realizado ora para aquecer, ora para relaxar, antes e após treinamento, respectivamente. Os mesmos exercícios de alongamento estático são feitos antes e depois e, no entanto, busca-se e espera-se duas respostas fisiológicas diferentes.

Os benefícios do alongamento breve, de 10 a 20 segundos antes (aquecimento) e após (resfriamento) exercícios físicos, podem ser mais perceptíveis para quem já é flexível. Um tempo breve em alongamento, de 10 a 20 segundos, até provoca um ligeiro aumento agudo na flexibilidade. Entretanto, dificilmente o incremento é considerável no sentido de possibilitar uma boa mecânica articular e favorecer uma amplitude de movimento de forma significativa. Isso ocorre por conta da quantidade reduzida de aumento na amplitude de movimento, já que o arrasto do tecido conjuntivo gera poucos graus de flexibilidade. Assim, torna-se prioritário diferenciar entre alongamento no aquecimento e alongamento em sessão específica para desenvolver flexibilidade.

É bom reforçar também que o alongamento estático, somente, não prepara um sistema musculoarticular para atividades dinâmicas. Além disso, se o objetivo for diminuir a rigidez, o alongamento dinâmico é mais apropriado, enquanto o alongamento estático exerce maior efeito no relaxamento observado progressivamente, mas não linearmente, entre 5 e 20 segundos (Mcnair et al., 2000).

As pesquisas, em geral, precisam relacionar o exercício de alongamento com o quanto se tem de flexibilidade (graus) em relação às lesões, em vez de somente relacionar o alongamento estático prévio às atividades físicas com as lesões. Sem contar que a força e a coordenação também são fundamentais. Assim, deve-se distinguir também o aumento significativo na flexibilidade dada a uma análise estatística em um determinado estudo científico comparado com o aumento na flexibilidade correspondente, para se ter flexibilidade considerada importante naquela articulação. Conhecer o quanto cada grupo muscular solicita de flexibilidade é fundamental para identificar os efeitos do treinamento.

Ao referir exercícios físicos na prevenção de lesão, a estrutura de um programa de exercícios físicos corresponde ao desenvolvimento harmônico de flexibilidade, força e coordenação com intensidade e volume apropriados, além do repouso para restauração do tecido conjuntivo.

Para se evitar a lesão, o importante é que se tenha flexibilidade suficiente para realizar os movimentos com boa técnica, manter boas posturas, evitar compensação muscular, proteger de compressão excessiva de estruturas articulares e, mediante isso, economizar energia, em particular nas cadeias musculares correspondentes em um movimento ou habilidade esportiva que exija velocidade, como ocorre nos músculos multiarticulares.

Embora sejam escassos os estudos com alongamento de um músculo multiarticular com várias partes musculares inseridas em diferentes ângulos relativos ao eixo de rotação na articulação, como o músculo peitoral, o deltoide, o latíssimo do dorso e o glúteo máximo, é razoável esperar que essas diferentes partes dos músculos sejam submetidas a quantidades distintas de tensão em um único alongamento em geral. Por isso, alongar e mobilizar atendendo ao sentido das fibras e à mudança no vetor de força pode ter considerável importância para a amplitude de movimento nas diferentes partes musculares (Eijden et al., 2002).

Com o propósito de verificar diferentes posições do ombro no alongamento da cápsula posterior do ombro em oito cadáveres com idade média de 82 anos, Izumi et al. (2008) verificaram que houve deformação na região inicial da cápsula posterior do ombro de 2,2 a 5,6%, apresentando pouco risco por conta de a capacidade da cápsula apresentar forte tolerância à deformação.

Com posição de alongamento de 30° de elevação no plano escapular e com rotação medial, o deslizamento alongou a parte média, inferior e posterior da cápsula; e com posição de 30° com extensão e rotação medial o deslizamento alongou predominantemente a parte superior e inferior da cápsula. Não houve alongamento de toda a cápsula posterior em posição única do ombro. Algumas posições do ombro não acarretaram deformação da cápsula posterior.

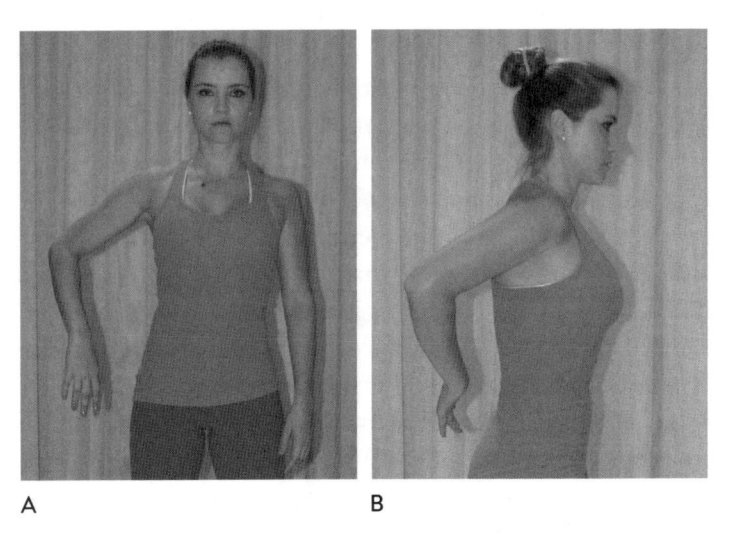

A   B

FIGURA 10.1 (A) Posição compatível com os movimentos *in vitro* com 30° de elevação no plano escapular com rotação medial do ombro. (B) Posição compatível *in vitro* com 30° em extensão com rotação medial do ombro.

Nesse contexto, faz-se alongamento para diminuir a rigidez, desenvolver a flexibilidade e relaxar, centrado nas necessidades do praticante.

Para averiguar os efeitos do alongamento na prevenção de lesão, torna-se essencial que se saiba os valores de flexibilidade, não somente se o cliente faz ou não exercícios de alongamento. Isso não invalida seus efeitos, mas os diminui, pois músculos aquecidos se estendem mais facilmente e se lesionam com menos frequência, sobretudo sob um aquecimento ativo.

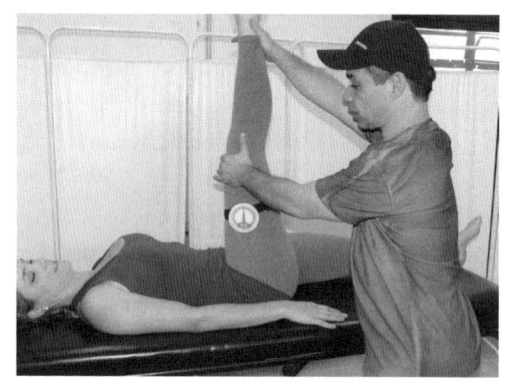

FIGURA 10.2 Interpretação do valor de flexibilidade para saber se é preciso manter ou desenvolver a flexibilidade. No caso dessa imagem, a flexibilidade corresponde a 95 graus, considerada apropriada para fins de saúde.

Valores inferiores a 70° podem provocar ligeira retroversão do quadril se não for compensado pelo iliopsoas, o que aumenta a sobrecarga na parte lombar da coluna.

Com valor de 70° ou menos de flexibilidade ao se flexionar o tronco com os joelhos estendidos em uma tentativa de colocar as mãos no solo, aumenta-se o estresse na 4ª e 5ª vértebras da coluna lombar (discos vertebrais mais espessos) e primeiro osso sacro, a região mais flexível da parte lombar da coluna vertebral. Nesse caso, pode ser mais interessante recuperar a amplitude de movimento com o alongamento dos músculos isquiotibiais e do gastrocnêmio, apenas tensionando logo acima da patela para manter os joelhos estendidos (Fig. 10.3A), do que forçar a flexão de tronco à frente, particularmente com ajuda do profissional (Fig. 10.3B). Ao avaliar a flexibilidade, é importante comparar os dois membros e associar se há flexibilidade também da parte anterior da coxa (quadríceps).

A intenção com a flexão de tronco é ampliar os espaços discais em vez de causar compressão à custa de uma cifose torácica, forçando a coluna em direção ao solo. Vale lembrar que a orientação das facetas nessa área é de cerca de 60° a 70°.

Identifica-se que a L5 e o primeiro osso sacro da parte lombar da coluna são muito móveis (Magee, 2001) e que os isquiotibiais apresentam muita resistência

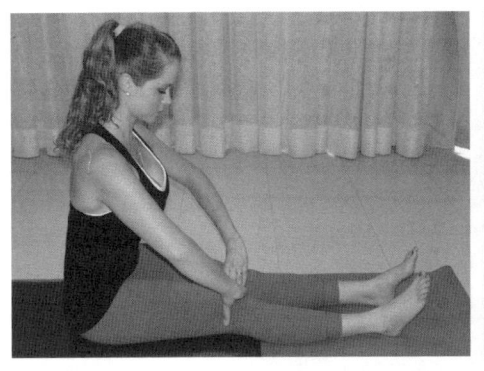 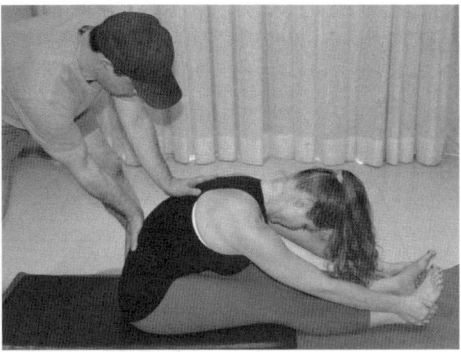

FIGURA 10.3 A imagem mostra que, se na flexão do tronco os joelhos ficarem flexionados, pode-se manter a coluna alongada e pressionar acima do joelho em direção ao solo, a fim de priorizar os músculos isquiotibiais.

à flexão de tronco. Assim, forçar em demasia uma cadeia cinética pode comprometer a parte mais móvel, a L5 e S1. Seria mais fácil e prazeroso para o cliente mobilizar, liberar as fáscias e posicionar bem o tronco do que tentar alongar com máxima tensão, pressionando a estrutura musculoarticular. Finalmente, observe se existe insuficiência de flexibilidade e se a pessoa consegue permanecer relaxada, respira tranquilamente, com a parte cervical da coluna flexionada e a parte torácica respondendo a sua amplitude normal (evitando cifose excessiva compensatória) (Fig. 10.4). Se não conseguir uma boa posição corporal, é possível observar como esse exercício se torna um sofrimento.

Por fim, uma reflexão: por que é necessário para a saúde uma flexão total de tronco com os joelhos estendidos?

FIGURA 10.4 Observa-se que há uma tração suave para percepção da posição do tronco e da parte cervical da coluna.

FIGURA 10.5 Flexibilidade do tronco evidenciando uma coluna em convexidade exacerbada.

EXEMPLOS DE AMPLITUDE DE MOVIMENTO PARA EVITAR COMPENSAÇÃO MUSCULAR

1. Obter boa flexibilidade na extensão de quadril dada a extensibilidade dos músculos iliopsoas e reto femoral para amenizar a sobrecarga na parte lombar da coluna (excesso de concavidade). A falta da flexibilidade do quadril faz que as forças de apoio de peso e movimento sejam transmitidas para a coluna, em vez de serem absorvidas no quadril.
2. Obter boa flexibilidade na flexão de ombro graças à extensibilidade do latíssimo do dorso e redondo maior, a fim de realizar movimentos com elevação de braços e não sobrecarregar a parte lombar da coluna com excessiva lordose, e não pinçar o músculo supraespinal.
3. Obter flexibilidade em flexão dorsal do tornozelo com extensibilidade do músculo sóleo e gastrocnêmio para conseguir agachar colocando toda a planta do pé no solo. Com o encurtamento, aumenta a carga sobre a parte anterior do joelho, assim como a flexão dorsal pode aumentar a facilidade de amortecer o impacto durante atividades com corrida e saltos.
4. O encurtamento dos músculos de compartimentos fechados ou músculos profundos pode comprometer a circulação e comprimir estruturas nervosas (encurtamento do escaleno anterior comprime o plexo cervical; encurtamento do piriforme comprime o nervo isquiático).

A falta de flexibilidade pode influenciar negativamente a função articular e, por consequência, a biomecânica dos movimentos. É bem comum, ainda, um dos hemisférios corporais, o esquerdo ou o direito, estar em desarmonia em relação ao outro.

FLEXIBILIDADE E DOR MUSCULAR TARDIA

Alguns estudos comprovam os efeitos da flexibilidade e do alongamento na incidência de lesões, mas ainda há um longo caminho pela frente, dada a dificuldade de se elaborar procedimentos de pesquisa em longo prazo e de se controlar as variáveis intervenientes no processo. Uma flexibilidade maior diminuiu a incidência de lesões nos membros inferiores de recrutas militares, conforme constataram Hartig e Henderson (1999) em um experimento com três sessões de alongamento semanal durante 13 semanas, o que provocou aumento de 7° na flexibilidade. Na mesma direção, exercícios com alongamento estático e facilitação neuromuscular proprioceptiva atenuaram a dor muscular tardia, e os que tiveram maior flexibilidade foram os que atestaram menos dor muscular tardia (Chen et al., 2011). Nesse experimento, o alongamento estático compreendeu cinco séries de um minuto. Os resultados mostram que houve tanto melhora na amplitude de movimento como aumento no limiar da dor, e a rigidez muscular foi retida por pelo menos 15 minutos quando comparado com a amplitude de movimento, ao que foi retida por 30 minutos após alongamento. O que significa que, mesmo que a rigidez tenha retornado em 15 minutos, a amplitude de movimento foi maior por conta dos efeitos neurais que aumentaram o limiar de dor.

Em outro estudo, Chen et al. (2015) compararam o efeito de 3 minutos de alongamento dinâmico, alongamento estático e controle na redução da dor muscular tardia após exercícios com ação excêntrica em 36 adultos jovens. Curiosamente, nesse experimento o aumento da flexão de quadril foi maior no alongamento dinâmico do que no estático, mas a creatinaquinase, um indicador de lesões nas fibras musculares, foi menor com alongamento estático do que com dinâmico, evidenciando maior efeito preventivo. Nesse experimento, não houve alteração na rigidez muscular, o que pode ter ocasionado aumento na tolerância ao desconforto do alongamento.

PROPOSTAS DE ALONGAMENTO E EFEITOS NO AQUECIMENTO

O exercício de alongamento é somente um dos componentes do aquecimento. Assim, o alongamento precedido de uma corrida leve com movimentos de agilidade atende às demandas de atividades esportivas, mas somente alongamento estático antes de atividades esportivas ou dinâmicas com sobrecarga moderada ou alta exerce um efeito incompleto como forma de aquecimento.

Os músculos com alongamento estático podem estar aquecidos e mostrar uma maior amplitude de movimento, mas é importante colocar o tecido conjuntivo nos mesmos ângulos e com as mesmas solicitações de contração em relação às capacidades motoras a serem exercitadas. Nesse sentido, o alongamento é bem mais do que aumentar a temperatura ou reduzir a rigidez; é importante como um dos meios de preparar a máquina contrátil e reavivar a imagem motora para os movimentos subsequentes. Se o caráter dos exercícios for dinâmico, prepara-se o músculo com atividades dinâmicas.

Atualmente, muitas pessoas estão deixando de se alongar depois de lerem superficialmente alguns artigos ou ouvirem falar que o alongamento inibe a força e a velocidade, sem distinguir os aspectos multifacetados que envolvem essa discussão. Para os que são pouco flexíveis, o fato de "não precisarem" alongar parece ser uma boa notícia, mas no futuro provavelmente haverá arrependimento por não terem incorporado a flexibilidade como capacidade motora.

Ao se ler um artigo no qual o autor concluiu que o alongamento provocou redução em velocidade, força máxima e potência, e que não se deve alongar antes de exercícios físicos, é preciso examinar a metodologia aplicada naquele estudo, uma vez que na grande maioria das investigações os autores usam protocolos com pelo menos três séries de alongamento de 30 segundos ou uma série com tempo bem acima de 45 segundos, e esses estudos geralmente são desprovidos de qualquer atividade de aquecimento antes ou após o alongamento.

Esses estudos geralmente se apropriam somente do alongamento estático, o que difere de muitas situações práticas. Entretanto, é evidente que tempos prolongados de alongamento são propostos para desenvolver a flexibilidade, e que não se alonga para desenvolver a flexibilidade antes do treinamento que requer força máxima, velocidade e explosão. Afinal, tempos prolongados em alongamento podem diminuir a excitabilidade das fibras dos fusos musculares com resultante redução de recrutamento de unidade motora, frequência de estímulo e utilização da energia elástica, além de transmissão de força, conforme revisaram Marek et al. (2005). Por isso, logo após exercícios de alongamento prolongado para desenvolver flexibilidade, em geral se torna temporariamente mais fraco.

Um adicional, na interpretação de muitos praticantes, é que não se discrimina entre exercícios de alongamento para saúde, que não requerem força máxima e velocidade, e exercícios de alongamento para esportes, que necessitam de força explosiva e força máxima. Então, se ocorresse perda de 5% de força nos exercícios de alongamento para saúde, por exemplo, não haveria prejuízo significativo para o praticante, ao contrário do que ocorreria em caso de exercícios de alongamento para esportes. Ainda assim, raramente um atleta razoavelmente experiente se alonga com duas ou três séries de 30 segundos ou mais, e nunca somente de forma estática.

Na ginástica artística e ginástica rítmica, por exemplo, pode haver uma adaptação que não provoque diminuição da força, porque o alongamento é realizado dessa forma desde a tenra idade no início do treinamento.

Merece consideração o fato de que os atletas, em geral, permanecem de 5 a 10 segundos no alongamento, depois continuam suas atividades com habilidades específicas dos esportes a serem praticados (passe no futebol, saque no voleibol, bandeja no basquetebol). Atente-se também para o fato de que eles não alongam todos os grupos musculares de forma ordenada e sequenciada para logo após iniciar um dado esporte, como em muitas pesquisas que investigaram o efeito do alongamento em força e velocidade. Ademais, não se estabelece um período de repouso entre as séries, e eles em geral fazem as atividades específicas dos esportes.

Nas pesquisas sobre alongamento que relatam ter havido diminuição no desempenho de força máxima e explosão, alguns autores que usaram tempos bem prolongados concluíram que, mediante esse resultado (alongamento reduziu a força máxima), permanece a dúvida quanto à presença do alongamento estático antes do aquecimento, de modo que se deve evitá-lo antes da prática de exercícios físicos ou de esportes. Essa prática com alongamento prolongado é incomum no aquecimento, e também não é habitual se alongar somente de forma estática, prolongada e isolada antes de exercício físico ou de esportes, e ainda mais realizar três séries de alongamento de 30 a 45 segundos ou mais (raramente se permanece mais de 20 segundos em uma série única). Por que, então, realizar três séries de 30 segundos?

É possível notar que nos anos de 2014 e 2015, há bem mais investigações em amostras que usam tempo de alongamento de menos de 30 segundos, uma série de alongamento e com atividades posteriores. Elas concluem que o alongamento não reduz a força e velocidade, o que não é nenhuma novidade para os profissionais mais experientes que usam o alongamento estático somente por pouco tempo e apenas como uma parte menor do aquecimento.

Em uma analogia em relação ao alongamento prolongado, se o velocista realizar dez tiros de velocidade máxima, logo após ele estará menos veloz, mas é necessário apontar que, da mesma forma que com o alongamento prolongado, são produzidos efeitos na deformação do tecido conjuntivo. Conclui-se que, logo após alongamento prolongado, alcançando-se a plasticidade do tecido conjuntivo ou provocando-se relaxamento, será perceptível que o atleta estará menos forte e veloz.

Qual o propósito de permanecer 1, 2 ou 3 minutos em uma amplitude de movimento de forma estática, se logo em seguida será necessário realizar força máxima ou exercício de velocidade? Se a proposta for movimento com força rápida, o aquecimento deve ser predominantemente com movimento e dinâmico, do contrário o atleta estaria se "desaquecendo".

Recentemente, Bischop e Middleton (2013), após analisarem seis estudos que constataram efeitos negativos do alongamento estático antes da prática esportiva, estabeleceram um protocolo experimental simulando a prática de esportes em atletas universitários masculinos e não encontraram deterioração em velocidade, agilidade e impulsão vertical quando os jovens realizaram alongamento estático e, em seguida, alongamento dinâmico.

Ao examinar o efeito de seis séries de alongamento de 30 segundos nos músculos isquiotibiais em força máxima concêntrica, em pessoas ativas com diferentes níveis de flexibilidade (um grupo com média de flexibilidade de 51° e outro grupo de 82°), Babault et al. (2015) constataram que a redução da força foi quatro vez maior para as pessoas com menos flexibilidade. Por outro lado, a recuperação da força foi mais rápida em indivíduos mais flexíveis.

Na discussão do estudo, observaram que Behm et al. (2006) não encontraram correlação entre os níveis de flexibilidade e redução de força com alongamento, provavelmente porque utilizaram três séries de 30 segundos. Também permitiram mostrar que indivíduos mais flexíveis precisam de maior tensão para alterar sua flexibilidade. Além disso, vale lembrar que a importante proteína titina tem uma capacidade de desdobramento, histereses e recuperação de seu estado original.

Uma pesquisa elaborada por Wong et al. (2011) constatou que o alongamento estático de 30, 60 e 90 segundos, acompanhado de alongamento dinâmico de três séries de 30 segundos, aumentou a flexibilidade conforme a maior duração do alongamento; contudo, não houve interferência no *sprint* e na mudança de direção com os três tempos de alongamento, provavelmente por conta da reversão dos efeitos deletérios do alongamento.

Em uma revisão sistemática com 31 estudos de boa qualidade metodológica sobre os efeitos do aquecimento no membro superior em desempenho e prevenção de lesão, McCrary et al. (2015) evidenciaram que o aquecimento dinâmico com alta sobrecarga aumenta a força e potência e que alguns aquecimentos feitos com os implementos dos esportes aumentam a velocidade, como no beisebol; alongamento estático de curta duração no aquecimento não tem efeito sobre a potência e resistência, alongamento de longa duração pode diminuir o desempenho nessas áreas, e o aquecimento passivo com frio e calor é inócuo.

Outro componente que sempre gera discussões é a sequência do aquecimento. Um profissional pode se apropriar da criatividade; em vez de se preocupar se em um primeiro momento se alonga e em seguida faz uma atividade de corrida, ou se faz a corrida para depois se alongar, ele associa alongamento estático e dinâmico em deslocamento com exercícios que tenham boa relação com os movimentos que for realizar subsequentemente. Apropria-se do aquecimento para formação corporal e atividades coordenativas. Mas, infelizmente, muitas pessoas fazem somente um alongamento estático de forma displicente e logo iniciam um treinamento intenso. É preciso se colocar em movimento.

Para os esportes, leva-se em consideração quais são os movimentos cruciais e propõe-se exercícios de aquecimento para as habilidades específicas. É evidente que, para um desenvolvimento de flexibilidade de forma significativa e duradoura, não se maximiza o tempo em alongamento no aquecimento antes da prática de exercícios físicos, e sim em um treino especial de flexibilidade, no qual se permanece com tempos prolongados, entre 40 e 120 segundos, perfazendo de uma a três séries em alongamento com tensão moderada. Pode-se deixar um dia para um treino especial ou se desenvolver a flexibilidade após um treino com carga leve a moderada. Não se alonga todos os grupos musculares com exercícios de longa duração e intensidade moderada. Pode-se intercalar os dias da semana em decorrência dos exercícios físicos.

Já no aquecimento, permanece-se pouco tempo em alongamento estático, de 10 a 20 segundos, e se complementa a série com alongamento dinâmico, usando os mesmos movimentos feitos de forma estática. A série de alongamento se torna estático-dinâmica e com aumento dos benefícios no fluxo sanguíneo e no potencial de ativação muscular.

Há muitas formas de se aquecer e resfriar que não seja o alongamento estático; tudo dependerá do manejo em relação aos exercícios físicos, dos exercícios feitos nos dias anteriores, do quanto se tem de flexibilidade e da rigidez percebida. Assim, não é o caso de uma resposta única e objetiva para tudo. Esses conceitos implicam que o alongamento no aquecimento deve ser realizado estrategicamente em conjunto com as necessidades dos exercícios físicos a serem feitos logo em seguida e em decorrência da flexibilidade que se apresenta.

O profissional pode se adequar em relação ao treinamento do cliente, por exemplo, se a proposta for desenvolver a hipertrofia na musculação, prioriza-se no aquecimento o alongamento com facilitação neuromuscular proprioceptiva (nas formas de contração concêntrica e relaxamento), utiliza-se exercícios com sobrecarga para que ele se alongue, solicitando força muscular, e treina-se em consonância com sua motivação de realizar força muscular.

Se constatar encurtamento muscular nas pessoas que irão treinar para hipertrofia, resolve-se o problema priorizando o alongamento e ainda desenvolvendo a hipertrofia; será mais difícil aumentar a hipertrofia em um músculo encurtado para depois se tentar desenvolver flexibilidade. Se não houver encurtamento, verifica-se a cada dois meses de treinamento o que ocorre com a flexibilidade; muitos desenvolvem a massa muscular e não diminuem a flexibilidade, enquanto outros até aumentam, tudo depende de como se organiza o treinamento.

Seria possível levar em conta que a força, a coordenação muscular e o processo de treinamento são acoplados nesse processo, contudo, neste livro, restringiremo-nos muito mais à flexibilidade do que à força.

Um músculo pode ser considerado flexível funcionalmente se puder suportar tensões e sobrecargas com amplitudes de movimento e conseguir transferir a elasticidade para converter em energia mecânica de forma otimizada (sem se lesar); faltando isso, a flexibilidade é associada com fraqueza e/ou instabilidade. Portanto, o efeito do alongamento prolongado se faz em uma perspectiva longitudinal para aumentar o ângulo de movimento e conseguir maior rigidez e força na maior amplitude de movimento conquistada com efeito significativo na redução de alguns tipos de lesões.

Por exemplo, em um programa em longo prazo, de 6 semanas, com 5 sessões semanais de alongamento, uma vez por dia, com três séries de 30 segundos, foi possível aumentar a flexibilidade em 10° na extensão do joelho e obter maior rigidez muscular naquele maior ângulo de movimento. Isso significa que provavelmente houve alteração estrutural (Reid e Mcnair, 2004).

O alongamento prolongado para se obter flexibilidade conduz a um maior número de sarcômeros em série e diminui a necessidade da extensão do sarcômero individual para uma dada extensão da amplitude de movimento (Gleeson et al., 2013).

Tecidos conjuntivos mais longos conseguem suportar forças maiores porque têm possibilidade de maiores amplitudes de movimento, por exemplo, se dois músculos têm o mesmo número de fibras, mas um tem o dobro do comprimento do outro, o tecido maior pode suportar maior deformação do que o outro (Gleeson et al., 2013). Mas isso é conquistado com treinamento estruturado de força e flexibilidade. Portanto, se houver encurtamento, utiliza-se a mobilização articular e alongamento em um dia de treino especial. Um sistema mais flexível, com mudança de ângulo ideal para um comprimento muscular maior, é menos acometido por lesões pela ação excêntrica (McHugh et al., 1999).

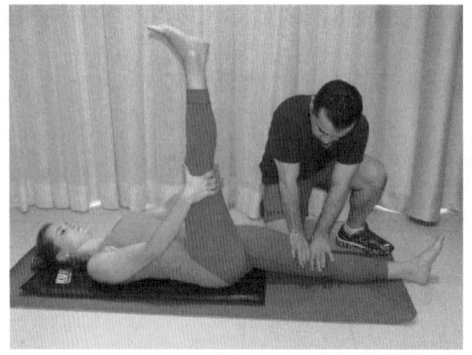 

A B

FIGURA 10.6 Alongamento para verificar a flexibilidade do iliopsoas do membro inferior esquerdo ao solo e dos músculos isquiotibiais elevados. Estabiliza-se a parte anterior da coxa (A), que produz maior tensão nos isquitiobiais. Mantém-se o alongamento com tensão moderada e tempo prolongado, segurando ambos os membros (B).

Em um estudo, Alonso et al. (2009) examinaram a relação entre a flexão do quadril (alongamento dos músculos isquiotibiais) e a força na flexão de joelhos. O pico de força não foi diferente entre pessoas com rigidez muscular e com boa flexibilidade; contudo, pessoas com maior rigidez muscular mostraram mais força com menor comprimento em flexão de joelho, e as pessoas mais flexíveis apresentaram mais força em um comprimento maior em flexão de joelhos.

Aumenta-se a força em um maior ângulo desenvolvido em razão de que músculos fortes também absorvem mais energia mecânica que os músculos fracos durante sobrecarga com ação excêntrica, diminuindo consideravelmente a propensão à microlesão (Nigg e Herzog, 1999).

Em um experimento que perfez cinco séries de um minuto, Taniguchi et al. (2015) verificaram que o alongamento do gastrocnêmio aumentou em 3,9% a flexibilidade em dez indivíduos e perdurou os efeitos sobre a redução da rigidez por um período de 20 minutos. Demonstraram também que os maiores aumentos na flexibilidade se deram em pessoas com menor rigidez muscular em repouso. E, se o treinamento da flexibilidade modifica o ângulo para um comprimento maior, danos musculares podem ser atenuados (Reiman et al., 2013). É preciso distinguir o que não é esclarecido pela ciência daquilo que é inexistente na ciência. Quando ela fizer uso de alta tecnologia e aplicar os métodos de forma similar ao que é feito na prática, deve-se aceitá-la e, se for o caso, modificar a prática. No entanto, quando se faz de uma forma na teoria e se encontram resultados diferentes na prática, não é válido modificá-la.

EXERCÍCIOS DE FORÇA

Na sequência, serão apresentados alguns importantes exercícios de força a serem incluídos nas aulas de alongamento ou nos programas de aptidão física. Embora sejam de cunho ilustrativo, é importante chamar a atenção para o fato de que mesmo uma aula de alongamento deve ter espaço para os exercícios de força geral e específica. Dessa maneira, em uma sessão de alongamento de 60 minutos, exercícios de força entre 10 e 15 minutos se adequam para que um músculo flexível corresponda com sua força. Dá-se ênfase ao fortalecimento dos músculos avaliados como fracos, aos músculos que mais se lesionam na atividade profissional do cliente e àqueles com tendência ao enfraquecimento, como abdome, coluna lombar e torácica, glúteos, tibiais anteriores e isquiotibiais. Assim, a seguir são ilustrados alguns exemplos de procedimentos com exercícios físicos que serão abordados neste livro.

São exemplos de exercícios de força servindo-se da amplitude de movimento que podem ser inseridos em uma aula de alongamento ou no programa de flexibilidade e força muscular. Observa-se também que aliar exercícios com a Thera Band e sequenciar sem esse recurso prove maior perceptibilidade de tensão e amplitude de movimento. Muitas vezes é perceptível em poucas aulas que, pela resistência oferecida, se consegue maior amplitude de movimento. Faz-se os exercícios com uma Thera Band que gere pouca resistência para alcançar uma amplitude de movimento considerável e manter a técnica e, em seguida, faz-se os movimentos sem a Thera Band e procura-se maior amplitude de movimento.

A

B

C

D

E

F

FIGURA 10.7 *Continua.*

G   H

I   J

FIGURA 10.7 *(continuação)* Estende-se o tronco com a TheraBand acima da cabeça e retorna-se em sentido do solo sem tocar os antebraços no solo (A). Realiza-se a extensão de tronco sem a TheraBand (B). Em seguida, estende-se novamente o tronco juntamente com a extensão da TheraBand no prolongamento da cabeça e faz-se rotação do tronco, mantendo a crista ilíaca do lado oposto ao solo (C). Faz-se o mesmo movimento com rotação de tronco sem a TheraBand (D). Desfaz-se a rotação e flexiona-se o tronco lateralmente sem que encoste o tórax no solo e procede-se para o outro lado, mantendo o tronco fora do solo (E). Procede-se da mesma forma com flexão lateral do tronco sem a TheraBand (F). Retorna-se em extensão de tronco com o movimento de extensão de ombro (G) e novamente faz-se extensão de tronco sem a TheraBand (H).

Por fim, estende-se a TheraBand atrás do corpo com rotação medial e adução (membro direito) e flexão de ombro (braço esquerdo) (I). Faz-se o mesmo movimento sem a TheraBand (J). Os pés mantêm-se no solo e o braço e a mão são apoiados no solo. Finaliza-se o exercício com aumento da amplitude do movimento em extensão do tronco.

CAPÍTULO 11

Fundamento para avaliar a flexibilidade

Há várias formas de avaliar a flexibilidade: é possível utilizar instrumentos como o flexímetro e o goniômetro, ou analisar com medidas lineares e ainda de forma adimensional mediante provas de encurtamento musculoarticular, que fornecem informações importantes com propósito de identificar as regiões que possivelmente carecem de exercícios de alongamento e/ou mobilização articular. Os instrumentos de avaliação da flexibilidade são de grande valor para quantificar a amplitude de movimento em graus e estabelecer valores de normalidade.

Uma pessoa com valores de flexibilidade em graus acima da normalidade, em geral, não precisa se mobilizar e se alongar morosamente para desenvolver ainda mais a flexibilidade. Ela somente alonga de forma estática, com pouco tempo de duração, ou de maneira dinâmica, como meio de aquecimento, e mais um alongamento como meio de realinhar o tecido conjuntivo na parte final do treinamento. Algumas vezes, essa pessoa pode substituir o alongamento estático no aquecimento, iniciando com o alongamento dinâmico de baixa velocidade e depois incrementando um pouco mais a velocidade de alongamento, caso seja para realizar práticas esportivas. Quando se tem restrição da amplitude de movimento no complexo musculoarticular, há uma forte resistência na amplitude final do movimento, ou seja, a articulação não cede ou cede muito pouco mediante uma tensão; além desses aspectos, com tensão ou amplitude de movimento menor geralmente se compensa o movimento flexionando a articulação e/ou compensando por outro músculo.

Outro aspecto na avaliação da flexibilidade determinada em graus pode ser exemplificado em várias articulações e requer uma análise mais profunda. Por exemplo, na flexibilidade em flexão de quadril com o joelho estendido, o valor considerado normal compreende 80° ou mais. Há pessoas que alcançam essa amplitude à custa de muita força no agonista (quadríceps), e mostram um tônus exorbitante sem folga articular na região do quadril, muitas vezes com um pouco de flexão de joelhos, como poderíamos considerar nesse caso; em termos, seria mais viável mobilizar e alongar do que somente alongar para alcançar com mais facilidade o valor de flexibilidade considerado normal. Por exemplo, o cliente faz uma flexão de quadril com o joelho estendido, e na fase final do movimento ocorre uma parada brusca (barreira ou impedimento ao movimento); mesmo com a ajuda do profissional pouco se consegue de movimento além dessa resistência, ainda que esta seja nítida. Essa parada brusca na amplitude final do movimento é melhor acompanhada de uma ou mais das seguintes características: rotação lateral do fêmur, flexão de joelho, tremor do quadríceps e forte 'queimação' dos isquiotibiais. Além disso, não é incomum essas pessoas solicitarem os músculos de substituição para aumentar a amplitude de movimento. Observa-se elevação da parte posterior da coxa da outra perna (encurtamento do iliopsoas) e/ou ainda uma hiperextensão da coluna cervical.

Para averiguar se há necessidade de mobilização, move-se a articulação da mesma maneira que se realiza a mobilização articular, conduzindo ao deslizamento de forma passiva; depois, interpreta-se a resistência do movimento. Caracteriza-se a restrição no final da amplitude de movimento como barreira ao movimento. Quando os tecidos em torno da articulação atingem um grau de tensão além do qual a pessoa não pode mais se movimentar voluntariamente, denomina-se *barreira fisiológica* (Cyriax (1987), Greenman(2001), Loudon et al. (1999) e Schomacher (2014) deram contribuições importantes para se entender o movimento articular durante uma avaliação subjetiva para mobilização articular.

A resistência articular durante oscilação tem início quando a tensão aumenta gradualmente com maior amplitude do movimento (Petty, 2002). Mas, em geral, na presença de restrição articular, a tensão pode ser aumentada e o movimento não, ou a articulação se move quase imperceptivelmente.

Durante a mobilização articular de forma passiva e com a pessoa relaxada, a intenção é que não haja contração muscular, mas o músculo exerce uma influência sobre o grau de movimento. Se o músculo for mantido em um estado encurtado, isso previne a articulação de alcançar sua amplitude de movimento anatômica (Gross et al., 2015).

O profissional pode constatar durante a avaliação (amplitude final de movimento), mediante a simulação de uma mobilização em várias direções, se há restrições e resistência ao longo de um ou mais sentidos do movimento; uma sensação muito rígida na amplitude final do movimento é associada com alteração na articulação. Após interpretação dessas medidas, determina-se qual técnica será utilizada. Mesmo sabendo que a percepção final de movimento depende da característica da articulação, alguns tipos de articulações permitem caracterizar a amplitude final de movimento (Ciriax, 1987).

Exemplos do tipo mole: flexão de joelho, flexão do cotovelo, flexão do punho, flexão do quadril, adução de quadril e flexão dorsal do tornozelo. São resistências suaves de origem muscular percebida ao final do movimento.

Na flexão do quadril com joelho estendido, em decorrência da tensão dos músculos isquiotibiais, a resistência muscular percebida ao final do movimento é menos abrupta que a resistência capsular, mas pode ser aliada à restrição articular. Há também a resistência do tipo firme, que é determinada pela extensibilidade capsular ou ligamentar (rotação lateral ou medial do úmero e do fêmur). Um exemplo de resistência percebida ao final do movimento do tipo restritiva pelo ligamento é a abdução e a extensão do quadril com o joelho estendido.

Outro tipo de resistência percebida ao final do movimento é de característica capsular, dada a sensação da resistência das cápsulas articulares e ligamentos. Vários autores têm referenciado Cyriax (1987) e de interesse que é detectável na prática. Veja a seguir.

Exemplos na articulação do ombro:

- Flexão de ombro: resiste pela tensão dos tecidos e a cápsula inferior e posterior torna-se tensa.
- Extensão de ombro: a cápsula do ombro tem aumento de tensão e abdução horizontal.
- Abdução horizontal: a cápsula anterior tem a tensão aumentada.
- Adução: a cápsula posterior tem a tensão aumentada.
- Rotação lateral: as cápsulas inferior e anterior têm aumento da tensão.
- Rotação medial: a cápsula posterior torna-se tensa.
- Exemplo na articulação do quadril.
- Flexão do quadril, considerada do tipo mole em razão de o volume muscular do quadríceps ser próximo do abdome.
- Extensão do quadril é do tipo firme por conta do alongamento da cápsula anterior, além dos ligamentos e flexores de quadril.
- Rotação medial do quadril tipo firme por conta do alongamento da cápsula posterior, do ligamento isquiofemoral e dos rotadores laterais do quadril.
- Rotação lateral: firme em razão do alongamento da cápsula articular anterior e dos ligamentos iliofemoral e pubofemoral e rotadores mediais.
- Abdução do quadril é do tipo firme, por conta do alongamento da cápsula inferior, ligamentos pubofemoral e isquiofemoral e dos adutores.
- Adução do quadril: tipo mole em razão da aproximação dos tecidos conjuntivos da coxa.

O profissional percebe a resistência, por exemplo, durante o movimento do cotovelo na posição anatômica até a extensão completa.

Essas percepções também foram aceitas por outros autores; contudo, não há evidências científicas que sustentem que essas percepções de resistências aos movimentos ocorram exatamente nessas regiões do tecido que eles acreditam.

Para a superfície articular deslizar livremente em um sentido quando uma alavanca óssea se move, a articulação precisa ter uma folga articular. A folga articular ocorre na faixa média da amplitude do movimento, enquanto a posição de máximo contato ocorre na posição habitual da articulação (Magee, 2002). Por exemplo, a posição de máximo contato para a articulação do punho é a extensão completa. E, com congruência maior, pode-se perceber mais rigidez articular (Hamill e Knutzen, 2012).

A *posição de congruência total* ocorre quando as superfícies articulares se aproximam e os ligamentos estão tensos ao máximo, o espaço intracapsular é mínimo e as superfícies não podem ser separadas pela tração. Esta posição é utilizada como uma posição-teste, mas não é usada para mobilização porque não existem graus de liberdade de movimento. A mobilização articular é medida pela realização de um deslizamento, pela tração e pela movimentação do osso até a primeira interrupção pelos tecidos, percebida pelo profissional ao final da fase elástica e início da fase plástica, na curva de tensão-deformação (Kaltenborn, 2001).

Confirma-se que essa fase é subjetiva, final da fase elástica e início da fase plástica, mas se acrescenta importância na medida em que maiores cuidados são indicados para garantir segurança ao cliente. Nesse contexto, sugerimos mobilizar, em um primeiro momento, de modo similar à concepção de Kalternborn, por exemplo, na flexão de quadril com o joelho estendido:

1. Faz-se mobilização no sentido anterior.
2. Realiza-se alongamento passivo por 40-60 segundos.
3. Verifica-se se houve aumento da amplitude de movimento ou menos força para alcançar aquela amplitude de movimento.
4. Na segunda série (caso for realizar), pode-se optar pelo alongamento de facilitação neuromuscular proprioceptiva (FNP): contração antagonista e relaxamento com amplitude de movimento. É muito importante notar que a contração dos músculos isquiotibiais no FNP ocorre no mesmo sentido da mobilização anterior.

Caso a mobilização fosse posterior, o uso da facilitação neuromuscular proprioceptiva seria mediante contração agonista. Nesse caso, o quadríceps será contraído antes do alongamento. Mas isso está longe de ser uma regra, e são necessárias investigações em pessoas saudáveis e não saudáveis a fim de se estabelecer uma normalidade no sentido da mobilização.

CAPÍTULO 12

Tração articular e amplitude de movimento

Define-se tração como uma tensão para descompactar duas superfícies articulares. Tração é o ato de puxar uma parte do corpo, para alongar ou afastar duas ou mais partes, resultando em alongamento (Rechtien et al., 2002).

A efetividade da tração depende de fatores como quantidade da resistência do sistema musculoarticular, característica articular, tempo que se mantém na posição e capacidade de relaxar por parte do cliente. Um componente adicional é o ato de expirar durante a tração articular, o que permite descontração muscular e compreensão acerca do estado de atenção do cliente. Então, durante a tração, procura-se com um mínimo de força alcançar a zona de resistência articular e, diante desse efeito, exercer um efeito ótimo na articulação.

Em um estudo envolvendo adultos jovens saudáveis, Sato et al. (2014) verificaram, mediante radiografia, que três séries de 10 segundos com pausa de 5 segundos entre elas, com tração na articulação do quadril, aumentaram o espaço articular. A tração foi aplicada com ligeira flexão de quadril e abdução com rota-

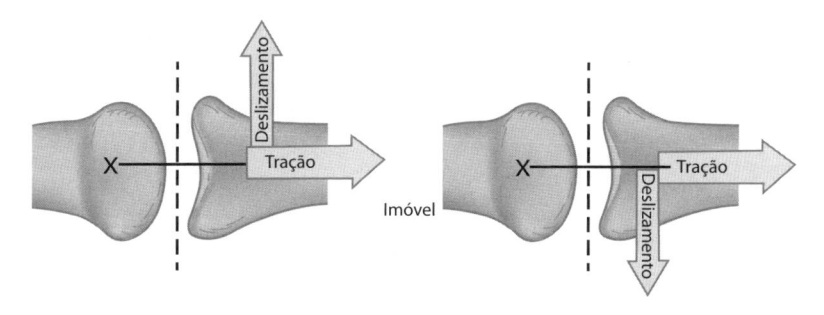

FIGURA 12.1 A tração é realizada de modo perpendicular ao plano de movimento, enquanto o deslizamento ocorre em paralelo.
Fonte: Voigth (2014).

ção lateral. O efeito da tração pode ser maior após sobrecarga de 10%, possivelmente por conta da perda de líquido na cartilagem e da viscoelasticidade provocada com a sobrecarga. O espaço entre as articulações era de 3,86 mm antes da sobrecarga e diminuiu para 3,55 mm após a sobrecarga, aumentando para 3,96 mm após tração.

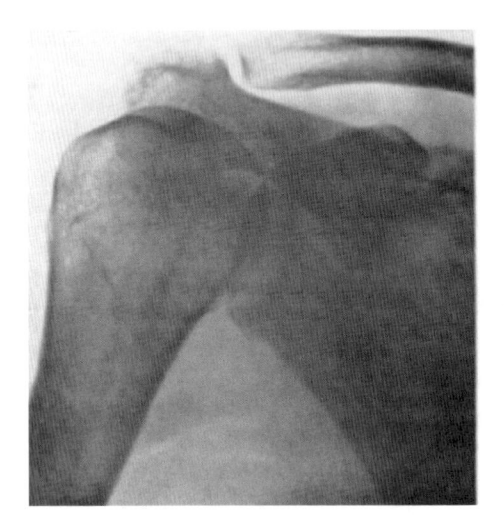 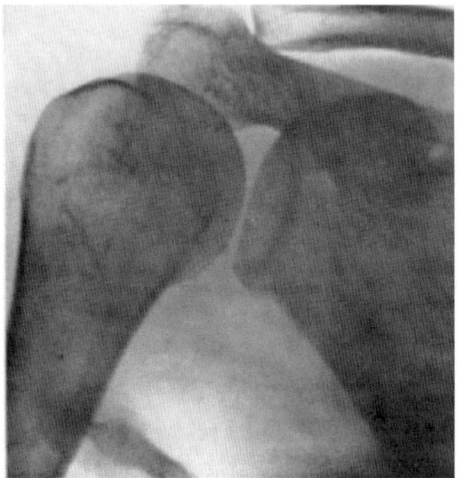

FIGURA 12.2 Aumento do espaço articular em uma imagem radiográfica de Mennel. Fonte: Gokeler (2003)

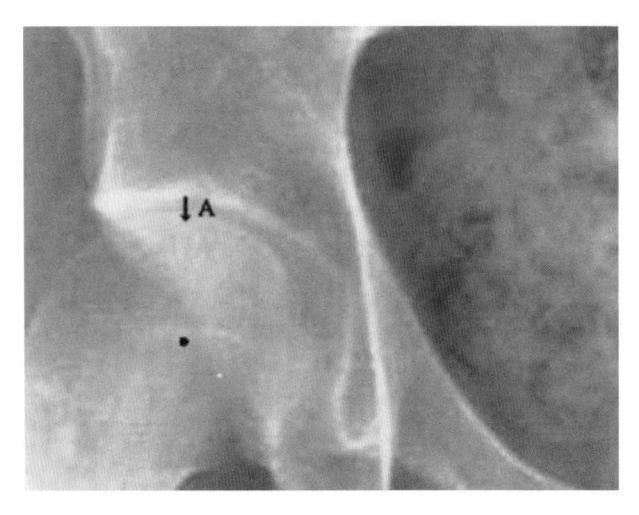

FIGURA 12.3 Verificação do espaço da articulação do quadril após tração. Fonte: Sato et al. (2014).

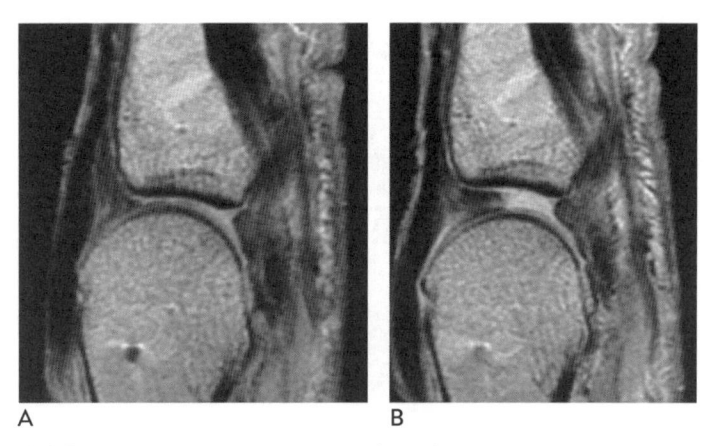

FIGURA 12.4 (A) Ressonância magnética identificando o aumento do espaço articular do dedo indicador e (B) articulação metacarpofalângica com tração.
Fonte: Shepherd et al. (2013).

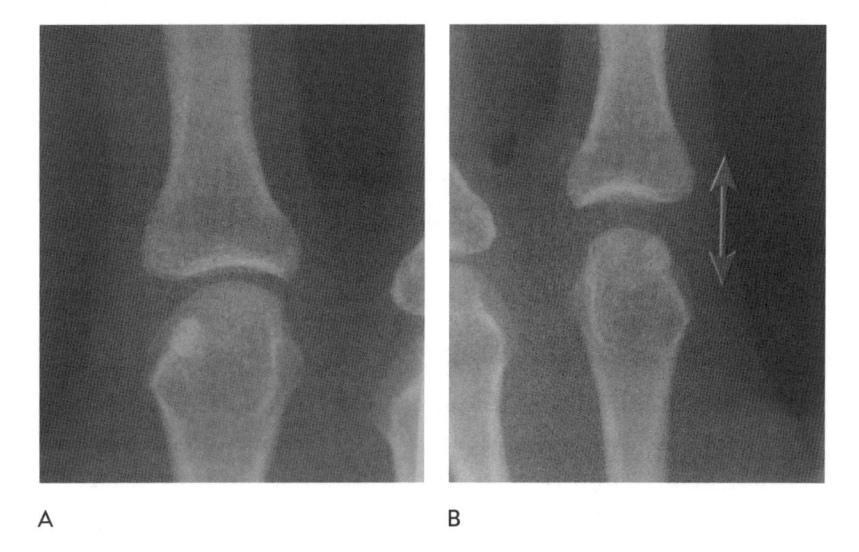

FIGURA 12.5 Radiografia da articulação metacarpofalângica do dedo indicador: (A) em repouso e (B) no limite do afastamento do eixo longo. A seta indica o sentido da tração.
Fonte: Houglum e Bertoti (2014).

Em continuidade, observa-se a imagem por ressonância magnética, identificando o aumento do espaço articular do dedo indicador e articulação metacarpofalângica após tração (Shepherd et al., 2013).

Em outro exemplo de radiografia metacarpofalângica do dedo indicador em repouso, a tração mostra o aumento do espaço articular (Houglum e Bertoti, 2014).

FIGURA 12.6 Autotração da articulação radiocarpal. Mantém-se a coluna ereta e o cotovelo estabilizado pelo joelho. Afasta-se o joelho direito a fim de se tensionar o carpo para descompactar a articulação.

Embora os estudos mostrem evidências de que a tração exerce aumento do espaço articular, (Gokeler et al., 2003), não encontraram efeitos na tração da articulação do ombro em seis jovens saudáveis com 14 kg de força de tração. Puderam concluir que o aumento é no tecido conjuntivo e a sensação de separação ocorra na articulação do ombro.

As diversas características e formatos das articulações podem mostrar comportamentos diferentes em relação à força de tração ou mesmo se há efeitos da tração para afastá-las. Ainda, esses achados acima não descartam a possibilidade de ocorrer um efeito inibitório gerado pelos proprioceptores ao se fazer a tração em um ou mais dos componentes que gera resistência articular.

A tração constitui um possível componente supressor de restrição dos tecidos periarticulares, principalmente quando acompanhada de alongamento, o que não significa que sua realização seja imprescindível toda vez que se mobilize a articulação ou se faça alongamento. Em seguida, realiza-se alongamento em abdução horizontal do ombro com extensão de punho (Figura 12.7A) e flexão de punho (Figura 12.7B). Para finalizar, flexiona-se um pouco o cotovelo, fecha-se o punho e estende-se o cotovelo com a extensão de punho.

Para tracionar a articulação, não é preciso tensionar de maneira forte ou abrupta; em oposição a isso, ao se identificar a quantidade de rigidez de uma articulação (percepção de rigidez na amplitude final do movimento), posiciona-se

A   B

FIGURA 12.7 Alongamento em abdução horizontal do ombro e flexão dos cotovelos (A), com movimento de flexão e extensão de punho (B). Em seguida, faz-se a tração.

bem a articulação de forma que os ligamentos não interfiram bloqueando a articulação, exerce-se uma tensão suave à moderada e, com paciência, aguarda-se, a fim de conseguir relaxar naquela amplitude e/ou inibir a resistência dos componentes periarticulares após determinado tempo.

Se houver nova diminuição de tensão (relaxamento), aumenta-se de forma sutil a amplitude de movimento. Mantém-se na posição entre 20 e 30 segundos, aproximadamente. Outra forma é aplicar a tensão de maneira intermitente, isto é, tensionando e reposicionando novamente a articulação na posição normal de forma rítmica e suave, sem tranco.

Considera-se também como tração articular quando se faz a estabilização de uma parte da coluna e com a outra mão realiza-se deslizamento no sentido longitudinal para afastar o tecido conjuntivo e diminuir a compressibilidade dos discos vertebrais.

A tração também é útil, após treinamento com sobrecarga, para descompactar e contribuir no relaxamento muscular, pois é imprescindível uma alternância entre pressão e ausência de pressão no espaço articular para nutrir a cartilagem articular (Guillemain, 2013).

A tração aumenta a mobilidade intra-articular, hidrata e nutre a articulação, aumenta o comprimento dos discos vertebrais e ajuda na redução da dor (Edmond, 2000; Kanlayanaphotporn et al., 2010). Dessa maneira, ela é útil precedida de um treino para desenvolver a flexibilidade.

A nutrição do disco vertebral depende da troca de líquidos entre os canais vasculares nas vértebras e no disco. É promovida por um movimento articular normal e torna-se prejudicada por uma perda da mobilidade normal.

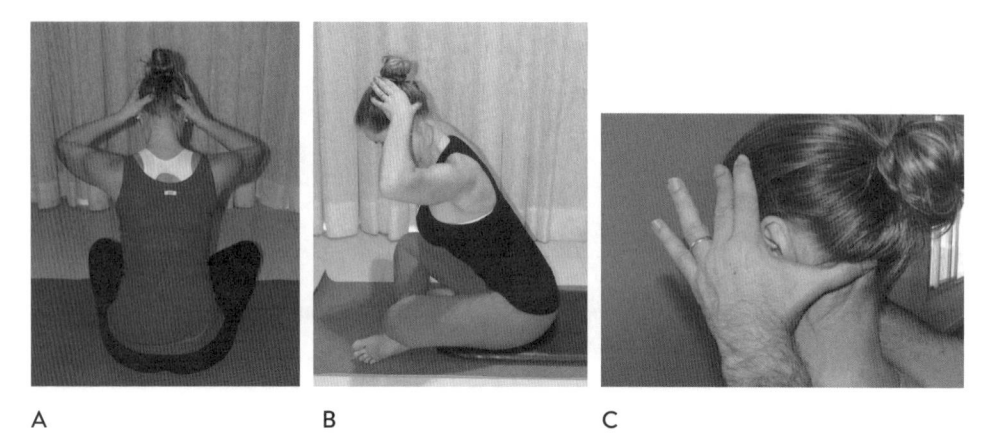

A   B   C

FIGURA 12.8 Na tração da coluna cervical coloca-se os polegares na base do osso occipital (nas covinhas, imagem de costa) (A), imagem lateral (B) e tração de forma passiva (C).

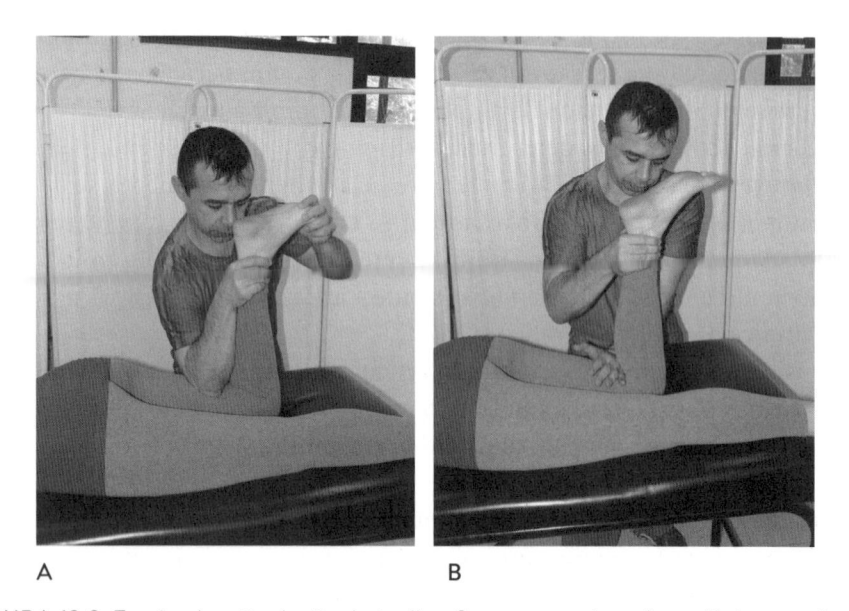

A   B

FIGURA 12.9 Tração da articulação do joelho. Segura-se acima do maléolo e apoia-se o cotovelo sobre a parte posterior da coxa. Em seguida, tensiona-se bem suavemente para cima. Se houver lesão no joelho, não se faz a tração.

Exemplos de exercícios com tração

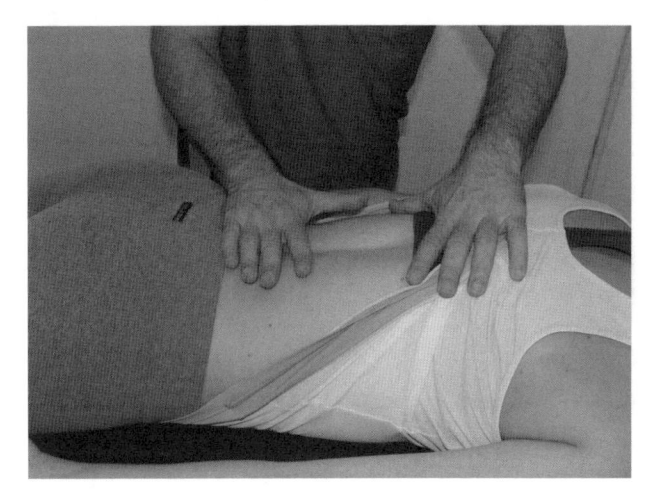

FIGURA 12.10 Tração com estabilização de uma parte da coluna e deslizamento com a outra. Quanto menor o espaçamento entre as mãos, mais precisão e tensão se consegue. Os ombros do profissional permanecem relaxados e movimentam-se junto com as mãos.

Variação: o cliente flexiona um pouco o joelho, sendo impedido pelo profissional (contração isométrica); depois de 3 a 10 segundos nessa posição, o cliente para de tensionar e em seguida relaxa e expira, e o profissional traciona novamente.

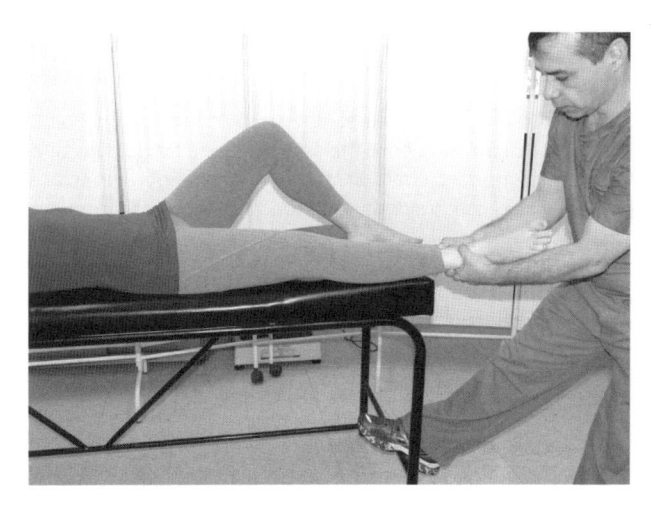

FIGURA 12.11 Para se realizar a tração, afasta-se lateralmente um dos membros até um pouco mais que a largura do ombro e rotaciona-se o quadril lateralmente (pé em eversão). Tensiona-se o quadril posicionando o tronco para trás, sutilmente e sem tranco, até que haja percepção de resistência articular, e permanece-se entre 10 e 20 segundos nessa posição.

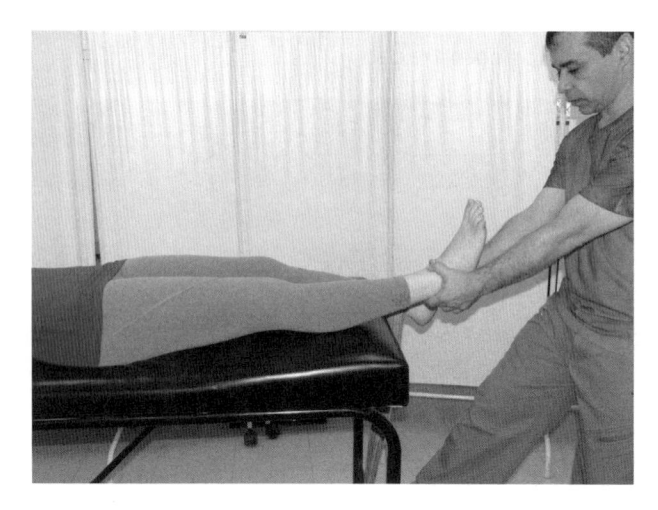

FIGURA 12.12 Deslizamento do quadril. Segura-se o tornozelo em posição neutra e um pouco acima do divã clínico, de forma sutil, e tensiona-se o quadril colocando o corpo para trás, sem tranco e até resistência ao movimento. Balanceios do membro inferior pode se preceder ao deslizamento do quadril.

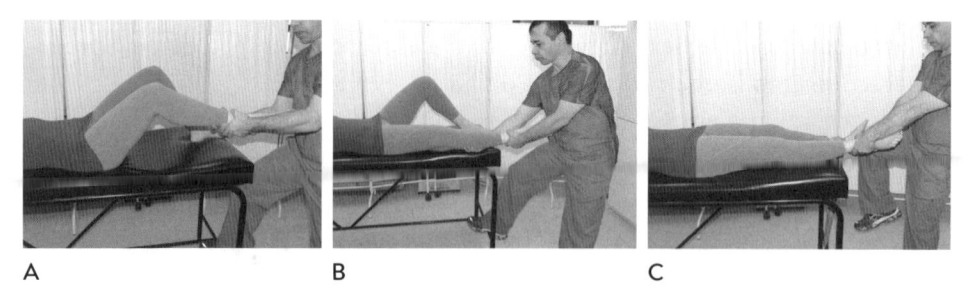

A   B   C

FIGURA 12.13 Em decúbito dorsal flexiona-se um pouco o quadril e o joelho, e o profissional mantém o cliente nessa posição. O cliente faz uma pequena força para si (aumenta a flexão de quadril e joelho), sendo impedido pelo profissional, tornando a contração isométrica. O cliente relaxa, expira e, em seguida, traciona sutilmente a articulação com extensão do joelho, leve rotação lateral e as pernas ligeiramente afastadas.

A tração é feita em até duas séries. Uma técnica que pode contribuir com a tração é precedê-la com o balanceio dos membros inferiores durante 20 a 30 segundos.

Se houver lesão no tornozelo ou joelho, segura-se na coxa distal. Eleva-se um pouco o pé do divã clínico. Se houver lesão de quadril não se faz a tração.

Variação: antes de deslizar, pode-se balançar o membro inferior, em particular se o cliente estiver muito "rígido".

Variação II: o cliente flexiona um pouco o joelho, sendo impedido pelo profissional (contração isométrica submáxima); depois de 2 a 5 segundos nessa posição, o cliente para de tensionar e relaxa, e o profissional faz o deslizamento de forma suave novamente.

Exercícios podem anteceder a flexão de quadril com o joelho estendido. Observa-se que o joelho do profissional apoia-se na planta do outro pé, evitando o movimento do quadril do lado oposto.

Nessa posição com quadril em ligeira flexão, abdução e rotação lateral, a tensão da cápsula ligamentar é identificada como "posição aberta".

Variação: flexiona-se o joelho em direção ao tórax, voltado ligeiramente para fora, faz-se adução de quadril, estendendo com ligeira rotação lateral.

Variação: flexiona-se o quadril esquerdo e mantém-se por 5 segundos. Estende-se o joelho, tensionando a planta do pé na direção do solo. Após realizar esse movimento com um dos membros, é comum que exista uma diminuta diferença aguda no tamanho dos membros. Compare as distâncias dos maléolos mediais com o cliente sentado e os joelhos estendidos. Proposição a ser feita principalmente após treinamento com sobrecarga de *leg press*, saltos pliométricos etc.

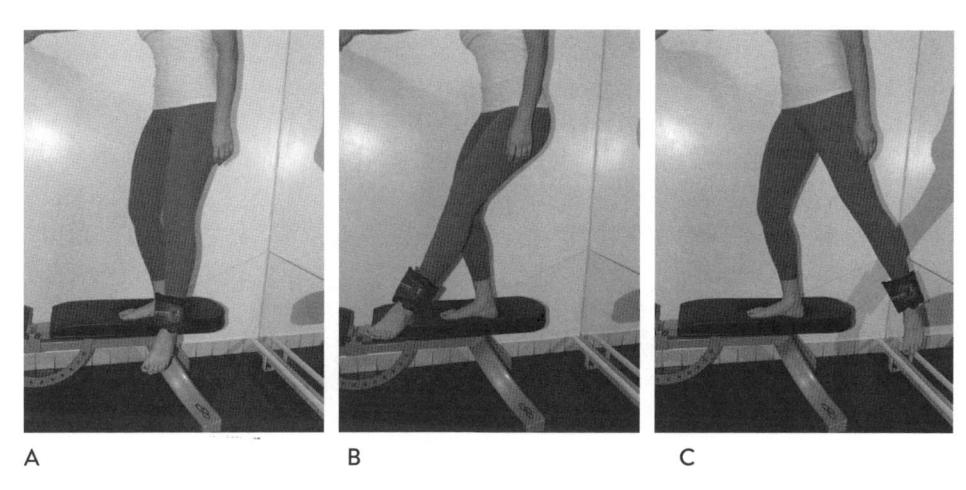

A   B   C

FIGURA 12.14 Caneleira no tornozelo ou na coxa. Movimenta-se o membro inferior para a frente e para trás e tensiona-se no sentido inferior. Com a mão direita apoiada na parede e flexionando o joelho direito, o cliente faz movimentos de balanceios (A, B e C). Isso contribui no deslizamento inferior e/ ou descompressão do quadril. Em seguida, abduz-se o quadril com um pouco de rotação lateral e continua-se o movimento balanceado, tensionando a perna no sentido do solo.

Variação: flexiona-se o joelho e o quadril esquerdo, ligeiramente no sentido lateral, com o profissional tensionando o joelho no sentido do tórax, movimento que é impedido pelo cliente (contração estática submáxima). Na sequência, estende-se o joelho tensionando para baixo e para lateral, libera-se a mão e continua-se o balanceio. Imediatamente em seguida, alonga-se de forma suave.

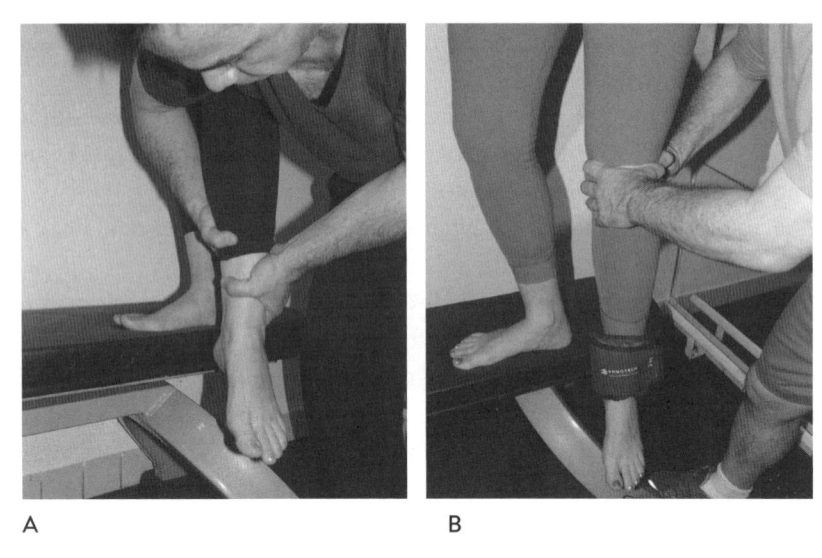

A   B

FIGURA 12.15 Com o joelho esquerdo um pouco flexionado, o profissional segura a perna, rotaciona lateralmente o quadril, tensiona delicadamente no sentido inferior após liberar a mão, e faz balanceio de seis a dez vezes (A e B).

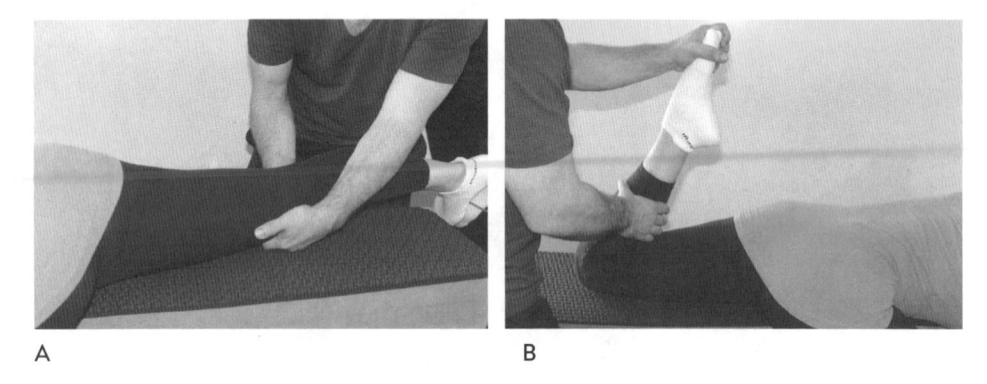

A   B

FIGURA 12.16 Deslizamento inferior do fêmur (A) e alongamento do quadríceps (B).

Variação: no alongamento, durante flexão de joelho, o cliente tensiona o calcanhar na tentativa de estender o joelho, sendo impedido pelo profissional (contração isométrica); o cliente mantém a contração entre 2 e 5 segundos, e em seguida relaxa; o profissional aumenta a amplitude de movimento.

Variação II: durante a flexão de joelho, o cliente tensiona levemente o calcanhar na tentativa de estender o joelho, sendo parcialmente impedido pelo profissional, o que gera uma contração excêntrica; o cliente em seguida relaxa, e o profissional aumenta a amplitude de movimento.

Variação III: durante a flexão de joelho, o profissional posiciona a mão na parte posterior da perna, impedindo o aumento da flexão de joelho (contração isométrica); o cliente mantém essa posição de 2 a 5 segundos, relaxa, e o profissional aumenta a amplitude de movimento. Em seguida, o profissional modifica a posição da mão para a parte anterior da perna. O cliente tensiona para estender o joelho, sendo impedido pelo profissional (contração isométrica), mantém essa posição por 2 a 5 segundos, e em seguida relaxa; e o profissional aumenta a amplitude de movimento.

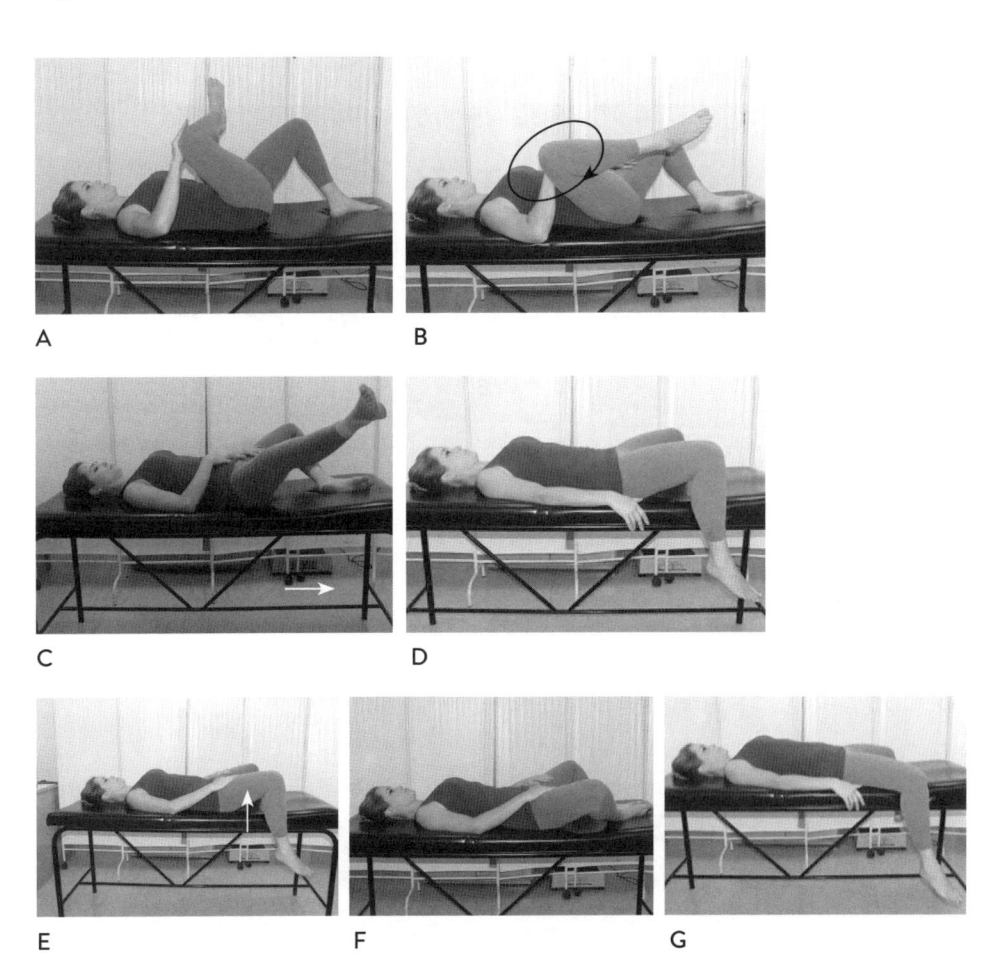

FIGURA 12.17 Exercício para relaxar e desenvolver a flexibilidade em abdução do quadril. Pode ser feito no divã clínico ou no solo. Inicialmente, faz-se circundução de quadril (A), pressiona-se o joelho no sentido do tórax (B), puxa-se o joelho para a lateral do tronco e estende-se, abduzindo o quadril (como se fosse chutar a lateral com o calcanhar) (C). Flexiona-se ao máximo possível o quadril e os joelhos e apoiam-se os posteriores da coxa no divã clínico (D). Em seguida, levantam-se os membros inferiores do divã clínico e tensiona-se o quadríceps contra as mãos, relaxando em seguida os isquiotibiais (E). Novamente, faz-se abdução do quadril, apoiando as plantas dos pés uma contra a outra. Aproxima-se os calcanhares do púbis, mantendo os dedos dos pés unidos, e retorna-se ao máximo possível; mantém-se por aproximadamente 40 segundos (F). Eleva-se as pernas e relaxa-se os isquiotibiais com flexão de quadril (G).

Tensiona-se o ombro no sentido inferior de forma passiva com a ajuda de um profissional ou mesmo por conta própria (autotração) com sobrecarga, como caneleiras, anilhas, elásticos e com o próprio peso corporal, que pode, com a ajuda da gravidade, constituir um método apropriado para afastar as superfícies articulares (Levangie e Norkin, 2005).

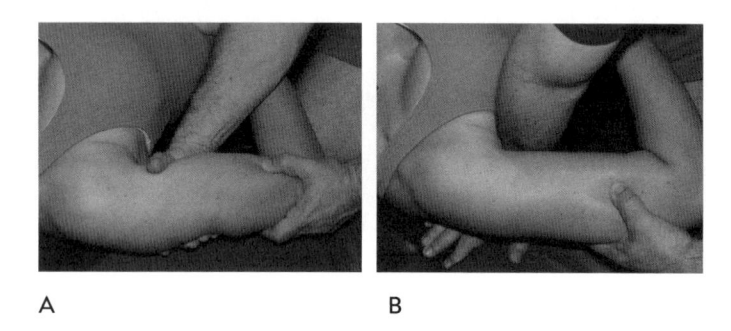

A   B

FIGURA 12.18 Tensiona-se o ombro para a lateral e para baixo (inferior) (A) e apoia-se o antebraço para estabilizar a escápula (B). .

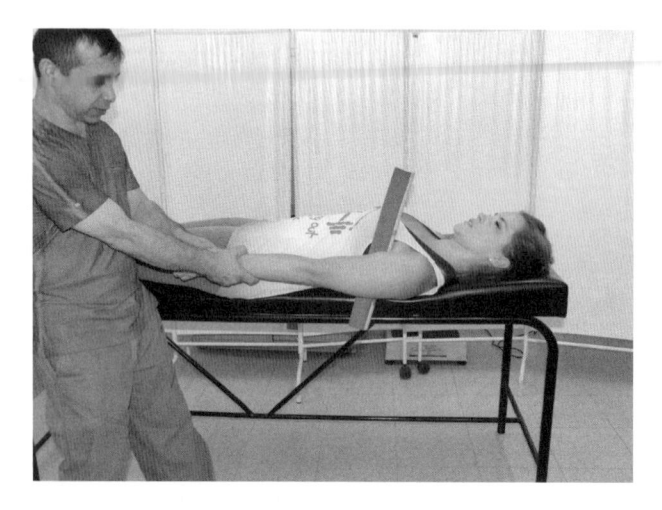

FIGURA 12.19 Estabiliza-se a escápula e tensiona-se sutilmente o braço para baixo. Pode ser feito preliminarmente para desenvolver a flexibilidade ou após exercícios com sobrecarga em flexão de ombro (elevação do braço acima da cabeça). Uma opção para relaxamento se faz com movimentos sutis de balanceio (de 20 a 30 movimentos).

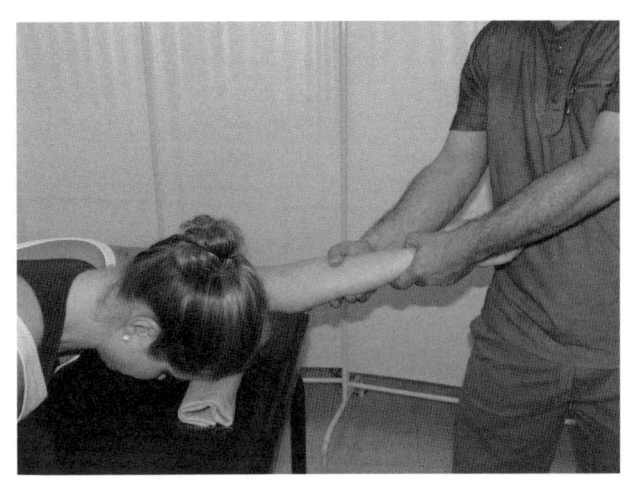

FIGURA 12.20 Com flexão de ombro, faz-se movimentos de balanceio (de 20 a 30 movimentos). Pressiona-se a região do tríceps com a mão direita e tensiona-se sutilmente o braço para cima e para baixo (no sentido de deprimir a escápula).

Variação: solicita-se que se faça uma contração isométrica submáxima, mantendo por alguns segundos, relaxando em seguida; e faz-se massagem no tríceps braquial.

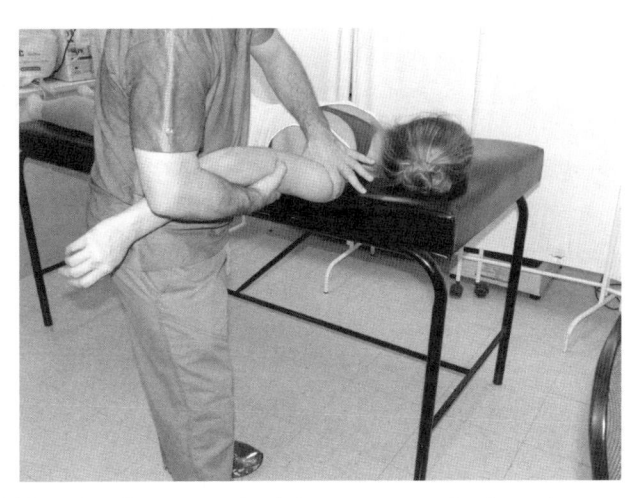

FIGURA 12.21 Variação: faz-se em simultâneo uma tensão do ombro para a lateral, com amassamento no tríceps braquial, realizando movimento de torção.

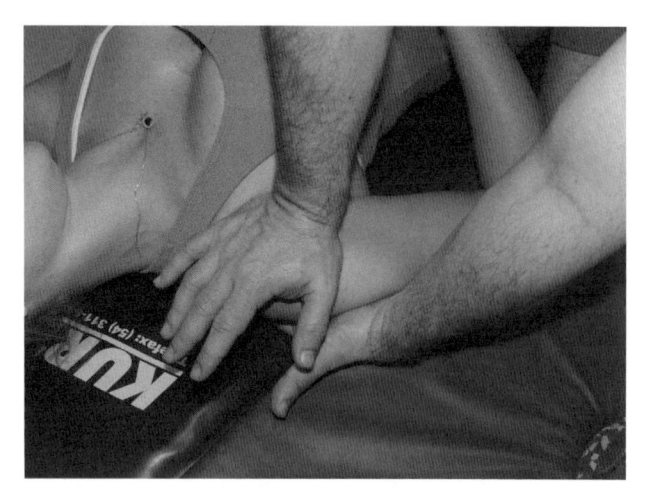

FIGURA 12.22 Levanta-se e comprime-se levemente o ombro.

FIGURA 12.23 Exercício de balanceio dos membros superiores: segurando um halter para descompressão do ombro, durante todo o percurso de movimento se tensiona o halter para baixo. Para clientes que treinam com sobrecargas muito altas, usa-se halteres de 1 kg após treinamento com sobrecarga, em especial após treinar com flexão e abdução de ombro.

Variação: pode ser feito isoladamente ou em sequência ao exercício anterior. Flexiona-se o cotovelo, trazendo o halter até a lateral do tronco, e novamente estende-se o cotovelo, tensionando o halter para baixo. Exercício físico também pode ser feito após treinamento intenso de força; logo após, pode-se alongar suavemente de forma estática.

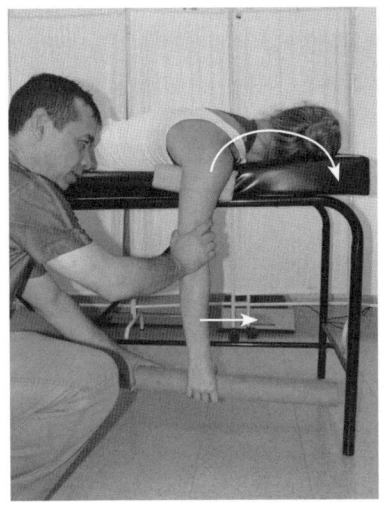 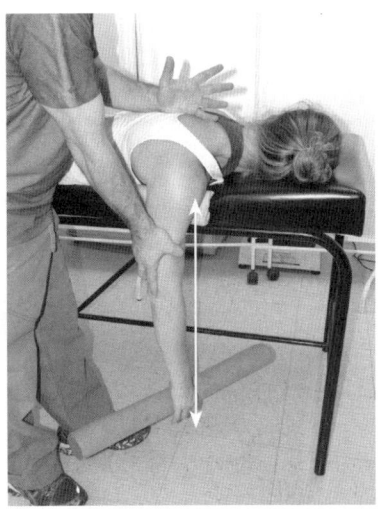

A B

FIGURA 12.24 (A) Exercício com sobrecarga e auxílio na tração. Segura-se o peso ou uma barra, deixa-se o braço pender para baixo e, de maneira sutil, o profissional faz pequenos movimentos de circundução, e em seguida movimentos no plano sagital. (B) Tenta-se elevar o ombro com o cotovelo um pouco flexionado, sendo parcialmente impedido pelo profissional (retrai-se a escápula), mantém-se de 2 a 5 segundos e tensiona-se o peso ou a barra para baixo.

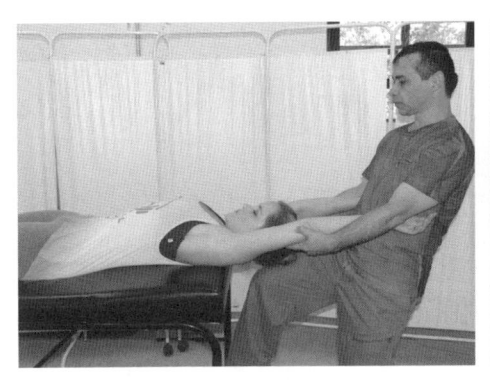 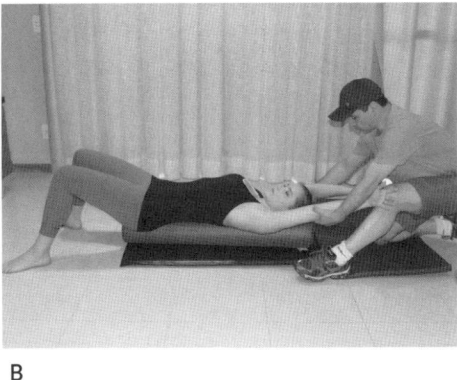

A B

FIGURA 12.25 Tensiona-se os ombros, mantendo a coluna vertebral totalmente no divã clínico ou no rolo. Quando se alcançar uma altura acima da cabeça (flexão do ombro), pressiona-se no sentido do divã clínico ou ao solo para alongar o latíssimo do dorso e o redondo maior. Nesse exercício, a expiração é profunda e duradoura. O movimento é facilitado pelo profissional ao estender o tronco durante a tração dos ombros.

CAPÍTULO 13

Mobilização, tração e alongamento na coluna cervical

A dor tensional na coluna cervical é extremamente irritante e compromete o movimento da cabeça, o que prejudica a atividade diária. Essa dor perturba a qualidade do sono e dificulta posições corporais confortáveis. Exercícios de alongamento e de força são importantes para manter uma boa amplitude de movimento com posturas adequadas da coluna cervical ao longo do dia.

A coluna cervical tem sete vértebras, sendo as duas primeiras formadas pelo atlas e o áxis, com estruturas diferentes em relação às das 3ª à 7ª vértebra. Na articulação atlantoccipital (plana), os dois côndilos occipitais convexos se articulam com as duas superfícies côncavas do atlas. As articulações do atlas e do áxis exibem características especializadas que definem a grande mobilidade da região cervical superior, e as articulações dos segmentos cervicais inferiores apresentam discos intervertebrais e facetas articulares; no entanto, nem toda coluna cervical apresenta mobilidade similar (Houglum e Bertoti, 2014).

As facetas atlantoccipitais se localizam paralelamente ao plano transverso, de maneira que permite a rotação em torno do eixo longitudinal. Da 3ª à 6ª vértebra cervical, as partes laterais dessas vértebras apresentam vários processos e tubérculos que podem ser palpados com a pessoa em decúbito dorsal para relaxar os músculos da coluna cervical (Edmond, 2000).

Essas vértebras têm um processo transverso curto e perfurado por meio do qual passam as artérias vertebrais. Esses processos articulares se projetam lateralmente, de modo que as áreas palpáveis dessas vértebras são sentidas como desiguais. Elas apresentam processos espinais curtos e bífidos, sentidos na linha mediana, apesar de ser coberta pelo ligamento medial (Houglum e Bertoti, 2014).

Na junção do pedículo com a lâmina, cada vértebra apresenta pilares que formam o processo articular superior e inferior. Os processos articulares têm estruturas chamadas facetas articulares, que contêm uma superfície articular composta de cartilagem e menisco, envolto por uma cápsula e membrana sinovial.

As facetas da coluna cervical são articulações sinoviais planas e conseguem resistir a cisalhamento, compressão e torções compressivas e de alongamento relacionadas à posição da cabeça e da coluna cervical. Da mesma forma que as articulações sinoviais típicas, as superfícies articulares são alinhadas por cartilagem articular e envolvidas por uma cápsula articular. As cápsulas das articulações dos processos articulares consistem em fibras elásticas e colágenas bem orientadas, na posição neutra (Cailliet, 2003).

As cápsulas das articulações dos processos articulares são frouxas. Essa lassidão é o que acarreta a amplitude de deslizamento que ocorre entre as facetas durante os movimentos da coluna cervical. Entretanto, nas extremidades dos movimentos as cápsulas estão tensas e, portanto, funcionam como ligamentos de estabilidade, de modo que alguns se referem a essas estruturas como ligamentos capsulares (Oatis, 2014).

A forma e o plano de orientação das facetas zigoapofisárias determinam os tipos de movimentos entre duas vértebras, a direção e o alcance de movimento das articulações espinais (Kalterborn, 2012). Na flexão total da coluna cervical o atlas e áxis mantêm posição fechada, ao passo que as facetas da C3 à C7 superiores estão orientadas para cima, posterior e medialmente; e as facetas da C3 à C7 inferiores estão orientadas para baixo, anterior e medialmente (Loudon et al., 1999).

A posição das facetas exerce um efeito nos movimentos da coluna cervical, em nível regional (exceto para C1 e C2, cujas facetas articulares estão orientadas no plano transversal). As facetas articulares ficam voltadas para trás e para cima, em um ângulo de aproximadamente 45°. Essa orientação, aliada às cápsulas maleáveis e elásticas, permite movimento em todos os planos, além de suportar o peso da cabeça (Nordin e Frankel, 2003). Em decorrência dessa angulação, a flexão para a frente ocorre quando a faceta caudal (inferior) da vértebra superior desliza para cima e para a frente sobre a faceta inferior, o que gera maior espaço para passagem de uma raiz nervosa espinal (Nordin e Frankel, 2003).

Na flexão, o occipúcio desliza posteriormente sobre o atlas; em seguida, o atlas desliza e inclina para a frente. Na extensão, o occipício desliza anteriormente sobre o atlas. Em seguida, o atlas desliza para trás e se inclina posteriormente. E ocorre um deslizamento inferior e para trás das facetas articulares. Na flexão lateral, os côndilos occipitais deslizam em direção oposta à flexão lateral; em seguida, o atlas desliza do mesmo lado e rotaciona do lado oposto. Como bem mencionou Cailliet (2003), as articulações zigoapofisárias (facetas), ao se manter alinhadas, não sustentam peso excessivo quando o corpo assume a posição ereta. Os forames intervertebrais permanecem apropriadamente abertos e as raízes nervosas emergem com espaço adequado. A flexão da coluna cervical aumenta o tamanho do forame intervertebral, e a extensão diminui o forame intervertebral.

Na rotação, o occipício rotaciona somente 2 a 3° sobre o atlas. Em seguida, o occipício com o atlas rotaciona para o mesmo lado; a tensão sobre o ligamento alar faz que o occipício flexione contralateralmente em sua amplitude máxima, na coluna cervical média e inferior. Segundo Loudon et al. (1999), os movimentos são:

- Na flexão, o disco é comprimido anteriormente e as facetas deslizam cranialmente.
- Na extensão, o disco é comprimido posteriormente e as facetas deslizam para baixo.

TRAÇÃO DA COLUNA CERVICAL

A tração na coluna cervical tem sido aplicada de forma sustentada ou intermitente e apresenta, na grande maioria das vezes, resultados positivos na redução de dor e no aumento da amplitude de movimento.

A tração tem um efeito desprezível sobre as articulações C1 e C2, não se devendo forçá-la nessas regiões (Palastanga et al., 2000). Pode-se dizer que, nessa área, é necessário fazer a mobilização de forma suave, sendo importante como um meio de relaxamento. Na proposição de Hertling e Kessler (2009), a variação da posição da cabeça pode ser específica para as três partes da coluna cervical.

Quanto à coluna cervical superior do occipital até C2-C3, a cabeça deve estar em ligeira extensão, para permitir relaxamento dos músculos suboccipitais e do ligamento nucal, com a coluna cervical flexionada em um ângulo de aproximadamente 20-30° para mobilizar a parte cervical inferior da coluna. Quanto à coluna cervical média, C3-C4 e C4-C5, o ângulo deve ser de cerca de 45°, fazendo que o ligamento nucal fique tenso. Na coluna cervical superior, em flexão, o occipício desliza posteriormente sobre o atlas. Em seguida, o atlas desliza para a frente e inclina anteriormente.

A flexão e a extensão são orientadas pelas facetas articulares, quando se flexiona a coluna cervical, que forma um ângulo de cerca de 45° para a frente e no plano frontal. Alonga-se as cápsulas das articulações apofisárias e reduz-se a área de contato articular. As cápsulas articulares envolvem todas as articulações zigoapofisárias (facetas) e a articulação da cabeça com o atlas (Neumann, 2011).

A técnica de tração pode ser um dos importantes mecanismos no sentido de contribuir para o alívio do desconforto e para o desenvolvimento da flexibilidade. Mas essa técnica também pode causar tontura ou dormência e, caso isso aconteça, deve ser interrompida.

A tração estende as estruturas que cruzam as articulações com afastamento articular, como a cápsula articular, os ligamentos e os músculos, podendo haver

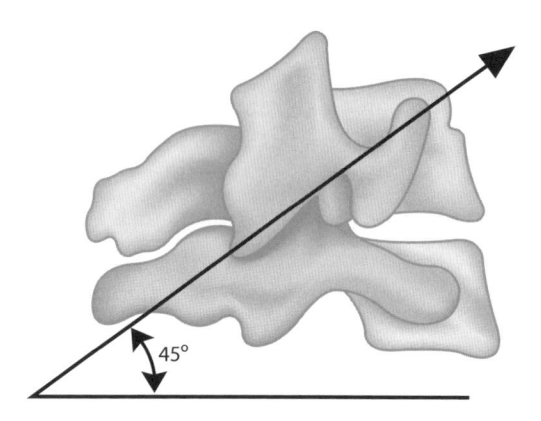

FIGURA 13.1 Ângulo da faceta da coluna cervical: 45° no plano transversal.

aumento do espaço interforaminal e intervertebral; com isso, a tração aumenta a amplitude de movimento da coluna cervical, pelo menos temporariamente (Goldie e Landquist, 1970). Ao descomprimir uma articulação espinal com tração, a intenção é relaxar e/ou recuperar sua função normal (Zylbergold e Piper, 1985).

A tração mantida é, em princípio, mais importante que a tração intermitente porque a tração mantida causa fadiga e, em consequência, relaxamento (Cyriax,1978). Esse princípio é contestado por Zilbergold e Piper (1985), que encontraram efeitos mais promissores com a tração intermitente, dado o efeito no aumento da flexibilidade e resolução de dor na coluna cervical.

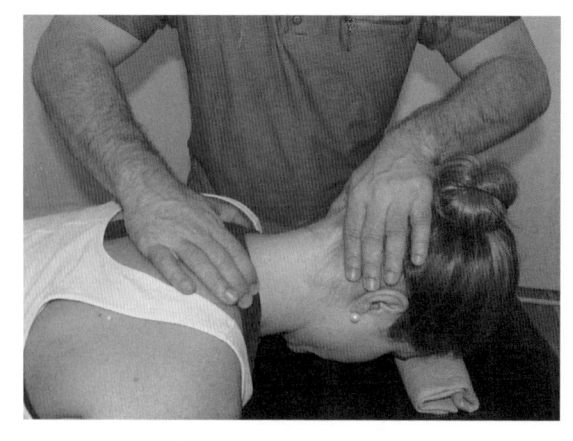

FIGURA 13.2 Com o polegar e os dedos envolvendo a superfície do osso occipital, exerce-se tração de maneira sutil (sentido ascendente), e a mão direita no ombro pressiona e desliza inferiormente para causar afastamento articular.

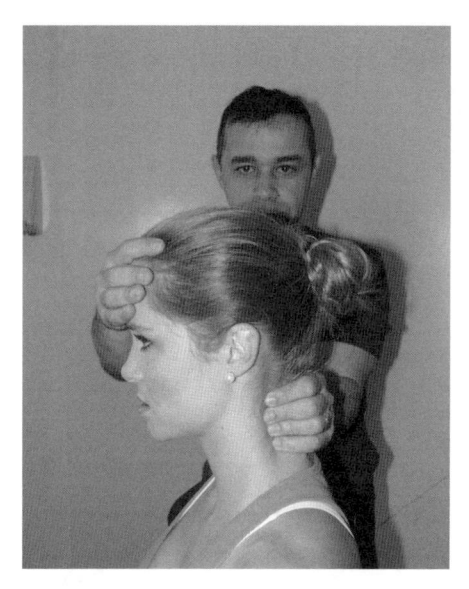

FIGURA 13.3 Precedendo a mobilização ou tração, pode-se pressionar a coluna cervical. Com as falanges e a base das mãos, pressiona-se e amassa-se em especial a C3, C4 e C5, na região da nuca. Segura-se de 2 a 3 segundos e libera-se a mão. Em seguida, segura-se a nuca novamente e a pessoa faz pequenos movimentos de flexão e extensão, seguidos de rotação e flexão lateral para os dois lados.

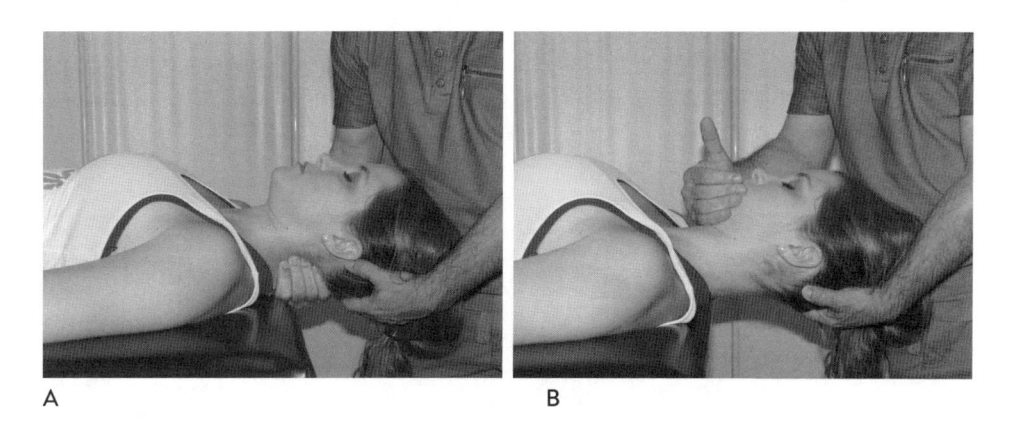

A   B

FIGURA 13.4 Amassamento da coluna cervical (A). Na tração da coluna cervical (B), para um bom posicionamento corporal, a orelha fica relativamente alinhada ao ombro, exceto se houver encurtamento do peitoral menor, o que torna o processo mais difícil. Evite que a coluna cervical fique flexionada mais que 20° durante a tração. Não se pressiona o queixo, em especial na presença de aparelhos para correção dentária. Inicialmente, pode-se fazer um movimento de pressão na coluna cervical, e em seguida, segura-se na base do occipital e tensiona-se suavemente para trás. Em seguida, faz-se movimentos parciais e sutis para cima e para baixo, para os lados, rotação para esquerda e direita, e traciona-se novamente.

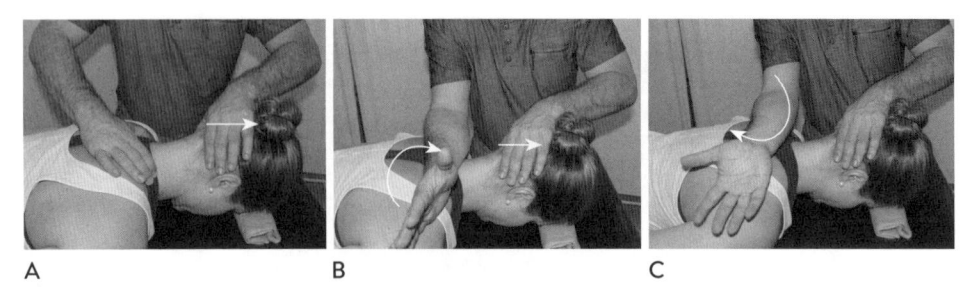

FIGURA 13.5 Tração da coluna cervical (A). Mantém-se a posição com a mão esquerda, desliza-se sutilmente e rotaciona-se a ulna e o dorso do antebraço sobre as partes cervical e torácica da coluna vertebral (B). Uma variação é colocar a mão em forma de concha com o pisiforme deslizando sobre a coluna (C).

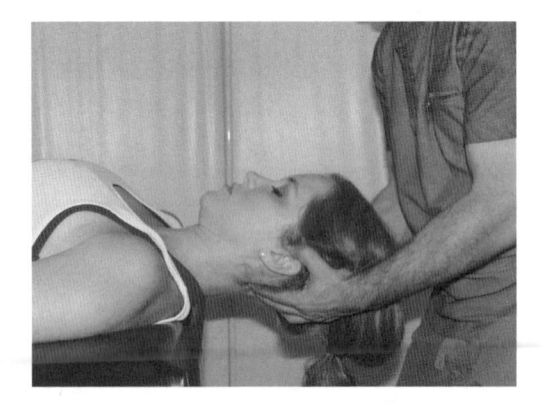

FIGURA 13.6 Juntamente com a tração, desliza-se longitudinalmente os dedos indicador e médio. Segura-se a cabeça com a mão não dominante e desliza-se suavemente os dedos sobre a massa muscular, da C6-C7 até C1.

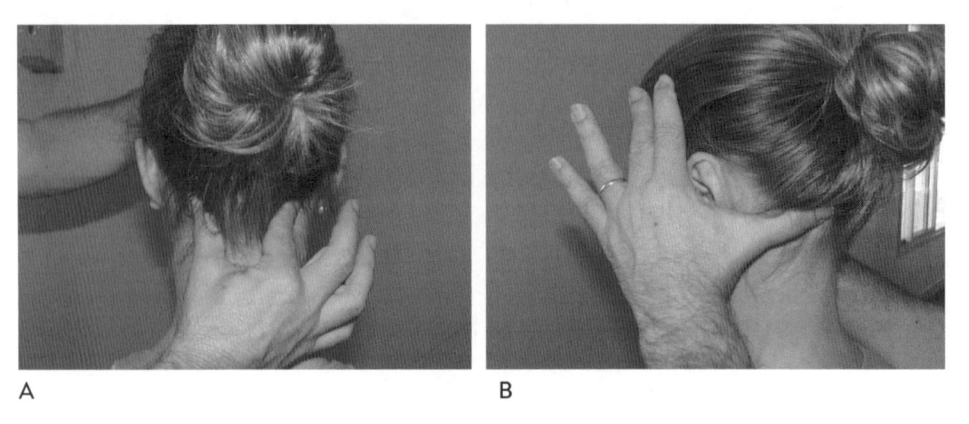

FIGURA 13.7 Apoia-se a mão firmemente à testa e, com o dedo polegar e o indicador na base do occipício (A), pressiona-se com leve deslizamento para cima e em seguida, durante a expiração, pressiona-se a base nucal e faz-se a tração na coluna cervical (B).

A tração na coluna cervical inibe a dor mediante a abertura do forame neural cervical e a redução da pressão intradiscal. Permite-se concluir que a redução da rigidez pode ser o mecanismo responsável por eliminar a dor e aumentar a mobilidade espinal, fatos observados após a mobilização posteroanterior. Pode ser alcançado um aumento de amplitude de vários milímetros e, com essa alteração, a pressão sobre o disco intervertebral se reduz em cerca de 70%, de 30 kg/cm^2 para 10 kg/cm^2 (Palastanga, 2000).

Na flexão pressiona-se de forma sutil, e na extensão alivia-se a pressão; na flexão lateral, tensiona-se as falanges para a direção oposta; na rotação, tensiona-se com a falange na base da mão na direção oposta.

Nesse exercício (Fig. 13.8), o alongamento passivo é feito com deslizamento, o que ajuda a amenizar o desconforto durante a posição de alongamento. Desliza-se as pontas dos dedos do polegar e do indicador com leve tensão na coluna cervical e na região posterior da cabeça (músculos suboccipitais) e desliza-se os dedos de outra mão em sentido a coluna torácica. Faz-se o procedimento de forma rítmica e desliza-se com um pouco mais de tensão conforme se perceber relaxamento.

Na figura 13.7, o cliente retorna da flexão de tronco com convexidade torácica em inspiração profunda até extensão total do tronco e ao flexionar o tronco de novo expira profundamente; e em simultâneo o profissional desliza novamente os dedos na cervical e torácica da coluna vertebral. Tenta-se aumentar a amplitude de movimento. Para se aumentar o relaxamento, solicita-se ao cliente que coloque os braços entre as pernas, com as palmas das mãos juntas, que tensione os braços com as pernas para alongar os dorsais, permanecendo assim de 5 a 10 segundos, e que em seguida relaxe. Obs.: Alongamento passivo: identifica-se verdadeiramente o alongamento passivo quando feito "dois em dois", com o cliente relaxado durante o alongamento.

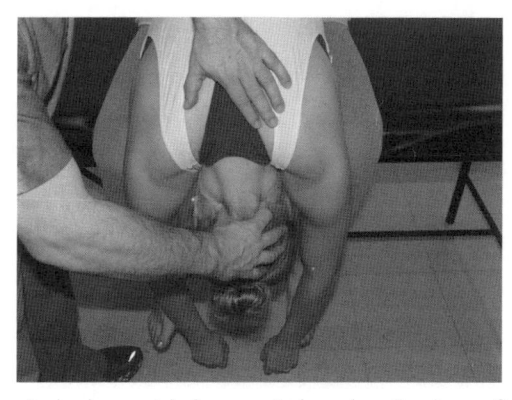

FIGURA 13.8 Com a ajuda da gravidade e apoiado pela mão do profissional, mantém-se o tronco flexionado de forma bem descontraída. Desliza-se os dedos indicador e polegar da C6-C7 até a base do osso occiptal.

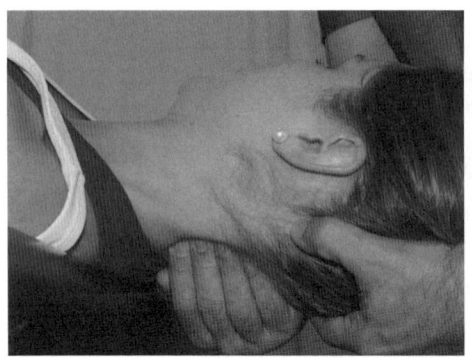
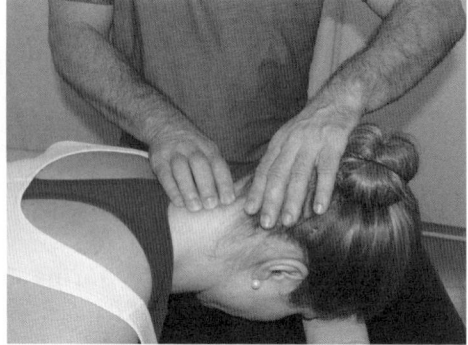

FIGURA 13.9 Inicialmente como proposta de relaxamento e com possibilidade de verificar as diferenças de rigidez, posiciona-se cada dedo em uma vértebra (C6, C5, C4 e C3) da parte cervical da coluna no sentido posteroanterior para averiguar a rigidez geral no complexo musculoarticular. Localiza-se os processos espinais e pressiona-se com bastante sutileza.

MOBILIZAÇÃO DA COLUNA CERVICAL

A tração pode preceder a mobilização, ou a mobilização pode preceder a tração; também é possível utilizar uma técnica sem realizar a outra. Essa ordem, entre tração e mobilização, sempre depende de como se faz a tração e do conhecimento do estado do cliente. Por exemplo, em uma atividade prévia a mobilização e tração, se um cliente muito tenso e/ou rígido fizer movimentos parciais de flexão lateral, extensão, flexão e rotação, terá melhor relaxamento e redução da viscosidade; em seguida, faz-se a tração, mobilização e finaliza-se com o alongamento. Pessoas submetidas à mobilização posteroanterior na coluna cervical com movimentos suaves e oscilatórios relatam sentir alívio nessa região quando em presença de desconforto, podendo haver um componente de deformação, deslizamento e/ou relaxamento no local mobilizado.

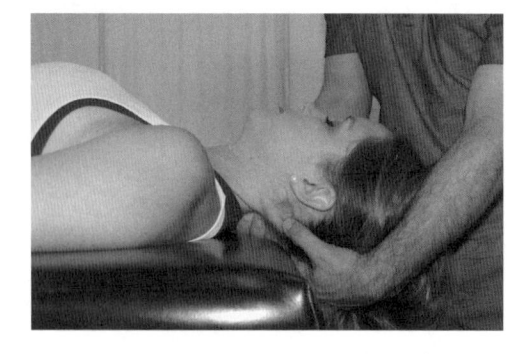

FIGURA 13.10 O cliente estende parcialmente a cabeça (10 a 20°) e retorna. A posição anterior à pressão é mantida sobre um dos processos espinais. Na extensão total, a articulação é imprópria para realizar mobilização e provocar deslizamento.

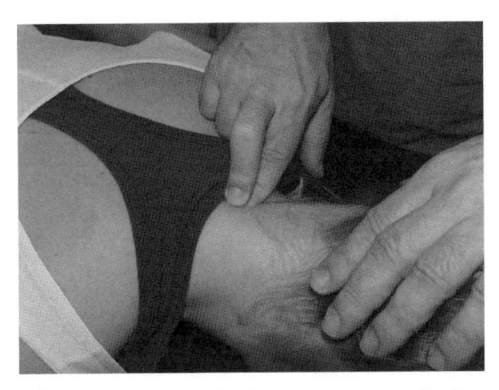

FIGURA 13.11 Mobilização na coluna cervical para provocar deslizamento na lateral dessa região.

Evita-se pressão profunda com os dedos para determinar área de dor ou verificar mal alinhamento. Nessa área, os pedículos são curtos e os pilares articulares são grandes e facilmente palpáveis em posição posterolateral, e os processos transversos são sensíveis e não facilmente palpáveis (Greenman, 2001).

As técnicas de mobilização utilizam pressões suaves em sentido ao processo espinal ou nas partes laterais. *Para se mobilizar a coluna cervical, requer-se precisão* para localizar os processos espinais. E, antes de mobilizar qualquer região da coluna, realiza-se a palpação em todas as vértebras para aumentar sua percepção, ao mesmo tempo em que se faz uma avaliação subjetiva sobre o local que apresenta maior ou menor rigidez. O exercício de mobilização com a pessoa deitada parece ser mais apropriado para relaxar e manter maior tempo de movimento, e o exercício em posição sentada provavelmente é mais funcional. Os polegares ou as mãos são usados para produzir movimento direta ou indiretamente via transmissão do peso corporal para as vértebras. Evita-se pressionar a região dolorida e, nesse caso, sua mobilização.

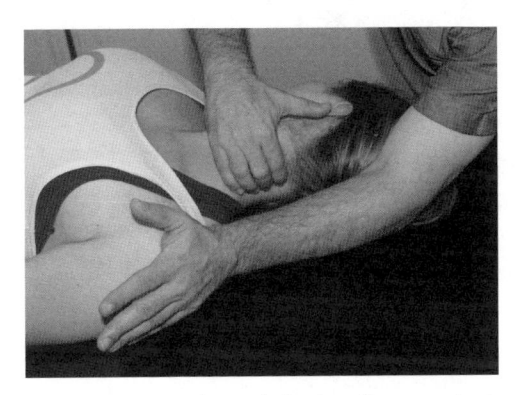

FIGURA 13.12 Na presença de rigidez de um lado da coluna cervical ou mesmo do músculo levantador da escápula, pressiona-se lateralmente no sentido do processo espinal e desliza-se o dedo para a esquerda durante o alongamento. Ao sentir uma região mais rígida, mantém-se a pressão com um dos dedos antes de deslizar.

A mobilização feita em cada vértebra é muito mais precisa do que a feita em várias vértebras ao mesmo tempo. Essas ilustrações logo acima se apresentam com o objetivo de aumentar a percepção sobre o estado de rigidez articular, além de propiciar oportunidade para deslizar as várias vértebras sutilmente para a frente. Isso porque a mobilidade em cada uma das vértebras é diferente, em virtude da natureza anatômica.

EXERCÍCIOS DE ALONGAMENTO COM DESLIZAMENTO SOBRE O MÚSCULO APÓS MOBILIZAÇÃO ARTICULAR

A mobilização para provocar deslizamento pode ser feita com a pessoa em decúbito ventral ou em decúbito dorsal. Em um primeiro instante, verifica-se sua mobilidade e rigidez ao redor do tecido conjuntivo. Após localizar a região com rigidez elevada pressiona-se vértebra a vértebra com o indicador ou com o dedo médio sobre o indicador. Permite-se também treinar sua sensibilidade posicionando os quatro dedos sobre os processos espinais, de forma a aumentar a sensibilidade sobre os locais mais ou menos rígidos.

Variação: antes da mobilização posteroanterior ou tração, pode-se pressionar (ambos os lados) a região ao lado dos processos espinais da C6 à C3 da parte cervical da coluna com as polpas dos dedos (falanges distais). Em seguida, segura-se a cabeça e pressiona-se suavemente os processos espinais para cima (direção posteroanterior). Logo após mobilização com intenção, faz-se movimentos de flexão da coluna cervical.

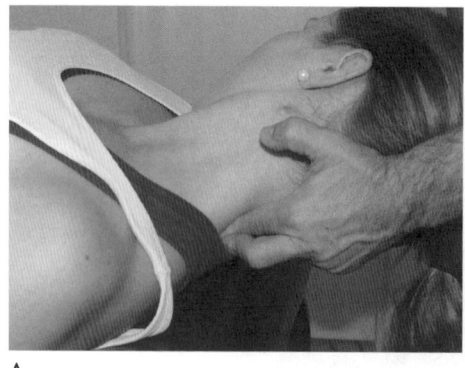 

A   B

FIGURA 13.13 Alongamento com rotação da coluna cervical. Coloca-se o dedo médio sobre o indicador e desliza-se os dedos sobre os músculos laterais e posteriores da coluna cervical (A). Variação: o cliente alonga a coluna em flexão lateral e coloca seu braço para estabilizar a região. O profissional tensiona o braço para baixo e simultaneamente desliza os dedos sobre um dos escalenos ou lateralmente à coluna cervical (B).

Na flexão, as facetas articulares inferiores das vértebras superiores deslizam para cima e para frente, em relação às facetas articulares superiores das vértebras inferiores. Na extensão da coluna cervical, as facetas inferiores das vértebras superiores deslizam para baixo e para trás em relação às facetas superiores das vértebras inferiores.

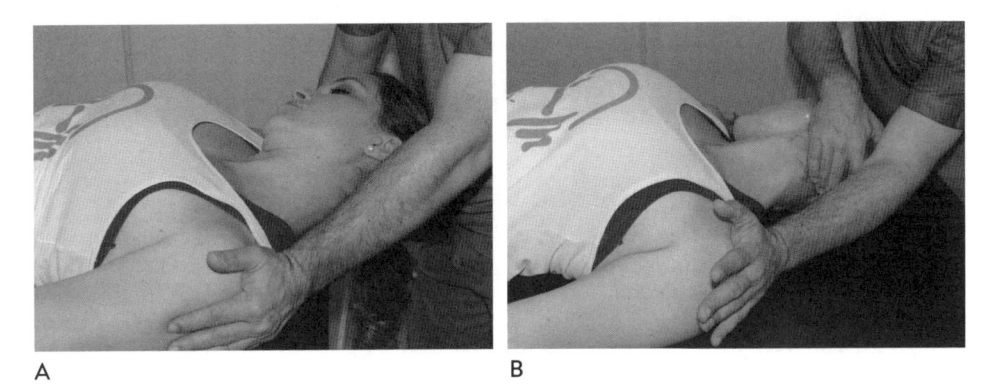

A B

FIGURA 13.14 No alongamento em flexão lateral da coluna cervical, apoia-se a cabeça e com a mão no ombro tensiona-se na direção anterior (A). Variação: no alongamento em flexão lateral da coluna cervical, mantém-se a mão esquerda estabilizando a posição e desliza-se com os dedos indicador e médio na região nucal (B).

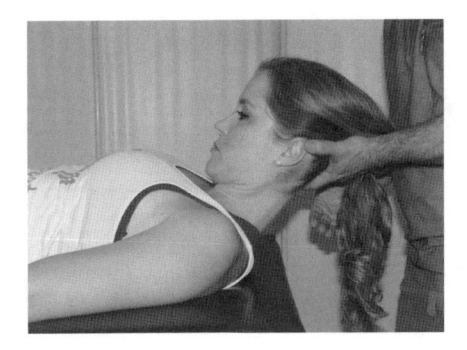

FIGURA 13.15 Após tracionar, flexione a coluna cervical e mantenha por alguns segundos. Em seguida, com o queixo próximo ao esterno, expira-se e tenta-se apoiar a nuca no divã clínico. Exercícios podem ser feitos no solo. Quando colocar a nuca no divã clínico deve-se averiguar se a respiração torna-se bloqueada; caso isso ocorra, expire elevando o abdome e deslize os dedos das mãos em direção aos pés.

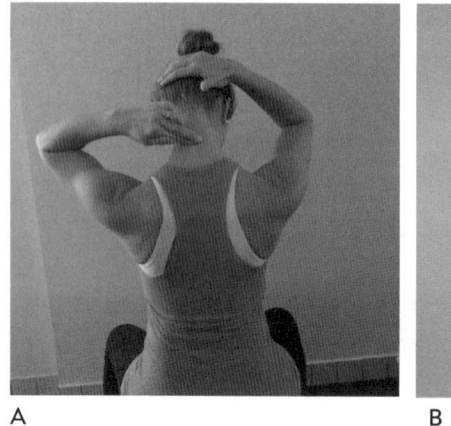 

A   B

FIGURA 13.16 (A) Automobilização com ligeira extensão da coluna cervical. Posiciona-se os dois dedos sobre os processos espinais C3 e C4, e estende-se lentamente a coluna cervical. Com a extensão da cervical, os processos cervicais irão se afastar do dedo, sendo necessário pressionar um pouco mais para alcançar o processo espinal. No entanto, não se mobiliza propriamente em extensão cervical, pois as vértebras estão bloqueadas. Assim, a pressão só se faz com extensão parcial da coluna cervical. (B) Com a parte superior e posterior da cabeça apoiada no macarrão, aproxima-se o queixo do esterno, o que acarretará ligeira tração da coluna cervical. Em seguida, deslizam-se sutilmente os dedos em paralelo aos processos espinais e finalmente pressiona-se suavemente para a frente o processo espinal.

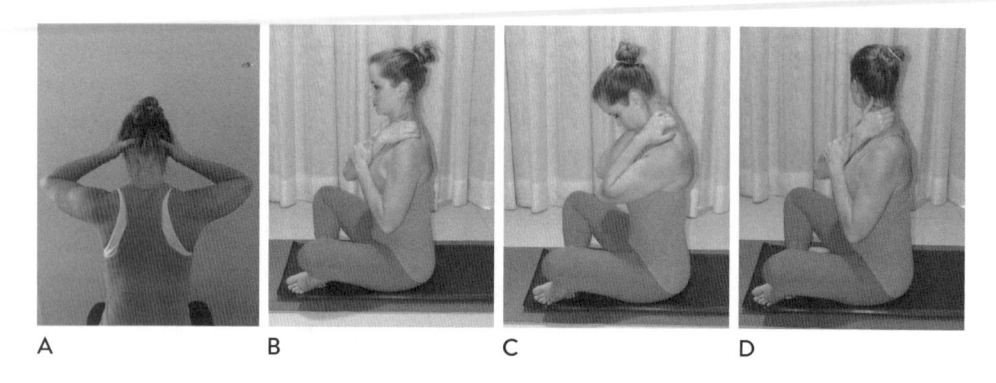

A   B   C   D

FIGURA 13.17 Alongamento com automassagem da coluna cervical e do ombro. Segura-se na base do occipital, movimenta-se sutilmente para as laterais e traciona-se suavemente a coluna cervical (A). Na sequência, faz-se automassagem na região do trapézio, pressionando as falanges firmemente no trapézio, com o auxílio da mão que puxa o antebraço (B). Flexiona-se a coluna cervical e tensiona-se com as falanges ao lado dos processos cervicais na massa nucal até a coluna cervical (C). Rotaciona-se a coluna cervical e com os dedos ao lado oposto à rotação desliza-se para a lateral, com o auxílio da mão no antebraço (D).*(continua)*

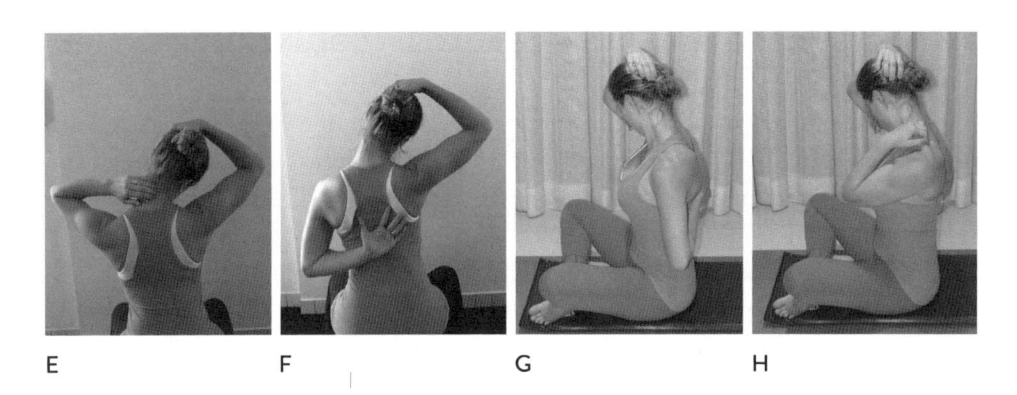

E   F   G   H

FIGURA 13.17 *(continuação).* Alongamento com automassagem da coluna cervical e do ombro. Flexiona-se a coluna cervical lateralmente e, com as falanges colocadas ao lado esquerdo da coluna, desliza-se para a lateral (E). Libera-se a mão e faz-se adução com rotação medial do ombro, mantendo-se no alongamento em flexão lateral da coluna cervical, tensionando o cotovelo para baixo (F). Logo em seguida, rotaciona-se e flexiona-se a coluna cervical, tensionando o cotovelo (G). Coloca-se a ponta do dedo na parte superior da escápula, tendão do levantador da escápula e pressiona-se (H).

Os efeitos da mobilização articular não são apenas localizados, eles abrangem toda a coluna cervical (Lee et al., 2005). Em um experimento, McClatchie et al. (2009) mostraram que a mobilização da coluna cervical em oito indivíduos sem manifestação de dor nessa região diminuiu a intensidade de dor no ombro durante abdução do ombro, mostrando que a mobilização também pode exercer um efeito neural e à distância. Da mesma forma, a tração na coluna cervical pode reduzir a dor no ombro (Magee, 2002).

Na revisão sistemática elaborada por Schmid et al. (2008), evidenciou-se que a mobilização da coluna cervical aumentou o limiar de dor. Mostrou-se também que a mobilização da coluna cervical aumentou a ativação do sistema nervoso simpático, mesmo em regiões sem dor, dada a modulação do funcionamento autonômico.

A mobilização articular na coluna cervical, C5 e C6, com duração de um minuto e um minuto de intervalo, totalizando seis minutos, reduziu a dor e diminuiu a ativação dos músculos cervicais superficiais (Sterling et al., 2001). Aparentemente, a mobilização acarretou uma ativação concorrente com diminuição de dor e aumento da ativação do sistema nervoso central. A quantidade de movimento pode ser bem pequena, com mobilização posteroanterior na 6ª vértebra da coluna cervical, mas é considerada importante nas estruturas subjacentes do tecido conjuntivo (MacGregor et al., 2001).

EXERCÍCIOS DE FORÇA E ESTABILIZAÇÃO DA COLUNA CERVICAL

Finalmente, e de modo algum menos relevante, tratemos do fortalecimento dos músculos da coluna cervical. Nesse ensejo, fortalece-se a coluna cervical e também se alonga para alcançar a normalidade das amplitudes de movimento (obter simetria de rotação e flexão lateral da coluna cervical para ambos os lados). Então, alcança-se os valores de normalidade da amplitude de movimento e a fortalece em vez de procurar ser muito flexível nessa articulação. O fortalecimento pode ser feito com ajuda da mão ou mesmo com uma fita elástica Thera-Band, associando força e flexibilidade.

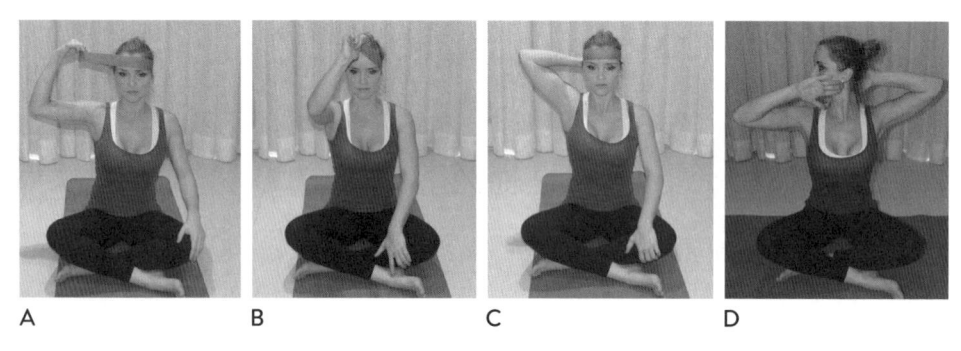

A   B   C   D

FIGURA 13.18 (A) Tensiona-se a cabeça para o lado, movimento que é impedido pela resistência da fita elástica TheraBand (contração dos músculos escalenos); relaxa-se e alonga-se em flexão lateral da coluna cervical. A rotação da coluna cervical é feita tensionando suavemente em rotação; relaxa-se a TheraBand e rotaciona-se para o lado oposto. (B) Tensiona-se a cabeça para trás contraindo os músculos nucais e relaxa-se, alongando em flexão da coluna cervical. (C) Tensiona-se a cabeça de forma submáxima para a frente, movimento que é impedido pela TheraBand. Em seguida, realiza-se uma extensão da coluna cervical. Coloca-se as mãos na parte alta e posterior da cabeça. Tensiona-se para trás, movimento que é impedido pelas mãos. Relaxa-se, e em seguida realiza-se flexão da coluna cervical. (D) Para alongamento em rotação da coluna cervical, mediante facilitação neuromuscular proprioceptiva e/ou de forma passiva, tensiona-se o dorso da mão sutilmente com a face. Relaxa-se, aumentando a amplitude de movimento caso seja necessário.

No alongamento da coluna cervical em rotação, alcança-se a amplitude final do movimento com ritmo, suavidade, expiração prolongada e de forma lenta. Evita-se que haja movimento do ombro no sentido da rotação. A simetria em ambos os lados é muito importante. Mantém-se o olhar para o horizonte, evitando movimentos rápidos e com tensão da coluna cervical.

CAPÍTULO 14

Mobilização, tração e alongamento da coluna vertebral

Posturas inadequadas em atividades de lazer e de trabalho geram redução da flexibilidade (encurtamento do complexo musculoarticular), um fator comum que afeta negativamente a saúde da coluna vertebral. A coluna vertebral é muito suscetível a encurtamento muscular e enrijecimento periarticular com comprometimentos nos discos e nas facetas articulares.

Uma coluna vertebral em boa posição mantém os discos intervertebrais em bom alinhamento, desprovidos de compressão anular excessiva anterior ou posterior. O núcleo permanece no seu centro fisiológico ou bem próximo a ele, preservando sua integridade. Essa é uma tarefa complexa, pois requer fatores psicofisiológicos muito bem integrados ao longo de todo o dia. Manter boas posturas pode ser desafiador em razão da desarmonia entre os diversos ambientes e da constituição psicofísica do ser humano.

A título de reflexão, flexibilidade e força são muito importantes: contudo, não somente por ser forte e flexível se alcançará uma boa postura corporal. É preciso treinar conscientemente, de forma geral e específica, com exercícios em posturas corporais similares às encontradas no ambiente de trabalho, no sentido de se obter boa estabilidade; os ganhos de força são importantes para realizar as tarefas sem muita tensão muscular, com leveza e amplitude de movimento otimizada.

Como os ossos da coluna vertebral possuem amplitudes de movimento pequenas, torna-se difícil identificar a redução de flexibilidade. Outras vértebras podem compensar a perda de flexibilidade de uma única articulação, de maneira que a movimentação espinal macroscópica muitas vezes permanece normal ou quase normal (Gould, 1993; Rechtien, 2002).

A força de compressão ocorre com aumento da sobrecarga (carga única ou repetitiva) na coluna vertebral, quadril, joelhos e tornozelos e atua por meio do eixo da coluna vertebral, dada a força da gravidade, o que diminui o espaço articular. Por exemplo, a carga isométrica mantida na coluna vertebral pode causar compressão do disco vertebral e diminuir a capacidade dos mucopolissacarídeos em embeber o fluido com nutriente; e, por fim, a degeneração dos discos vertebrais reduz o efeito hidráulico amortecedor dos discos vertebrais (Palastanga, 2000).

Os discos e o corpo vertebral resistem à maioria das forças compressivas, mas o arco neural e as facetas articulares também sustentam parte da sobrecarga. Dependendo da posição corporal, as forças de compressão são aumentadas ou diminuídas nas facetas articulares e nos processos espinais.

Há, com a degeneração dos discos vertebrais, um progressivo aumento na expressão das citosinas inflamatórias, com aumento de dor e diminuição do colágeno tipo II, com aumento do colágeno tipo I, menos extensível (Vergroesen et al., 2015). A degeneração do disco vertebral faz que o forame se aproxime, o que eleva a pressão interna nos discos e pode causar dor por conta da pressão nas fibras anulares externas. Quando o espaço no canal vertebral e no forame intervertebral está muito diminuído, as estruturas sensíveis à dor são muito mais fáceis de ser comprimidas, causando, então, uma dor articular (Maitland et al., 2003).

Os discos intervertebrais e o núcleo pulposo sofrem uma deformação mediante sobrecarga, por exemplo, a corrida é uma forma dinâmica que diminui a altura do disco vertebral superior a uma mesma carga estática. A altura da coluna vertebral é um indicador de compressão cumulativa (Ahrens, 1994). Como em qualquer tecido cartilaginoso, incluindo-se o disco vertebral, a nutrição normal requer relaxamento intermitente após a compressão. O relaxamento do tecido conjuntivo permite a reposição do fluxo sanguíneo e dos nutrientes. Este é um fator fisiológico que evidencia um dos motivos para relaxar após treinamento. Utiliza-se também os movimentos de tração e mobilização como constituintes de relaxamento.

Em um estudo que envolveu 30 homens, foi examinada a relação entre idade do disco vertebral e compressibilidade. O objetivo desse estudo era determinar a quantidade de perda do comprimento da coluna vertebral entre os dois grupos de idade, 17 pessoas do sexo masculino com idades entre 20 e 27 anos e 14 pessoas do sexo masculino com idades entre 50 e 57 anos. Constatou-se que a perda de comprimento foi em média de 0,72 e 0,89 cm, respectivamente, após corrida de 8,5 km (Ahrens, 1994). Com a diminuição da altura dos discos, ocorre maior quantidade de forças compressivas nas facetas articulares.

Ao sofrer uma compressão, o disco mais fortemente pressionado, por exemplo, com uma carga de 100 kg, perde 1,4 mm de espessura se estiver saudável (Kapandji, 2014). Os discos vertebrais suportam cargas cada vez mais altas à medida que se aproximam do sacro. Os discos lombares e, sobretudo, o mais inferior deles, a L5, sustentam o peso do corpo acima deles. Como aliada à sustentação de maior carga, a altura dos discos é maior na 5ª vértebra lombar, comparada com outros discos e, consequentemente, sua mobilidade também é bem superior nessa região (Gould, 1993).

COLUNA VERTEBRAL: TORÁCICA E LOMBAR

Na coluna torácica, as 12 vértebras suportam as costelas e mostram as facetas planas e orientadas quase no plano frontal. Diferentemente da coluna lombar e cervical, em que as pontas dos processos espinais se encontram na posição diretamente posterior ao corpo da vértebra, a ponta do processo espinal na parte torácica se situa posterior e inferiormente ao corpo. Os processos espinais são longos e sua secção é triangular (Hertling e Kessler, 2009). Cada processo articular contém uma faceta articular que fornece uma superfície articular. As facetas ao longo da coluna torácica situam-se aproximadamente entre 70 e 80° do plano transverso, com as facetas das vértebras torácicas inferiores um pouco mais verticais do que aquelas das vértebras torácicas superiores.

O movimento entre duas vértebras geralmente é limitado a uma pequena translação (ou deslizamento) e rotação. Dessa forma, na flexão de tronco ocorre uma rotação anterior e um pouco de deslizamento anterior (Loudon et al., 1999). Além disso, cada articulação intervertebral funciona como parte de um sistema articular. O eixo de movimento de uma determinada articulação se altera em resposta ao movimento de segmentos localizados acima ou abaixo.

O alinhamento vertical das facetas torácicas possui um efeito de limitação sobre a flexão, já que a faceta inferior da vértebra acima pode deslizar apenas um pouco anteriormente sobre a faceta superior da vértebra abaixo. Como as facetas se encontram próximas ao plano frontal, as superfícies articulares fornecem pouca limitação para a rotação longitudinal.

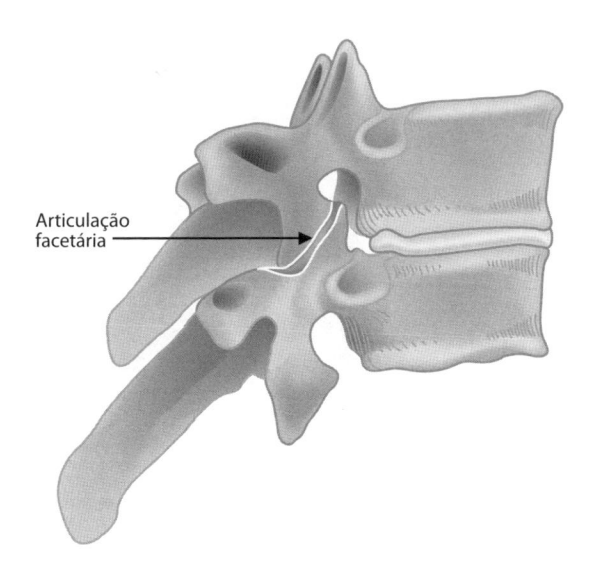

Articulação facetária

FIGURA 14.1 Articulação facetária da coluna torácica.

Os processos espinais da coluna torácica estão posicionados caudalmente (para baixo) em relação ao segmento móvel. Dessa forma, eles podem ser usados como alavanca para girar o corpo vertebral, resultando em um deslizamento das articulações facetárias associado com flexão e extensão da coluna torácica.

A flexão lateral também é relativamente desobstruída, pelo contato ósseo nas facetas articulares; entretanto, quando as facetas alinham-se mais medial e lateralmente nas vértebras torácicas inferiores, a rotação se limita ainda mais, como ocorre na região lombar (Oatis, 2014).

Cada processo espinal é pressionado sutilmente, um de cada vez, na região que apresenta desconforto (sem dor) e rigidez.

Na coluna torácica encontramos 12 vértebras aos quais diminuem de tamanho de T1 a T3 e a seguir aumentam progressivamente de tamanho até T12. Estas vértebras distinguem-se por possuírem facetas no corpo e processos transversos para as articulações com as costelas. Os processos espinais dessas vértebras são obliquamente para baixo.

Um procedimento interessante para automobilizar a parte torácica da coluna se faz com rotação medial e adução do ombro.

Existem cinco pares de facetas na coluna lombar. As facetas de L1 a L4 estão orientadas principalmente no plano sagital, com as facetas superiores e côncavas orientadas medial e posteriormente, e as facetas inferiores e convexas orientadas anterior e lateralmente. Mas a orientação das facetas varia muito; na parte superior da coluna lombar é sagital, e torna-se mais frontal na parte inferior lombar (Williams e Warwick, 1980; Loudon et al., 1999). Em decorrência disso, na 5ª vértebra da

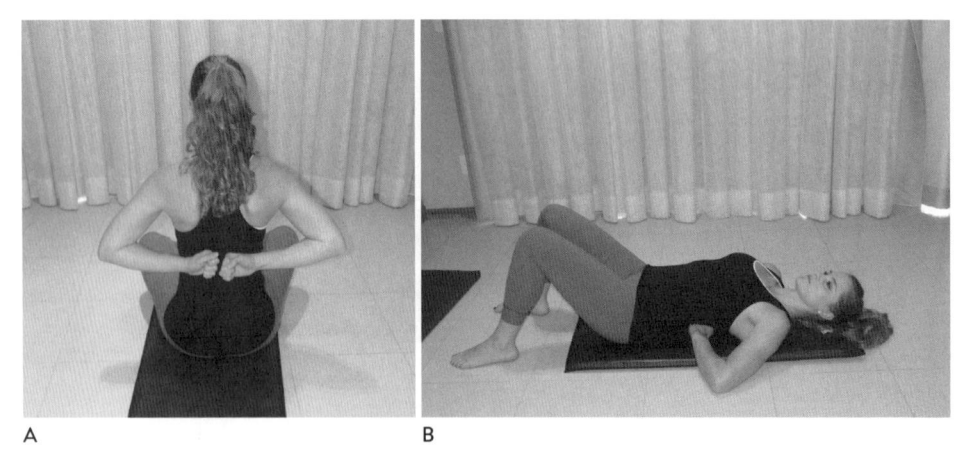

A   B

FIGURA 14.2 (A) Colocação das falanges com os punhos fechados na superfície dos processos transversos. (B) Inicialmente, deita-se dorsalmente no solo e depois se faz a rotação medial com adução dos ombros. Faz-se uma leve extensão da coluna cervical e solta-se o peso do tronco sobre as falanges.

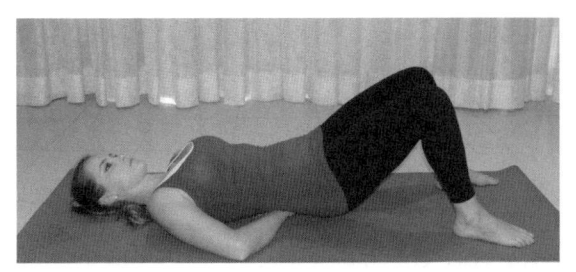

FIGURA 14.3 Posição da colocação das falanges com os punhos abertos na superfície dos processos transversos. Inicialmente, deita-se dorsalmente ao solo e depois se faz a rotação medial com adução de ombro. Faz-se um balanceio suave com os joelhos para as laterais. Em seguida, eleva-se sutilmente o quadril e permite-se um deslizamento da coluna lombar para a frente, mediante retroversão do quadril.

coluna lombar e na 1ª sacral, as facetas são quase planas, com orientação oblíqua, entre os planos sagital e frontal, e isso ajuda a prevenir o deslizamento anterior da 5ª vértebra da coluna lombar sobre a superfície muito inclinada da face superior do sacro (Palastanga, 2000).

Quanto mais as facetas estiverem orientadas no plano frontal, maior sua resistência no plano sagital, mas oferecerá menor resistência no plano frontal (Hall e Brody, 1999).

Na coluna lombar as facetas são orientadas em aproximadamente 90° no plano transverso, e 45° no plano frontal (White e Panjabi [1978] apud Nordin e Frankel [2003]). Esse alinhamento permite flexão, extensão, flexão lateral e pouca rotação.

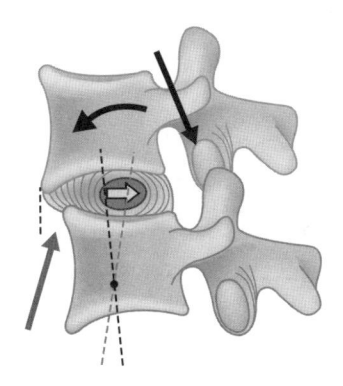

FIGURA 14.4 Na flexão de tronco, há inclinação para frente do corpo vertebral suprajacente (*seta curva*), o que faz diminuir a espessura do disco vertebral na sua parte anterior (seta cinza). Assim, o núcleo pulposo é comprimido na frente, sendo empurrado para trás. A maior pressão intranuclear ocorre sobre a parte posterior do anel. O corpo vertebral superior se desloca para frente (seta ascendente) e simultaneamente, as facetas articulares inferiores das vértebras superiores tendem a se desprender das facetas articulares superiores das vértebras inferiores (seta preta) com deslizamento para cima e para frente.
Fonte: Kapandji, 2014.

Todos os elementos fibrosos relaxam, e o ligamento interespinal, comprimido, atua como amortecedor elástico. O disco é comprimido posteriormente.

Na flexão lateral de tronco sob uma pressão lateral, o núcleo é empurrado para o lado convexo da curvatura vertebral, lado em que as facetas se afastam e as fibras do anel ficam tensionadas.

Na rotação do tronco, o corpo da vértebra se desloca ligeiramente para o lado da rotação enquanto as fibras descrevem uma trajetória helicoidal encerram o núcleo em seu compartimento (setas brancas). A rotação é resistida pela faceta contralateral e pelas fibras anulares que são alongadas.

A mobilização articular e a tração contribuem para reduzir a dor radicular e aliviar a pressão de contato do tecido neural sensibilizado (Twomey, 1985). Em especial, a intenção da mobilização articular é provocar deslizamentos de pequena amplitude, mas significativos, capazes de restaurar a amplitude de movimento reduzida em todos os planos na parte lombar da coluna.

No que se refere à coluna vertebral, como uma vértebra fica bem próxima à outra, se uma vértebra for muito estável pode-se aplicar força em uma proemi-

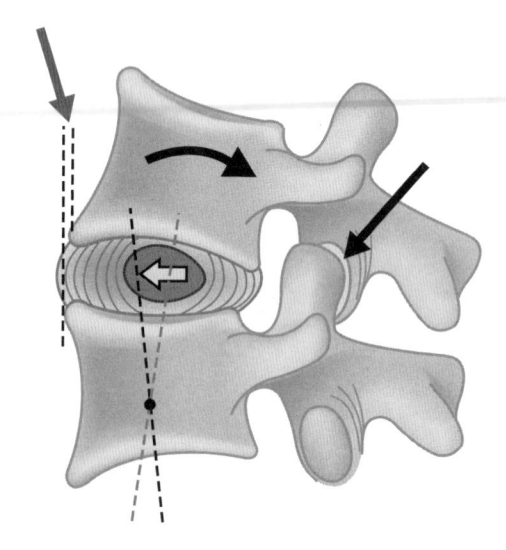

FIGURA 14.5 Na extensão do tronco, o corpo da vértebra suprajacente inclina-se para trás (seta curva) e simultaneamente o disco é comprimido na parte de trás. O núcleo pulposo empurra para a frente e tensiona as fibras anteriores do anel. As facetas articulares inferiores das vértebras superiores deslizam inferiormente e para trás e se aproximam das facetas superiores das vértebras inferiores.
Fonte: Kapandiji (2014).

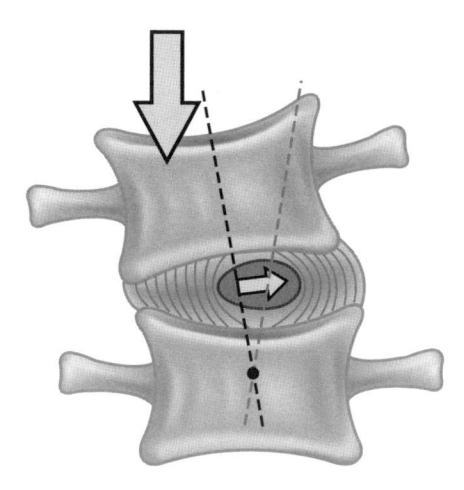

FIGURA 14.6 Durante a flexão lateral do tronco, o corpo da vértebra suprajacente inclina-se para o lado da concavidade (seta cinza) e o disco vertebral torna-se mais espesso no lado da convexidade. O núcleo pulposo se desloca para o lado da convexidade.
Fonte: Kapandiji (2014).

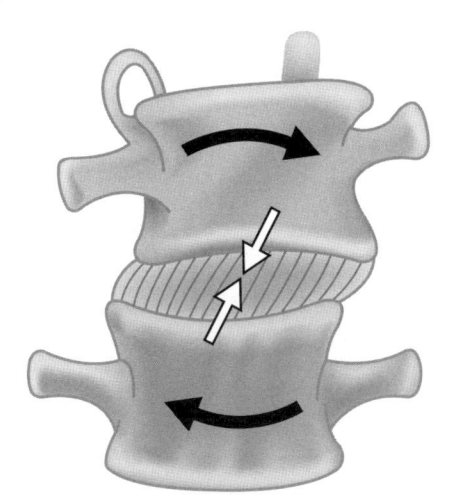

FIGURA 14.7 Quanto mais as fibras forem oblíquas, maior é sua tensão e mais próximas elas ficam do centro, o que contribui para comprimir o núcleo ao máximo; as facetas deslizam uma sobre a outra; a direção depende da posição da coluna. Quanto maior a flexão de tronco com rotação, maior a torção dos discos nas lâminas laterais e menor sua capacidade de sustentação.
Fonte: Kapandiji (2014).

nência óssea da vértebra adjacente, e a tensão resultante será suficiente para movimentar um segmento sobre o outro. A pressão sobre uma vértebra pode separar as superfícies articulares acima e comprimir a debaixo, no mesmo lado (Magee, 2002).

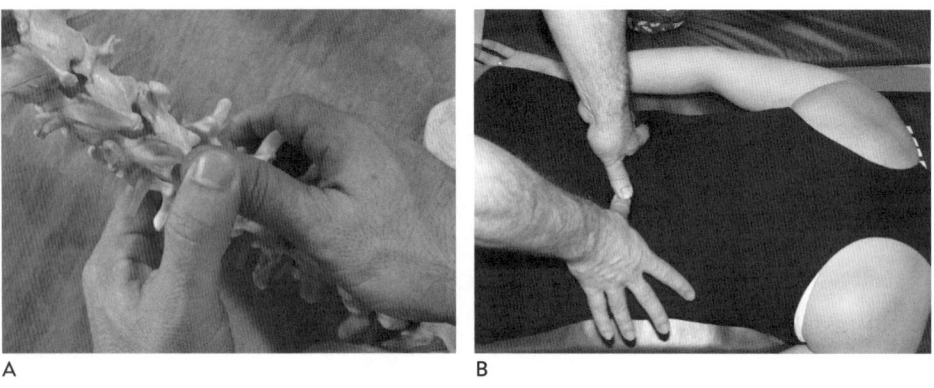

A   B

FIGURA 14.8 (A) Localiza-se o processo espinal e coloca-se o polegar sobre ele, pressionando-o de cima a baixo de modo a orientar o movimento. Os ombros ficam alinhados aos punhos. (B) Os movimentos de balanceio do tronco são suaves e os polegares (falanges distais) movimentam com ligeira hiperextensão para provocar deslizamento.

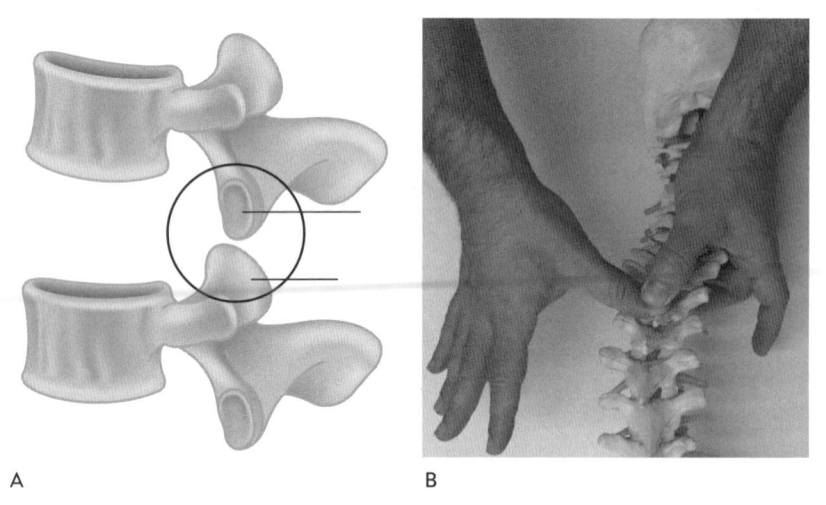

A   B

FIGURA 14.9 (A) As articulações facetárias de uma vértebra são constituídas pelo processo articular inferior de uma vértebra com o processo articular superior da vértebra superior. (B) Na coluna torácica, pode ser mais cômodo se mobilizar posicionando-se de frente para a cabeça do cliente.
Fonte: Houglum e Bertoti (2014).

A pressão posteroanterior no processo espinal da vértebra faz que ela atue como alavanca, separando a articulação zigoapofisária superior (facetária) e comprimindo com direções diferentes em relação ao aumento ou diminuição da lordose lombar (Powers et al., 2003).

Em um experimento bem controlado, Shum et al. (2013) constataram em 19 pessoas com dor na parte lombar da coluna e em 12 pessoas assintomáticas que a mobilização posteroanterior reduziu a rigidez espinal de forma equivalente em ambos os grupos, e a intensidade da dor somente diminuiu no grupo de sintomáticos.

Para quantificar a mobilidade da coluna lombar com mobilização posteroanterior, foi solicitada uma imagem com ressonância magnética em pessoas saudáveis. Em média, o aumento na quantidade de deslocamento foi de 1 a 3° entre os níveis vertebrais (Powers et al., 2003).

Em um estudo, Lee e Evan (1997) refutaram a crença de que a mobilização posteroanterior simplesmente produz o deslizamento de uma vértebra sobre a outra. O movimento intervertebral produzido pela mobilização ocorre em poucos graus ou milímetros; contudo, considere que é improvável que o profissional possa perceber movimento de tão pequena magnitude e que, algumas vezes, esse movimento pode nem ocorrer, causando ou não o efeito almejado.

Nesse contexto, não se deve esperar uma perceptibilidade na amplitude de movimento durante mobilização na coluna vertebral, porém os efeitos na flexibilidade frequentemente são percebidos de imediato. A quantidade de movimento da vértebra depende da rigidez do tecido conjuntivo, da quantidade de força aplicada e da sensibilidade do profissional (Tuttle et al., 2008).

A mobilização posteroanterior na coluna lombar, realizada em 36 indivíduos, provocou redução da atividade eletromiográfica (Krekoukias et al., 2009).

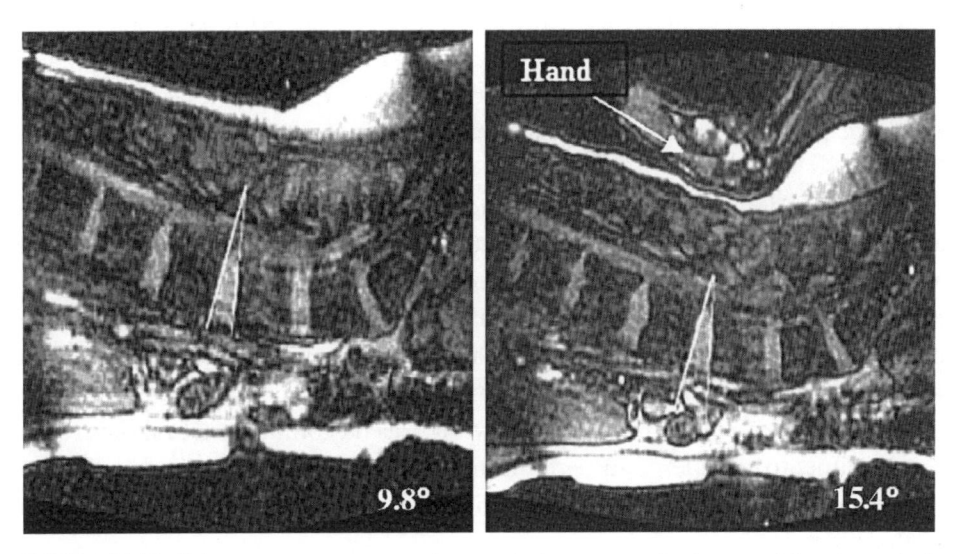

FIGURA 14.10 Coluna em um corte no plano sagital por ressonância magnética. A seta indica a mão do examinador, o ângulo do segmento intervertebral foi mensurado pela linha, definindo o platô de cada vértebra e a diferença do ângulo da posição de repouso e da mobilização posteroanterior no final do alcance do movimento.
Fonte: Powers et al. (2003).

Os pesquisadores, apoiando-se em outras pesquisas, relataram que a redução da atividade eletromiográfica ocorreu por conta de a atividade aferente articular ter diminuído a excitabilidade muscular, que o movimento passivo na sua amplitude final provocou efeito hipoálgico (o que pode causar redução na atividade muscular), e que o movimento passivo pode ativar o fuso muscular e, com isso, estimular a atividade do órgão tendíneo de Golgi, conduzindo a inibição reflexa (Krekoukias et al., 2009).

Uma redução na atividade muscular, seguida de mobilização, reduz a tensão muscular no tecido periarticular, conduzindo a diminuição da atividade aferente articular e redução de dor.

A mobilização articular pode contribuir, seja por produção de estímulos aferentes que atenuam um sistema gama hiperexcitável, seja pela inibição do estímulo proprioceptivo, que estimula o sistema gama. Em vista desse fato, é interessante presumir que técnicas de mobilização, ao estimular o órgão tendíneo de Golgi (proprioceptor que gera o relaxamento mediante uma tensão do alongamento, tração ou compressão), e a realização do alongamento em seguida aumentam os efeitos para eliminar um encurtamento e desenvolver flexibilidade. Contudo, a investigação proposta por Papastamos et al. (2011) não apontou resultados favoráveis da mobilização posteroanterior na coluna lombar em relação à flexibilidade de pessoas saudáveis; mas observaram mediante resultados, que a flexibilidade inicial pode ajudar a entender a discrepância observada. Os indivíduos menos flexíveis conseguiram maior aumento da flexibilidade após mobilização.

A força imposta na mobilização tem uma variação dependente; se for baixa a moderada pode relaxar e aumentar a amplitude de movimento, e se for muito forte pode acionar o sistema reflexo e provocar aumento da rigidez (Lee et al., 2001).

Um período de tempo de 30 segundos de mobilização na coluna torácica aumentou o limiar de dor em jovens saudáveis (Fryer et al., 2004). A pressão sobre a coluna é feita com o balanceio rítmico e suave do corpo durante oscilações, transmitindo a tensão por meio dos ombros, braços e punhos. Contudo, não se deve tensionar em excesso ou intensificar a mobilização no processo espinal na tentativa de perceber um deslizamento articular.

A mobilização posteroanterior das vértebras da coluna vertebral ocorre em um movimento complexo, que é mínimo anatomicamente, comparado com seus efeitos; há possibilidade de esse movimento nem ocorrer, e ainda assim surtir efeitos relaxantes.

O deslizamento e a rotação da vértebra não são identificados exatamente onde ocorrem pelo profissional. É provável que o movimento percebido pelo profissional durante a mobilização seja o deslocamento anterior do processo espinal mobilizado em vez do movimento intervertebral correspondente.

EXEMPLOS: EXERCÍCIOS DE MOBILIZAÇÃO E ALONGAMENTO DA COLUNA VERTEBRAL

O conhecimento sobre a anatomia palpatória facilita a localização das regiões superficiais e profundas da rigidez do tecido para mobilização articular (Field, 2001), bem como do local específico para mobilização articular.

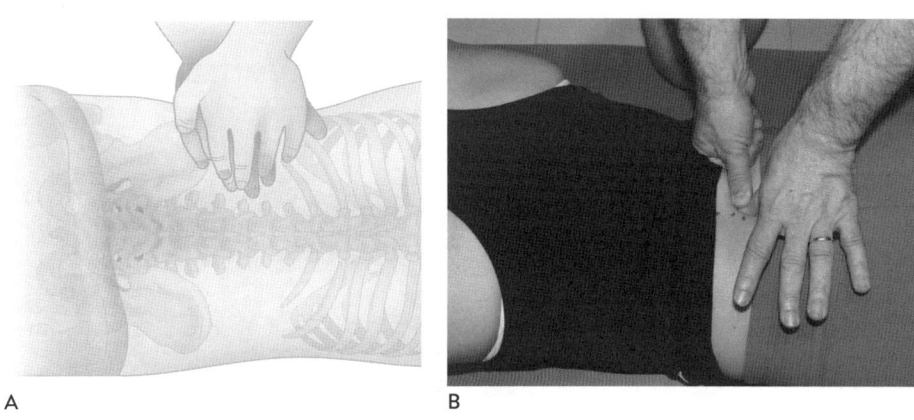

A   B

FIGURA 14.11 (A) Para localização da vértebra da parte lombar da coluna vertebral, o dedo se move lateralmente afastando-se infimamente das extremidades do processo espinal, de forma que os polegares repousem sobre a lâmina ou processo transverso da vértebra torácica, com intenção de provocar rotação na vértebra. (B) O polegar de cima, que pressiona o de baixo, orienta a posição da vértebra, tornando uma força indireta.

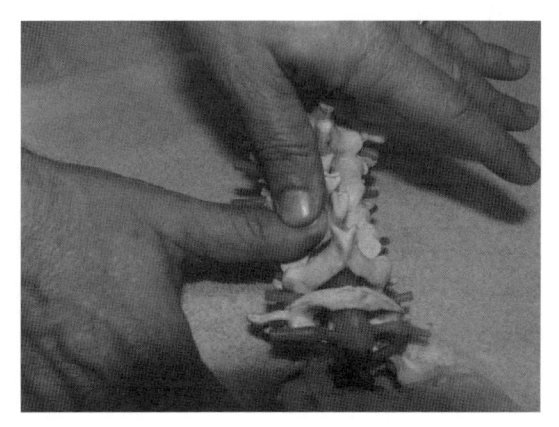

FIGURA 14.12 A pressão aplicada à face lateral do processo espinal causa rotação do corpo da vértebra do lado oposto, resultando em um mínimo espaçamento da articulação facetária superior do lado em que a articulação é movimentada, mas comprimindo a articulação inferior. A pressão aplicada exerce efeito oposto sobre as articulações do mesmo lado (Field, 2001).

Pressão posterolateral na 4a vértebra da coluna lombar

Com pressão na vértebra no sentido posterolateral, faz-se oscilações ao lado e abaixo da superfície do processo espinal, quando houver manifestação de desconforto unilateral.

A força de pressão aplicada é similar à técnica de pressão central posteroanterior. Os dois lados devem ser avaliados e comparados (Magee, 2002).

MOBILIZAÇÃO POSTEROANTERIOR DA COLUNA VERTEBRAL

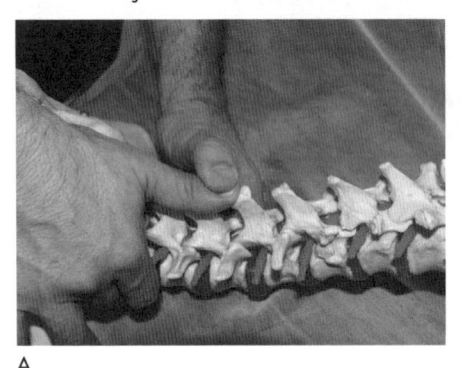
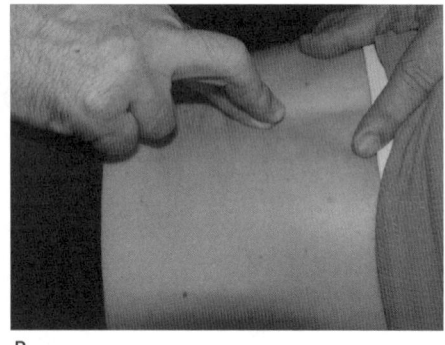

A   B

FIGURA 14.13 Mobilização posteroanterior da coluna lombar. Posiciona-se o dedo polegar sobre o processo espinal e faz-se pressão com o dedo indicador superior para causar uma pressão indireta. (A) e (B) mostram formas alternativas de mobilização articular.

Outro procedimento para se realizar a mobilização posteroanterior na parte lombar da coluna vertebral

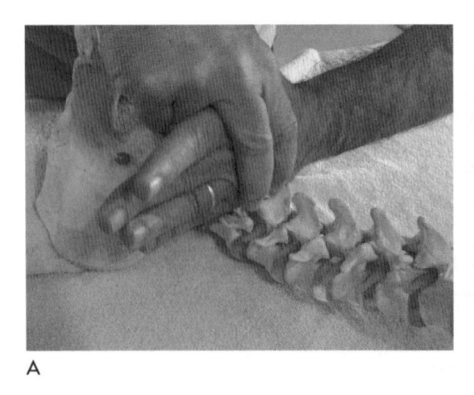
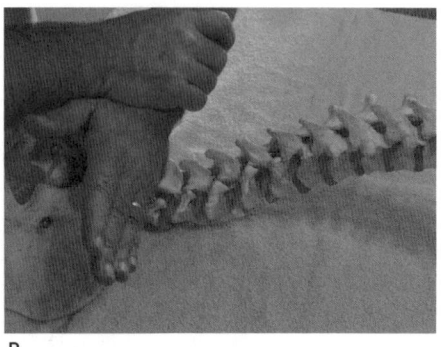

A   B

FIGURA 14.14 Mobilização posteroanterior da coluna lombar. Coloca-se a região do osso pisiforme e hamato (superfície do mínimo e anelar) sobre o processo espinal da vértebra a ser mobilizada e, com a outra mão postada acima, tensiona-se suavemente no sentido posteroanterior (para a frente) de forma oscilatória. (A) e (B) mostram outro procedimento para mobilizar e provocar deslizamento na parte lombar da coluna.

Pressão vertebral central posteroanterior

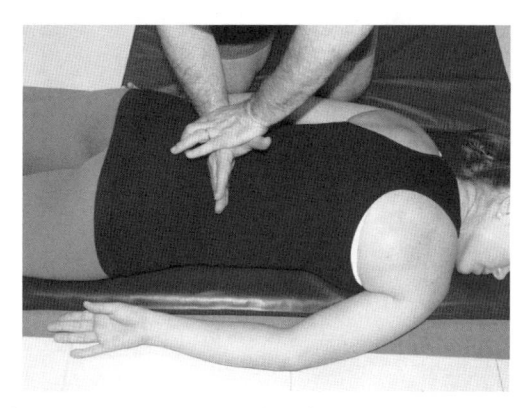

FIGURA 14.15 Mobilização posteroanterior da coluna lombar.

Movimento de preensão no processo espinal

A mobilização articular, além de amenizar o desconforto, pode aumentar a amplitude de movimento. Por exemplo, a mobilização posteroanterior da coluna lombar provoca pequenos e importantes movimentos e deslizamentos da coluna espinal. Alguns estudos demonstraram que a mobilidade da coluna lombar foi significativamente menor em pessoas com dor nessa região.

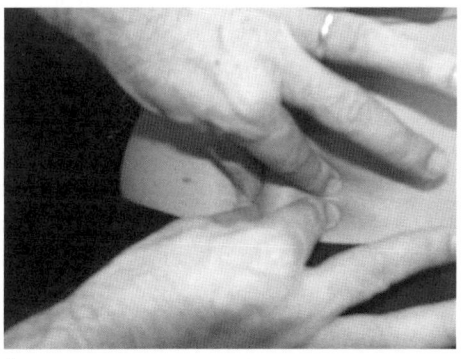
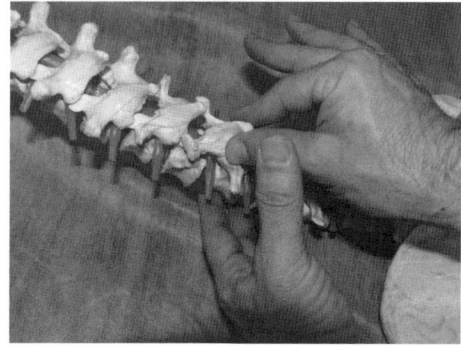

A   B

FIGURA 14.16 Movimento de preensão que pode preceder a mobilização articular. Aplica-se pressão para baixo ao lado dos processos espinais, em sentido aos processos transversos (A). Segura-se o processo espinal movendo muito suavemente (B). Exercício feito pacientemente por 40 a 60 segundos, durante sensação de rigidez.

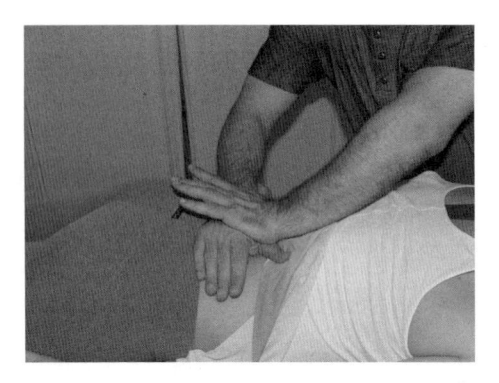

FIGURA 14.17 Localiza-se a L5 e S1, em seguida apoia-se a região do pisiforme sobre essa região e, com a outra mão sobreposta, faz-se pressão indireta sobre a coluna lombar. O punho e o antebraço da mão esquerda estabilizam o local.

No que diz respeito à tração, consegue-se afastar minimamente as vértebras comprimidas da coluna vertebral (Twomey, 1985), o que pode invocar um relaxamento ou adaptação ao desconforto e facilitar a deformação do tecido por meio do alongamento aplicado logo em seguida.

Um aumento no diâmetro do forame intervertebral com a tração pode reduzir a isquemia com incremento do fluxo sanguíneo e diminuir a pressão interna no núcleo. Reduz a tensão sobre as raízes e restaura a condução nervosa das fibras mielinizadas, e ainda ajuda a remover o efeito exsudato inflamatório (Krause et al., 2000; Lee e Evans, 2001). Tanto o ânulo vertebral como o núcleo pulposo absorvem e transmitem a carga para a placa terminal do corpo vertebral (Lee, 2001). Por exemplo, a principal restrição à compressão na coluna lombar é a unidade do corpo vertebral (anel-núcleo), embora tenha sido constatado que as facetas apoiam até 20% da carga de compressão axial (Bogduk, 1997).

A tração da coluna vertebral parece aumentar o comprimento do tecido espinal e, em adição, o estímulo do alongamento pode ser um complemento importante para a deformação plástica e pode ter um efeito de longa duração. Assim, exercícios de tração podem corroborar para aliviar a compressão de estruturas neurais e a tensão excessiva dos músculos periarticulares, reduzindo a pressão intradiscal com o afastamento articular e com deslizamento das superfícies facetárias.

Com o propósito de verificar se há diminuição da dor com o uso da tração, Raney et al. (2009) realizaram tração de forma intermitente com 60 segundos e 20 segundos de relaxamento, duas vezes por semana, durante três semanas, com sessões de 15 minutos. Houve uma tendência de resultados que sustentam um efeito de alívio da dor em razão dos movimentos de mobilização e tração.

Exemplos de mobilização e alongamento da coluna vertebral

Pressão nas vértebras no sentido transversal

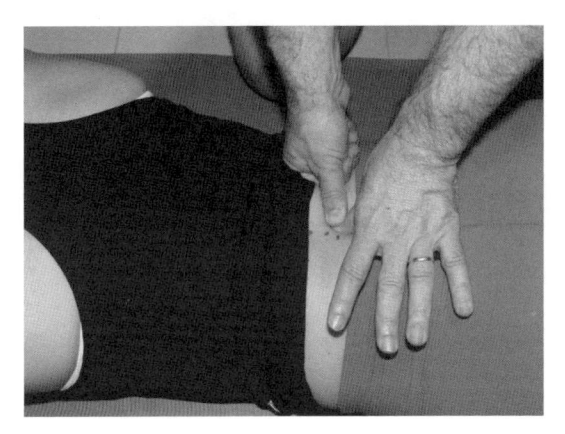

FIGURA 14.18 Exercício de mobilização com deslizamento para coluna lombar. Ao localizar o processo espinal, o dedo polegar superior pressiona suavemente e relaxa, juntamente com o movimento (balanceado) do ombro, localizado na direção acima dos punhos.

Exercícios que podem anteceder a mobilização articular

Exemplos de exercícios com tração e alongamento da coluna vertebral

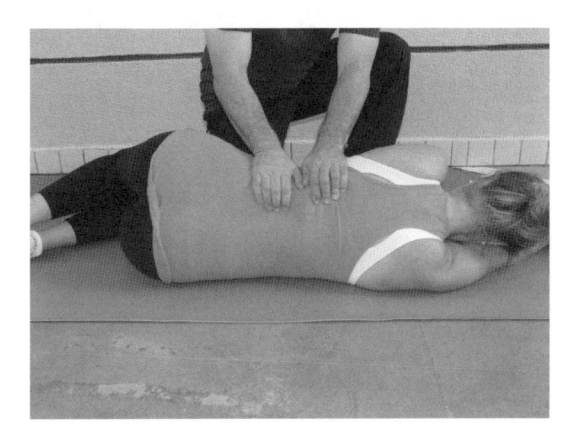

FIGURA 14.19 Em caso de rigidez e desconforto de um dos lados da coluna vertebral, tensiona-se a região de desconforto no sentido lateral. Os ombros do profissional se movimentam (balanceios) e, quanto mais superior ao punho, menos força se realiza.

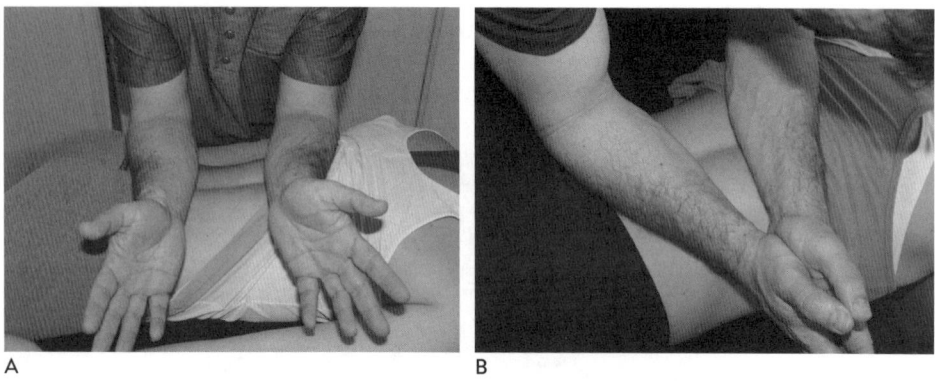

A   B

FIGURA 14.20 (A) Pressiona-se e desliza-se os antebraços sobre a coluna vertebral (tração localizada) na tentativa de estender os músculos. (B) A superfície ulnar faz uma pressão com deslizamento, aprofundando de acordo com a capacidade de resistência do tecido conjuntivo. O profissional pode associar sua respiração com a do cliente, o que o ajuda a se concentrar e a perceber melhor o estado de tensão e relaxamento do cliente.

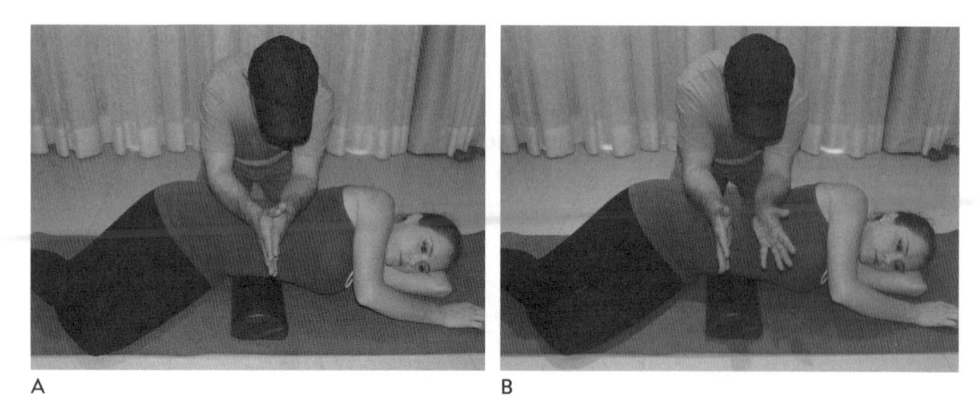

A   B

FIGURA 14.21 Coloca-se as palmas das mãos juntas e os cotovelos afastados na lateral da coluna lombar (A). Pressiona-se um pouco para baixo e desliza-se os antebraços com rotação parcial (B).

O cliente inspira e, ao expirar, desliza as mãos em diagonal, superando de forma cuidadosa a resistência muscular (Fig. 14.22). Durante toda a expiração, pressiona e desliza as mãos; o processo é feito vértebra a vértebra. Sempre coloca-se a base da mão abaixo das vértebras, uma a uma, com pressão e deslizamento até a 1ª coluna torácica. Obs.: não se intenta estalar a coluna vertebral com esse movimento, nem fazer movimentos bruscos ou com impulso *thrust*.

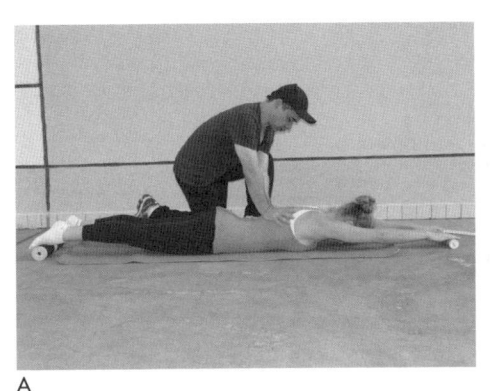
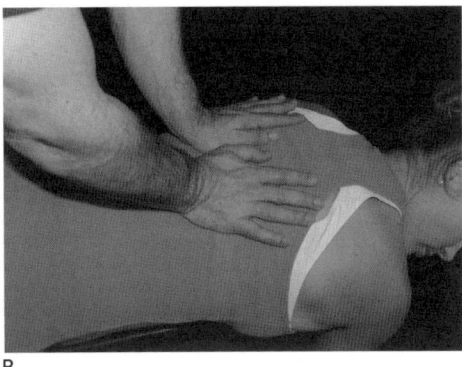

A   B

FIGURA 14.22 (A) No movimento de tração com ajuda do profissional, põe-se a parte do pisiforme abaixo da costela. Orienta-se para inspirar e, na expiração, pressiona-se para baixo e desliza-se simultaneamente (tensão oblíqua). (B) Faz-se em uma parte da coluna vertebral mais rígida e desliza-se as duas mãos na direção lateral e superior. Em seguida, apoia-se as mãos com os dedos ligeiramente voltados para fora e ao lado da superfície dos processos transversais da coluna abaixo da 12ª vértebra torácica.

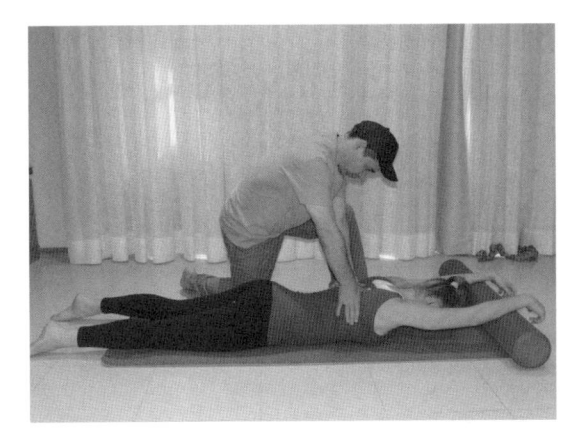

FIGURA 14.23 Exercício de flexão de ombro em um apoio elevado comparado com o exercício precedente. Tensiona-se levemente a parte inferior da escápula durante toda a fase de expiração, e o cliente desliza o rolo para a frente.

Quanto maior a lordose da coluna lombar, mais sobrecarga pode incidir sobre as facetas da coluna, e na presença de uma hipolordose a maior sobrecarga recai sobre os discos vertebrais. Por isso, deve-se ter bastante atenção para evitar o encurtamento do músculo iliopsoas e a fraqueza do abdome.

A   B

FIGURA 14.24 Flexiona-se o tronco. Coloca-se os dois braços bem à frente do corpo, estendendo a coluna vertebral, e tensiona-se o quadril simultaneamente em direção aos calcanhares; em seguida, faz-se adução do ombro(A); Com ajuda do profissional, coloca-se a superfície do pisiforme do lado direito do processo espinal e pressiona-se e desliza-se para a lateral nas partes torácica e lombar da coluna vertebral (B).

FIGURA 14.25 Com os joelhos e cotovelos flexionados em ângulo reto, deslize os pés (pode ficar apoiado só com os calcanhares) e os braços de forma simultânea, mantendo-os no solo com expiração profunda, tentando permanecer com a coluna lombar totalmente apoiada no solo.

Exercícios de alongamento para coluna vertebral

Flexão de tronco

O profissional ao lado do cliente desliza com o polegar e o indicador a região que estiver em cifose durante a flexão de tronco (Fig. 14.26b). O cliente expira profunda e longamente durante a flexão do tronco. Pode-se afastar as palmas das mãos e flexionar os cotovelos com depressão dos ombros.

FIGURA 14.26 Pessoas com pouca flexibilidade na coluna lombar e no isquiotibial (este não é o caso) precisam de um banco (*step* ou bola) a fim de posicionar bem os isquiotibiais e evitar a convexidade, cifose da coluna torácica e lombar ao flexionar o tronco (A). Primeiro, posiciona-se bem a coluna vertebral; em seguida, se for o caso, flexiona-se o tronco. Com os braços elevados gera-se maior tensão nos ombros e na parte lombar da coluna (B).

FIGURA 14.27 Para se realizar a flexão do tronco com a coluna ereta, pressiona-se suavemente para a frente e para cima os processos espinais durante a flexão de tronco. Ao perceber que o tronco começa a aumentar a convexidade, interrompe-se o movimento, mantendo-se a posição. Se houver desconforto na coluna, evita-se pressionar a palma da mão sobre os processos espinais. Utiliza-se o dedo polegar e o dedo indicador e pressiona-se a região ao lado do processo espinal (A). Um bastão pode ajudar a aumentar a percepção do alinhamento da coluna (B). Tensionar uma TheraBand atrás do corpo contribui para estabilizar os músculos da coluna torácica, além de fortalecê-los simultaneamente em postura de alongamento (C). Elevar a TheraBand acima da cabeça aumenta a tensão no ombro e na coluna lombar (D).

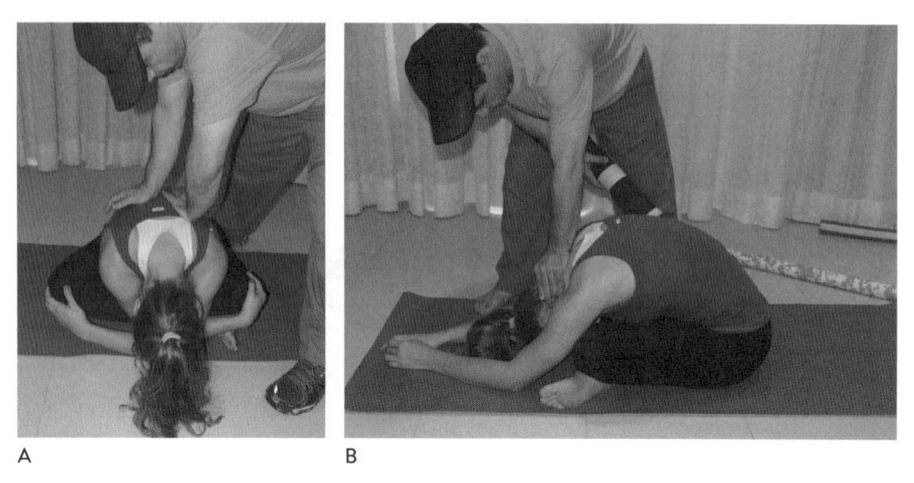

A   B

FIGURA 14.28 Neste exercício de flexão de tronco coloca-se as falanges e a base da mão (pisiforme e hamato) nos músculos paravertebrais (ao lado da superfície dos processos transversais). Pressiona-se e desliza-se mantendo a coluna alinhada (A). Caso se coloque as falanges dos dedos sobre os processos espinais, desliza-se apenas com vigor, sem causar desconforto. Quando houver convexidade, relaxa-se, e o profissional desliza as mãos nos músculos paravertebrais. Evita-se tensionar a coluna em convexidade para baixo. Segura-se na base do osso occipital e movimenta-se a cabeça lateralmente com pequena amplitude de movimento, deslizando com o polegar e o indicador na parte de trás e alta da cabeça (B).

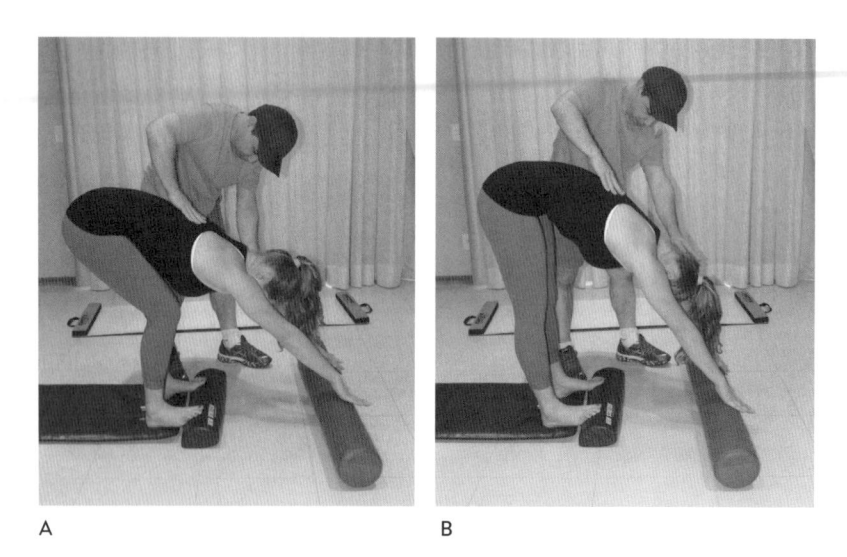

A   B

FIGURA 14.29 Na posição em pé, com o pé apoiado no rolo para aumentar a tensão no tríceps sural, flexiona-se os joelhos e deixa-se a coluna bem ereta, mantendo por um tempo; (A) lentamente estende-se um dos joelhos, flexiona-se e estende-se o outro, expirando longamente, e estende-se os dois joelhos com o cóccix tensionando para cima (B). Observe que ao estender os joelhos, se houver encurtamento acentuado dos isquiotibiais, isso pode tensionar excessivamente a parte inferior da coluna lombar.

Alongamento do tronco

FIGURA 14.30 Eleva-se os braços no plano escapular com depressão nos ombros (A) e apoia-se as mãos na cabeça. Estende-se a coluna torácica (B) e eleva-se os braços no plano escapular com aumento na extensão da coluna torácica (C). Faz-se rotação do tronco em extensão, apoiando as mãos na cabeça (D). Faz-se movimento de flexão lateral do tronco (E), seguido de rotação para a lateral com um dos braços (F). Eleva-se os braços e rotaciona-se o tronco para ambos os lados (G). Faz-se flexão com rotação do tronco, enfatizando a coluna torácica (H). Em seguida, abaixa-se os braços. Faz-se elevação com circundução dos ombros (I) e flexiona-se o tronco, elevando os cotovelos para trás, aduzindo as escápulas. Mantém-se por 5 a 10 segundos (J). Relaxa-se e apoia-se as mãos nos joelhos. Inspira-se longamente com convexidade da coluna torácica (K) e, relaxando, leva-se o corpo à frente, estendendo os cotovelos (L).

ALONGAMENTO COM A THERABAND

Uma boa opção é treinar com a TheraBand de baixa densidade para alcançar uma boa amplitude de movimento. Em sequência, faz-se os mesmos movimentos sem TheraBand. É bem interessante associar o alongamento prolongado com a TheraBand, por um período de 40 a 60 segundos.

FIGURA 14.31 Flexiona-se o tronco lateralmente, estendendo a TheraBand, e mantém-se a expiração prolongada por um determinado período de tempo. Procura-se manter a técnica, estendendo um pouco a TheraBand (A). Em seguida, faz-se o alongamento estático suavemente sem a TheraBand (B) para alongar em flexão lateral do tronco e isquiotibiais. Envolve-se a TheraBand no pé e flexiona-se o tronco, evitando a rotação (C). Sem a TheraBand, coloca-se o braço para trás e realiza-se um alongamento estático (D). Flexiona-se o tronco para a frente, iniciando pela parte torácica da coluna com a TheraBand (E). Sem a TheraBand, flexiona-se o tornozelo dorsal e plantar, avançando a amplitude de movimento (F). Extensão de tronco com a TheraBand (G) e sem a TheraBand (H). Para aumentar a extensão do tronco, pode-se fazer com a TheraBand (I) e sem a TheraBand (J), aumentando a amplitude de movimento.

LIBERAÇÃO MIOFASCIAL

O rolo tem sido utilizado para deslizar sobre a massa muscular, causando fricção, tração e alongamento com aumento do fluxo sanguíneo na área comprimida e deslizada, o que pode ajudar na liberação de algumas restrições fasciais e contribuir com a diminuição da rigidez muscular, pelo menos em sua forma aguda.

Os efeitos com o rolo sobre o sistema muscular provoca aumento da temperatura (Sefton, 2004, Feldbauer, 2015), e provavelmente altera a substância fundamental (proteoglicanas), e torna-se o sistema menos viscoso (Hammer, 2003). Essas alterações contribuem na quebra de aderência entre as diferentes camadas das fáscias. Isso é um fator importante porque a massa muscular facilita o deslizamento sobre os tecidos adjacentes.

O deslizamento feito com o rolo de massagem no tecido conjuntivo durante alongamento pode ajudar no relaxamento e com isso contribuir na deformação muscular, restaurando o comprimento muscular ou deixa o músculo mais complacente e facilita-se o alongamento feito em seguida. A pressão e o deslizamento podem exercer efeitos contrairritantes para modular o desconforto em relação à dor provocada pelo alongamento e podem causar hipoalgia mediante descarga neuronal aferente. Nesse sentido, com o propósito de verificar os efeitos ocasionados pelo rolo na dor muscular tardia e no desempenho de testes motores de velocidade, potência e força, Pearcey et al. (2015) usaram um protocolo validado para ocasionar dor muscular tardia e assim verificar o efeito do rolo, deslizando sobre a massa corporal de forma tolerável por 45 segundos, e 15 segundos de repouso nos músculos quadríceps, isquiotibiais, glúteos, adutores, tensor da fáscia lata, perfazendo um tempo de 20 minutos.

Foram aplicados, após um exercício que origina dor, testes de 24, 48 e 72 horas em oito pessoas ativas do sexo masculino. Os exercícios com o rolo reduziram a dor muscular e concomitantemente afetaram o desempenho nos testes de forma negativa acima de 72 horas.

Segundo os investigadores, a redução no desempenho pode ter sido associada com vários fatores, como lesões nos sarcômeros, fadiga muscular, diminuição na amplitude de movimento, inflamação e dor, sem conseguir identificar ainda qual o verdadeiro problema. Relataram, fundamentados em diversos pesquisadores, que o rolo poderia ter ajudado na recuperação do edema e no aumento da recuperação do tecido, em razão do aumento do fluxo sanguíneo e da redução dos neutrófilos e produção de prostaglandinas e da inflamação. Por fim, apontaram que a automassagem ou liberação miofascial aumenta a liberação de oxigênio e estimula a ressíntese da ATP, além de ativar o retorno do cálcio ao retículo sarcoplasmático, entre outros fatores.

FIGURA 14.32 Liberação miofascial com o rolo no tríceps sural. Nesse caso, eleva-se o quadril para gerar maior pressão, sem deslizamento. Em seguida, com o quadril no solo e menos sobrecarga, faz-se o deslizamento.

FIGURA 14.33 Em algumas pessoas, o ato de afastar as pernas provoca forte contração do quadríceps. Uma indicação é utilizar-se do cotovelo para liberar os pontos de tensão ou excesso de rigidez muscular.

O comportamento viscoso do tecido conjuntivo e a atividade muscular reflexa são dependentes da magnitude do alongamento e da sobrecarga no tecido, dada a imposição das mãos ou do rolo. É importante graduar a tensão que se coloca no tecido em razão de o tecido estar em alongamento (Rushton, Spencer, 2011).

Para graduar a tensão no tecido conjuntivo, a pressão do rolo sobre o corpo durante o deslizamento, se estiver bem leve, deve ser ampliada. Se a pressão estiver muito forte, diminui-se o contato do rolo. Lembre-se de que a pressão forte pode originar dor muscular tardia, além de ser um treinamento incômodo.

A liberação miofascial feita com as mãos ainda é a técnica mais aplicada, a que aumenta a interação entre o cliente e o profissional em um treinamento personalizado. Mas especificamente quando em grupo ou em uma forma individualizada, o *rolo* pode ser bem efetivo para descomprimir tensões e pode se tornar um componente aliado quando feito antes dos exercícios de alongamento com o intuito de desenvolver a flexibilidade ou mesmo em um final de treinamento de forma suave.

Ao deslizar o rolo, expira-se e aceita-se o desconforto naturalmente. Se não conseguir e o desconforto gerar dor, pode haver, além de ativação do sistema reflexo, dor muscular tardia.

Também pode-se usar um rolo macio para os clientes que têm maior percepção de dor e um rolo mais rígido para os que têm baixa percepção de desconforto. Contudo, em uma mesma sessão de treino pode-se usar o rolo macio como forma de preparo das fibras e em seguida um rolo mais rígido.

O deslizamento como proposto, de desenvolvimento da flexibilidade, se faz entre 40 e 60 segundos no rolo; e logo em seguida alonga-se o músculo que foi liberado/massageado.

Se a proposta do treino for para adaptação do sistema neuromuscular, pode-se iniciar com um tempo inferior a 20 segundos no rolo e continuar naquele

FIGURA 14.34 Desliza-se a coluna torácica sobre o rolo com movimento sutil do tronco.

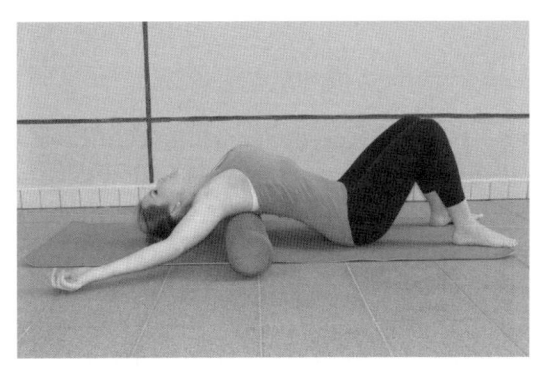

FIGURA 14.35 Com o cliente deitado, desliza-se a coluna torácica sobre o rolo com os braços e a cabeça apoiados no solo. Essa área da coluna é bem rígida e, quando se tenta aumentar sua amplitude de movimento, muitas vezes acaba-se compensando com a coluna lombar.

A   B   C

FIGURA 14.36 Um rolo com pequeno diâmetro penetra um pouco mais na superfície muscular. Deve-se deslizá-lo e permanecer com tensão ao sentir áreas mais sensíveis. Faz-se adução dos ombros (A) e desliza-se o rolo (B). Coloca-se o braço para cima. Inspira-se e expira-se, abaixando os braços (C).

FIGURA 14.37 Movimentos suaves da coluna sobre o rolo. Diante desses aspectos, a profilaxia com exercícios de alongamento e força (já apresentados) é essencial para a coluna vertebral. Escolher bem os exercícios e saber aplicá-los nas pessoas em condições apropriadas é um processo de longo prazo. Mas é bom ser comedido em relação aos efeitos da liberação miofascial mediante ação do rolo no aumento da flexibilidade e na inibição de dor. Faz-se necessário mais pesquisas com rigor bem apurado para se evitar dados conclusivos somente pela exposição de alguns relatos.

grupo muscular com 20 segundos de alongamento. Verifica-se após um a dois dias se houve dor muscular tardia e, caso tenha havido dor, deve-se quantificar a dor muscular provocada. Se porventura tiver ocorrido dor moderada a forte, deve-se evitar aplicar o mesmo estímulo com o rolo naquela semana. Leva-se em consideração que, além da liberação miofascial com o rolo, pode ter ocorrido acúmulo do efeito de uma atividade física antecedente. Da mesma forma, associa-se o rolo com alongamento prolongado em uma sessão especial do treino, ou mesmo após um treinamento mais leve.

CAPÍTULO 15

Mobilização, tração e alongamento do ombro

O complexo do ombro consiste nas articulações escapulotorácica, esternoclavicular, acromioclavicular e glenoumeral, cujo conjunto possibilita ampla mobilidade e estabilidade para permitir os movimentos funcionais dos membros superiores. Não iremos explorar a fundo essas quatro articulações importantes do ombro, mas focaremos nos aspectos que possibilitam alguns fundamentos para se mobilizar o ombro.

A cavidade glenoide do ombro é uma superfície côncava nos dois sentidos, que pode ser comparada a um terço de esfera com sua parte inferior mais côncava que a superior à cabeça do úmero, convexa. Com relação a essa premissa, a maioria dos estudos é desenvolvida utilizando a regra côncavo-convexa. E, pelo fato de a cartilagem articular da glenoide ser mais espessa na periferia do que no centro, a fossa é mais côncava do que parece (Hess, 2000). E, dessa forma, manter a estabilidade requer harmonia dos ligamentos com os músculos.

A cápsula articular do ombro tem aproximadamente o dobro do volume da cabeça do úmero, o que permite que o ombro tenha grande amplitude de movimento. Essa cápsula circunda a articulação do ombro.

A cápsula articular do ombro se origina no lábio glenoide, uma borda fibrocartilaginosa que permite congruência a glenoide. Insere-se na circunferência do colo anatômico e estende-se inferiormente ao corpo do úmero, sendo revestida por um tecido sinovial associado com a cartilagem hialina da cabeça umeral. Essa posição da cápsula do ombro permite que os ossos sejam afastados um do outro, em 2 a 3 cm, por uma força de tração (Hess, 2000).

Por si mesma, a cápsula contribui pouco para a estabilidade da articulação do ombro, uma vez que a estabilização da cápsula está relacionada com a sua inserção nos músculos do manguito rotador e ligamento, que estão intimamente entremeados com a cápsula fibrosa.

A mobilidade do ombro é relacionada primeiramente com a articulação glenoumeral, enquanto a estabilidade da articulação glenoumeral é uma interação complexa de estrutura anatômica que passiva ou ativamente estabiliza a articulação. A estabilidade passiva é atribuída à estrutura anatômica, incluindo a geometria da superfície articular, o osso subcondral, o labro para aumentar a profundidade da glenoide, os ligamentos glenoumerais e a tensão passiva dos músculos circunvizinhos. A estabilidade ativa é dada pela contração muscular, principalmente na amplitude média do movimento, em que os ligamentos estão lassos (Peltz et al., 2015).

Um importante componente desse sistema é o manguito rotador, complexo musculotendíneo formado pelo supraespinal (superior), o subescapular (anterior), o infraespinal e o redondo menor (posterior), que se fixam perto da articulação, mas se fundem na parte lateral da cápsula articular. Esse conjunto de músculos contribui para manter tanto a mobilidade quanto para a estabilidade do ombro. Desse modo, atua como ligamento e apresenta tensão variável também na cápsula articular e no revestimento sinovial, aprisionados entre os ossos articulados (Palastanga, 2000; Hammer, 2003). Além do mais, existe uma ação sinérgica dos músculos, que reduz a tensão nos ligamentos. Por exemplo, à medida que um dado ligamento é tensionado há um recrutamento pelo sistema reflexo para prover estabilidade articular. Por isso, os músculos exercem um papel essencial na estabilidade ativa da articulação.

Não obstante os ligamentos serem estabilizadores primários articulares, os músculos suportam muita carga e um músculo fatigado ou mal preparado acarretará uma maior sobrecarga para os ligamentos. Por exemplo, realizar uma mobilização articular e tracionar após um treino extenuante pode resultar em lesão ligamentar.

Os ligamentos glenoumerais sofrem tensões durante movimentos, sejam eles com amplitudes normais ou em amplitudes elevadas (caso em que são acometidos com maior tensão), sendo parcialmente responsáveis pela restrição do movimento em amplitudes extremas de movimento (Massimini, 2012).

Os ligamentos glenoumerais superior, inferior e médio têm sido descritos como espessamentos, ligamentos capsulares ou extensões da cápsula anterior com aparência de leque, sendo considerados primordiais para estabilidade e função do ombro (Nordin e Frankel, 2003).

O ligamento glenoumeral superior atua como impeditivo do deslizamento inferior com o braço em repouso ou em adução e restringe o deslizamento anteroposterior da cabeça do úmero. Já o ligamento glenoumeral médio limita o deslizamento em abdução e rotação lateral extrema (Neumann, 2011). Protege contra luxações inferiores e anteriores do ombro com o braço ao lado do corpo. O ligamento glenoumeral médio proporciona estabilidade anterior em aproximadamente 45° de abdução do ombro e limita o deslizamento inferior e a rotação lateral do ombro. O ligamento glenoumeral inferior resiste ao deslizamento anterior e estabiliza anteriormente o braço em 90° de abdução (Nordin e Frankel, 2003) e limita o movimento (Gohlke et al., 1994).

A parte inferior do ligamento glenoumeral mostra máximo alongamento a 90° de abdução com rotação lateral, e a parte posterior apresenta alongamento máximo de 90° com rotação medial. Segundo Edmond (2000), essas estruturas são alongadas com técnica de mobilização para aumentar a abdução com rotação lateral.

O ligamento coracoumeral não está diretamente associado com a articulação do ombro, mas forma com o processo coracoide e o acrômio um arco fibroso acima da cabeça do úmero. Ele protege contra a rotação lateral com o braço aduzido, o deslizamento inferior e o deslizamento superior do ombro com um manguito rotador fraco (Houglum e Bertoti, 2014).

Na fase final da abdução do ombro, há torção dos ligamentos glenoumerais. Cria-se uma tendência para rotação lateral do ombro. Ao se combinar abdução com rotação lateral do ombro, contribui-se para posicionar o tubérculo maior, posterior à concha acromial, e evitar compressão das estruturas no espaço supraumeral. Nesse raciocínio, tracionar em abdução com rotação lateral de forma in-

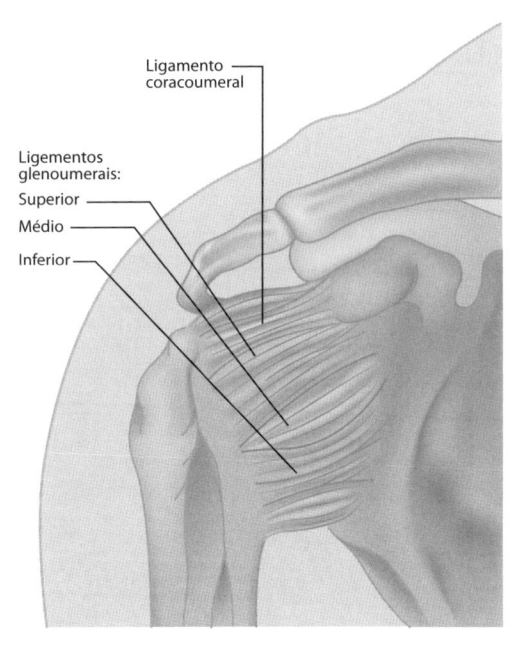

FIGURA 15.1 Articulação glenoumeral. A cápsula articular glenoumeral é estruturada pelos ligamentos glenoumerais superior, médio e inferior. A articulação também é reforçada pelo ligamento coracoumeral (Oatis, 2014).

tensa pode lesar o sistema musculoarticular por excesso de extensibilidade, e tracionar em abdução com rotação medial de forma intensa pode provocar lesão por compressão.

Quando se faz o movimento no plano escapular, não há tensão suficiente sobre os ligamentos glenoumerais para provocar rotação lateral, o que é importante quando se sente tensão na elevação do ombro (Hammer, 2003).

Na cápsula glenoumeral, juntamente com os músculos que cruzam a articulação, existe um sistema de arco reflexo de mecanorreceptores, o qual apura o conceito de sinergismo entre as restrições passivas (ligamentos) e ativas (músculos) da articulação glenoumeral.

Outro componente importante é a camada externa *(stratum fibrosum)* da cápsula articular. É constituída de tecido conjuntivo fibroso denso, formando um envoltório na articulação, e se *une aos ligamentos* capsulares glenoumerais, que têm como finalidade auxiliar a musculatura na estabilidade e na conservação da integridade mecânica da articulação (Hess, 2000).

A cápsula articular é fundamental para a articulação sinovial. Ela permeia o espaço articular, fornece estabilidade passiva para limitar os movimentos e estabilidade ativa via terminais proprioceptivos. A cápsula articular do ombro exerce um papel estabilizador em ângulos diferentes da articulação; ela fica tensa (retesada) em algumas posições extremas, e lassa na faixa média do movimento. Ela pode manifestar restrições com rigidez de forma localizada ou generalizada. As restrições localizadas criam limitações previsíveis dos movimentos do ombro,

FIGURA 15.2 Abdução dos ombros no plano escapular. Evita-se enfatizar a elevação escapular.

ao passo que a rigidez generalizada da cápsula produz um padrão capsular diagnosticado como capsulite adesiva ou osteoartrite da articulação glenoumeral (Hess, 2000).

A cápsula articular rígida pode causar compressão, o que restringe a mobilidade articular e impossibilita o deslizamento da cabeça umeral, podendo instalar dor no ombro (Conroy e Hayes, 1998). Além do mais, a parte da cápsula articular que é acometida de maior compressão pode se tornar fibrocartiloginosa.

As repetitivas sobrecargas podem alargar as fibrilas de colágenos com aumento na densidade da elastina, interpretada como adaptação capsular com aumento na força e maior resistência à força de alongamento (Rodeo et al., 1998).

Na adução do ombro, a cápsula tensiona a parte superior e fica lassa na parte inferior. Na abdução do ombro, a função se inverte. A parte inferior da cápsula fica tensa e a parte superior, lassa; e com a rotação lateral do ombro, a cápsula anterior do ombro fica tensa e na rotação medial ocorre tensão na cápsula posterior (Itoi et al., 1996).

Em um experimento em cadáveres com técnica de mobilização, Provenzano et al. (2002) observaram que houve alongamento da cápsula posterior do ombro e consequentemente desenvolvimento da flexibilidade. Eles realizaram

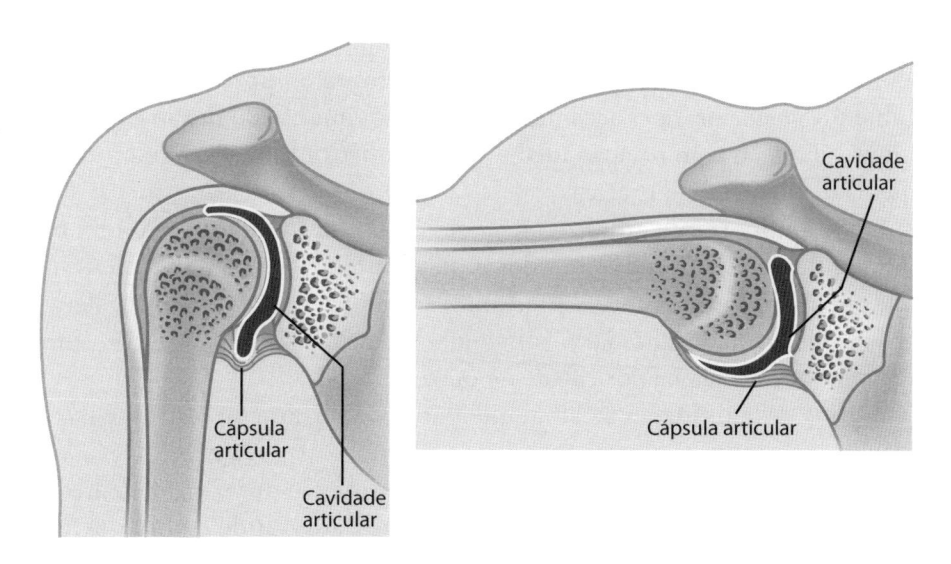

FIGURA 15.3 Cápsula articular glenoumeral. (A) Quando o ombro está em posição neutra, a parte inferior da cápsula glenoumeral mostra uma dobra, (B) em abdução do ombro a cápsula inferior se estende.
Fonte: Oatis (2014).

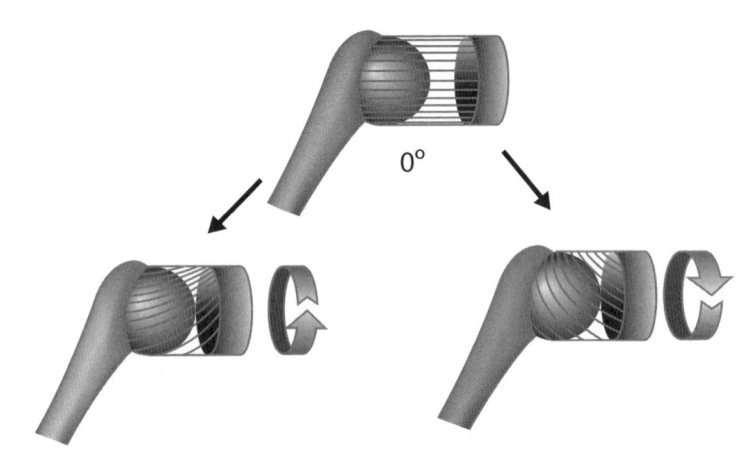

FIGURA 15.4 Centralização da articulação glenoumeral causada pela força rotacional. Reduz a capacidade da cápsula articular, com um corpo de forma cilíndrica com seus feixes da fibra radial torcidos pela tensão.
Fonte: Gohlke et al. (1994).

100 mobilizações para provocar deslizamento no ombro e conseguiram alongar o tecido conjuntivo; e com 500 mobilizações com pouca tensão, na região inicial do colágeno, obtiveram maior efeito na amplitude de movimento. Nessa região inicial do colágeno, o alongamento foi temporário, teoricamente por conta do efeito dos fluidos e dos fatores neurais em vez de alteração no tecido conjuntivo. Confirmaram que a rigidez da cápsula posterior do ombro coloca maior tensão na cápsula anterior do ombro e impede o excessivo deslizamento posterior da cabeça umeral com movimento de flexão do ombro e durante abdução com rotação medial do ombro. Contudo, essa quantidade de repetição é inviável na prática.

Em um importante estudo, Hsu et al. (2002), ao mobilizarem o ombro no sentido inferior em 12 cadáveres idosos, mostraram haver aumento da flexibilidade em abdução de ombro. Entretanto, a mobilização articular aumentou a flexibilidade quando realizada na amplitude final do movimento, mas não aumentou quando realizada na posição de repouso.

Alguns pesquisadores atestam que não há deslizamento durante flexão e extensão do ombro. Entretanto, quando o ombro alcança níveis elevados de amplitude (flexão de ombro), ocorre deslizamento anterior da cabeça do úmero na glenoidal e, durante as fases finais de amplitude de hiperextensão do ombro, ocorre um deslizamento posterior da cabeça do úmero. Como a cabeça do úmero é muito maior que a cavidade glenoide, o deslizamento no

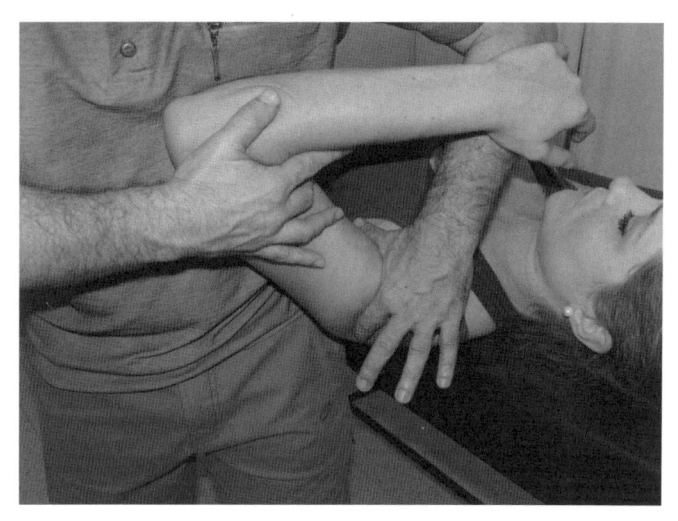

FIGURA 15.5 Mobilização no sentido inferior do ombro.

sentido oposto permite que a cabeça do úmero fique bem posicionada e ainda que evite o choque com a parte do úmero que faz rolamento (Houglum e Bertoti, 2014).

Em uma pesquisa proposta com cadáver, Ho e Hsu (2009) verificaram que a mobilização, em abdução de ombro (anteroposterior), acarretou deslizamento da cabeça umeral posterior em 7,7 mm, deslizamento inferior em 2,7 mm e desliza-mento lateral em 0,5 mm.

Em uma outra investigação, Massimini (2012) apontou que durante abdução do ombro a cabeça umeral desliza 2,5 mm inferiormente; mas é interessante que ela tenha deslizado mais na direção anterior, em 6 mm.

Os pesquisadores sugeriram que a mobilização na posição de repouso não foi efetiva na flexibilidade do ombro, porque o ligamento glenoumeral inferior não alonga nessa posição. Já na amplitude final do movimento, o tecido periarticular, que limita o movimento, é alongado.

É necessária uma investigação detalhada sobre os efeitos dos exercícios de flexão de cotovelo com alta sobrecarga, ao final de treinamentos, em pessoas que sentem desconforto no ombro após treinamento intenso dessa muscula-tura. Essa especulação gera interesse, ao passo que Neer, apud Houglum e Bertoti (2014) referiram que a flexão de cotovelo com sobrecarga elevada causa uma forte ação concêntrica do bíceps braquial e produz uma força de depressão importante da cabeça do úmero. Essa depressão da cabeça do úmero evita sua elevação, que poderá causar lesões de impacto dos tecidos moles supraumerais posicionados entre a cabeça do úmero e as estruturas rígidas acromiais.

Poucos estudos têm sido feitos com utilização de mobilização articular sustentada (deslizamento e manutenção da posição). Borges et al. (2010) avaliaram 26 jovens de ambos os sexos que apresentavam flexibilidade inferior a 70° na rotação medial do ombro. Compararam dois grupos, um com mobilização e alongamento e outro somente com alongamento. O protocolo foi feito com cinco séries de 60 segundos de mobilização articular sustentada, e cinco séries de alongamento estático com 60 segundos (autoalongamento), durante três vezes por semana durante quatro semanas. Ambos os grupos desenvolveram a flexibilidade; contudo, o grupo que mobilizou e alongou foi mais efetivo do que o outro grupo, que somente alongava.

Um estudo com indivíduos saudáveis comparando exercícios de alongamento com exercícios de mobilização e alongamento na articulação do ombro apontou que ambos os procedimentos aumentaram a rotação medial do ombro, mas o alongamento com mobilização mostrou-se mais efetivo. Nesse estudo, houve tendência para redução da rotação lateral com o aumento da rotação medial (Manske et al., 2010).

Na mesma articulação e movimento, Harshbarger et al. (2013) revisaram três estudos, que incluíram a investigação de Manske et al. (2010). Eles constataram que alongamento com mobilização foi mais efetivo que somente alongamento, e o aumento na amplitude de movimento ocorreu tanto em pessoas sintomáticas quanto assintomáticas.

EXERCÍCIOS DE MOBILIZAÇÃO E ALONGAMENTO

Os exercícios de mobilização articular do ombro serão mostrados com várias formas de estabilizar a pessoa e com diversas posições corporais. Pode-se escolher a forma que melhor adapte a posição e a condição de se realizar o procedimento.

Exercícios que podem anteceder a mobilização articular

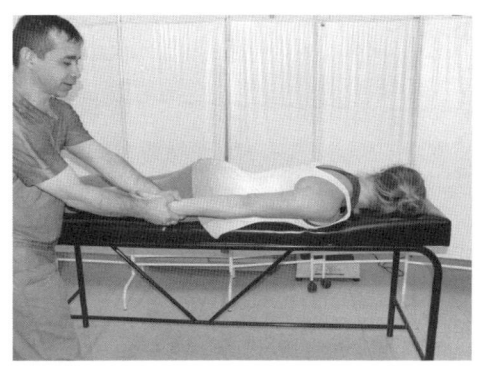 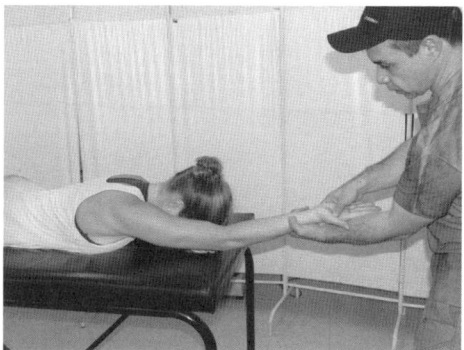

A   B

FIGURA 15.6 Tensiona-se o braço para baixo e faz-se rotação medial e lateral ("torção"). O cliente relaxa e faz uma contração isométrica submáxima, relaxa, tenta elevar o braço para trás e para cima, sendo impedido pelo profissional, mantém 5 segundos, relaxa e faz entre 10 e 15 balanceios. Tensiona-se o braço para baixo novamente (A). Eleva-se o braço e faz-se rotação medial e lateral. O cliente relaxa e faz uma contração isométrica submáxima, relaxa, tenta elevar o braço para cima, sendo impedido pelo profissional. Mantém 5 segundos, relaxa e faz entre 10 e 15 balanceios (B).

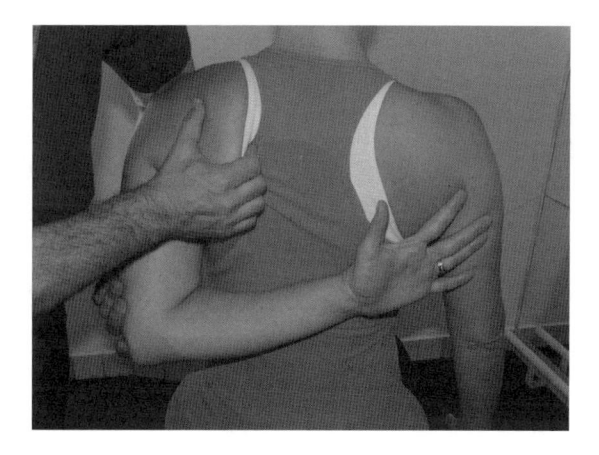

FIGURA 15.7 Coloca-se o braço em adução e rotação medial e afasta-se o braço ligeiramente do tronco (ver mão esquerda do profissional). O profissional estabiliza o ombro, coloca os dedos na parte medial da escápula e pressiona profundamente abrangendo toda a escápula. Considere também que essa região corporal é muitas vezes fraca e merece ser fortalecida.

Mobilização articular com deslizamento inferior e alongamento

Objetivo: aumentar a abdução do ombro.

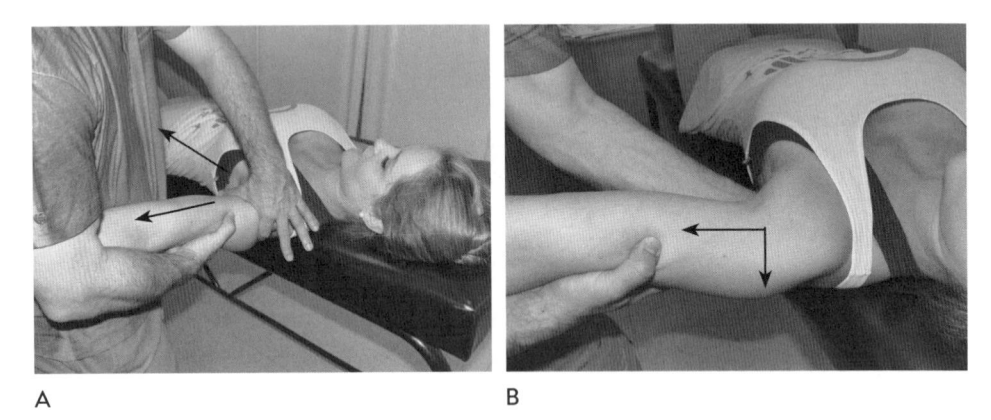

A B

FIGURA 15.8 Mobilização no sentido inferior com a mão esquerda. Tensiona-se o ombro para lateral e desliza-se o úmero inferior (A). Alongamento com abdução do ombro e ligeira tração após mobilização articular (B).

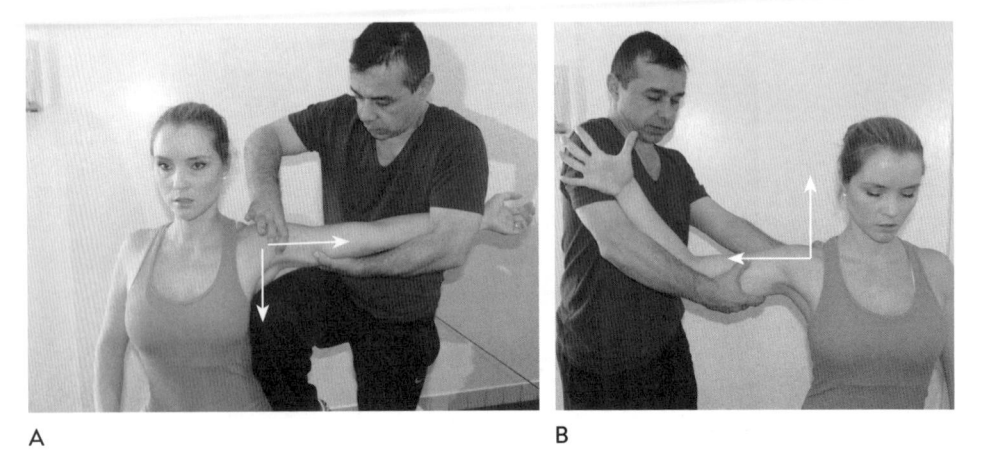

A B

FIGURA 15.9 Com o braço na altura do ombro ou ligeiramente mais baixo, o profissional tensiona esse braço para a lateral e aplica um deslizamento da cabeça do úmero no sentido inferior. O joelho na lateral do tronco ajuda a estabilizar a escápula (A). Exercício em abdução do ombro. Eleva-se o braço exercendo tensão para a lateral até resistência musculoarticular (B).

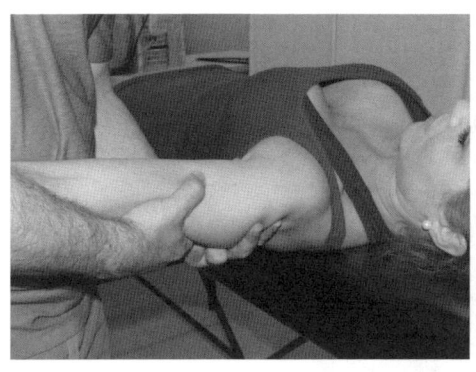
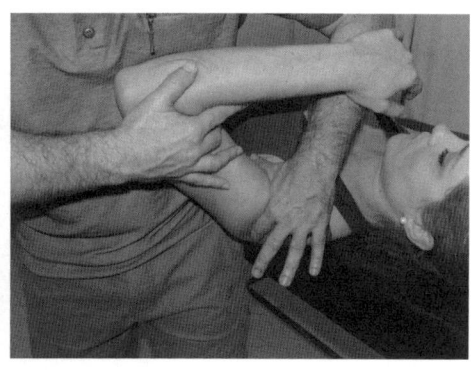

A   B

FIGURA 15.10 Variação: mobilização com deslizamento inferior. Com a mão direita, tensiona-se o ombro para a lateral e, com a mão esquerda, desliza-se a articulação no sentido inferior (A). Exercício de alongamento pelo método facilitação neuromuscular proprioceptiva, tensiona-se o braço para cima com contração submáxima, sendo impedido de movimentar pelo profissional que mantém por 5 segundos, relaxa e aumenta a amplitude de movimento com abdução do ombro. Exercício aplicado após mobilização articular (B).

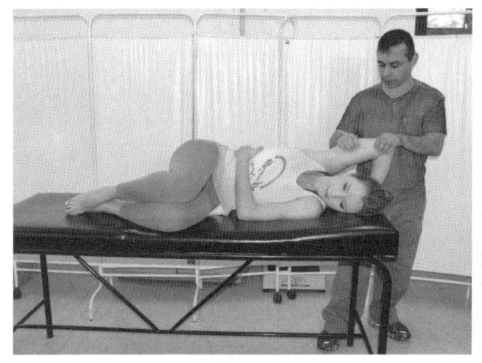
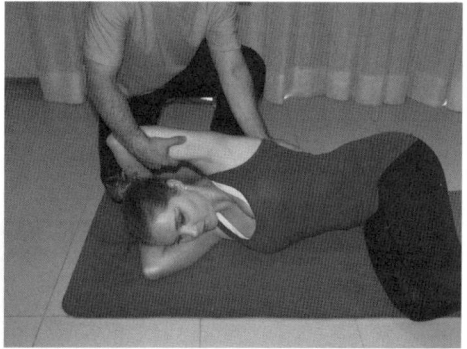

A   B

FIGURA 15.11 Abdução do ombro: alongamento do latíssimo do dorso e redondo maior com tensão do ombro no sentido superior (A). Tensiona-se o ombro para cima e mantém-se a escápula estabilizada. Desliza-se as mãos (superfície do pisiforme) sobre a área lateral do latíssimo do dorso e romboide (B).

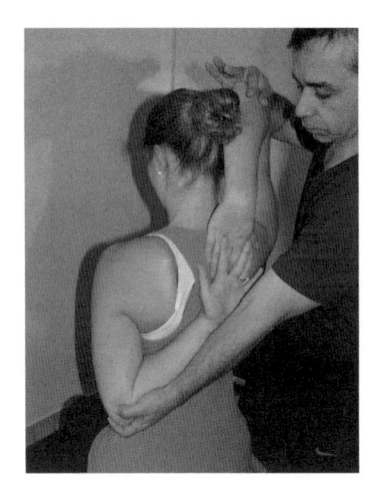

FIGURA 15.12 Exercício associando abdução e rotação lateral (ombro direito) com adução e rotação medial do ombro (ombro esquerdo). É importante averiguar se há equilíbrio entre os ombros ao verificar se a mesma amplitude de movimento é atingida nos dois lados. O profissional tensiona o cotovelo esquerdo para cima, sendo resistido pelo cliente, que relaxa; e o profissional aumenta a amplitude movimento em rotação medial; em seguida, o profissional tensiona o cotovelo direito para baixo e o cliente para cima, gerando novamente contração isométrica; relaxa-se e tensiona-se para baixo. Agora se faz com ambos os cotovelos a contração e o relaxamento.

Exercícios de alongamento com o método passivo de abdução do ombro

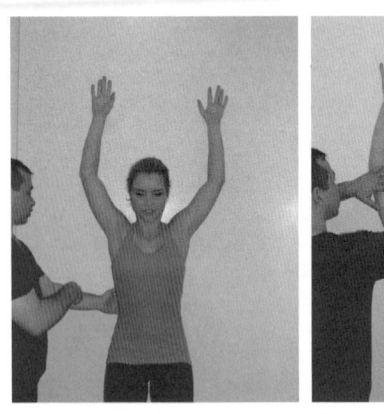  

A   B   C

FIGURA 15.13 Exercícios com abdução do ombro: ao elevar os braços tensiona-se para a lateral em todos os ângulos, tocando a parede até que os polegares se encontrem acima da cabeça. A coluna lombar mantém-se encostada na parede e os joelhos mantêm-se flexionados (A). É importante que se expire profunda e prolongadamente e não se maximize a tensão na parte superior do trapézio (B); para tal, o profissional ajuda a flexionar os cotovelos e solicita que o cliente deprima as escápulas. Orienta-se para que o cliente mantenha os braços encostados na parede (C).

Mobilização: deslizamento anterior do ombro

Objetivo: desenvolver a extensão do ombro

Após exercício de mobilização com deslizamento anterior (movimento do úmero para a frente) sugere-se dar ênfase aos exercícios de extensão e rotação medial do ombro.

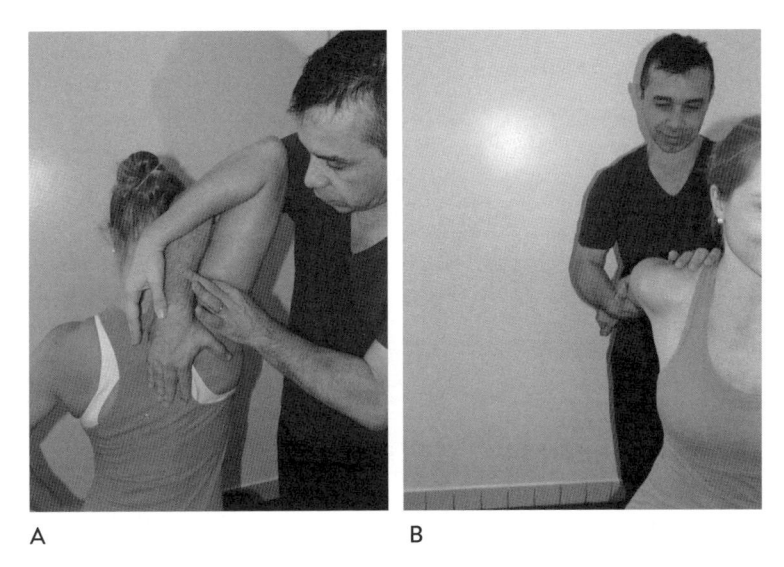

A   B

FIGURA 15.14 Segura-se firmemente na escápula e, com o ombro, estabiliza-se o cotovelo do cliente. Em seguida, desliza-se o úmero (mão esquerda) na direção anterior (A). Logo após realiza-se exercícios de extensão de ombro e abdução horizontal (B).

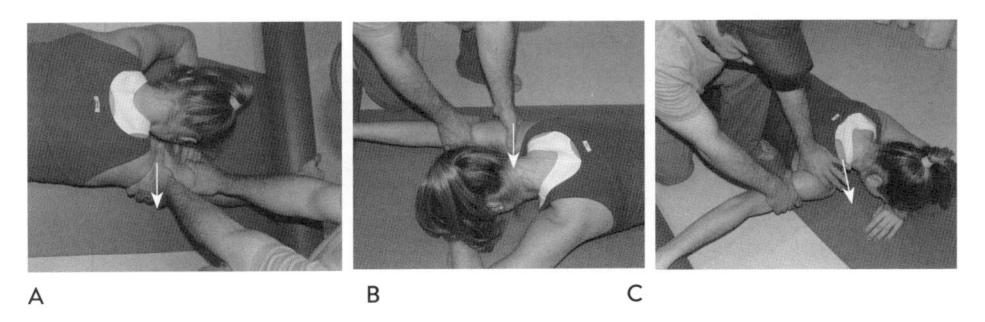

A   B   C

FIGURA 15.15 Mobilização articular com deslizamento anterior, mostrado em posições diferentes e ângulo do úmero em flexão e abdução.

FIGURA 15.16 Estabiliza-se a escápula com uma das mãos e, com a outra, segura-se no úmero proximal e tensiona-se o ombro para cima e para baixo. Continua-se elevando o ombro, sustenta-se alguns segundos e realiza-se circundução do ombro, mantendo a amplitude de movimento. Tensiona-se novamente para trás e finalmente estende-se o cotovelo, toda movimentação é realizada com suavidade e paciência.

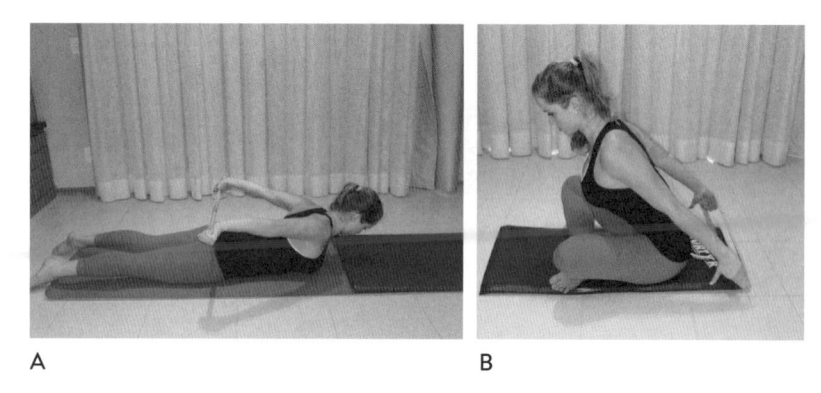

A   B

FIGURA 15.17 Exercícios com a TheraBand com extensão de ombro. Aumenta-se a extensão do ombro com tensão da TheraBand, e, logo após, diminui a tensão da TheraBand, mantendo a extensão do ombro.

Exemplos de alongamento em extensão de ombro e rotação lateral do ombro feito após mobilização com deslizamento anterior

Mobilização: deslizamento posterior do ombro

Objetivo: desenvolver a flexão e rotação medial do ombro.

Em seguida aos exercícios de deslizamento posterior (movimento para trás do úmero em relação à cavidade glenoide), realiza-se exercícios de flexão do ombro e rotação medial e adução do ombro e exercícios combinados.

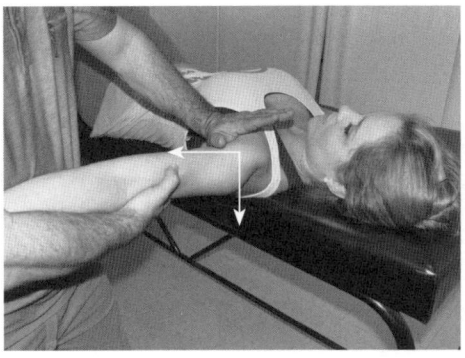 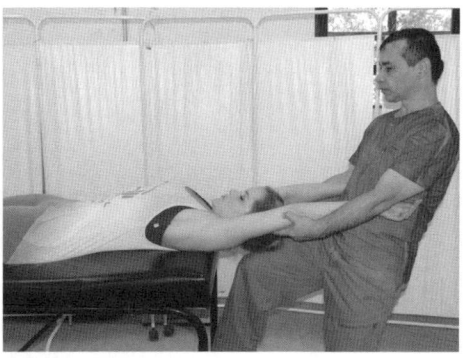

A   B

FIGURA 15.18 Para mobilizar o ombro com deslizamento posterior, posicione o úmero um pouco fora do divã clínico e deslize a cabeça do úmero no sentido posterior (A). Logo após faça alongamento em flexão do ombro (B).

Rotação medial do ombro com o cotovelo flexionado em 90°. Estabiliza-se o úmero para evitar o movimento anterior.

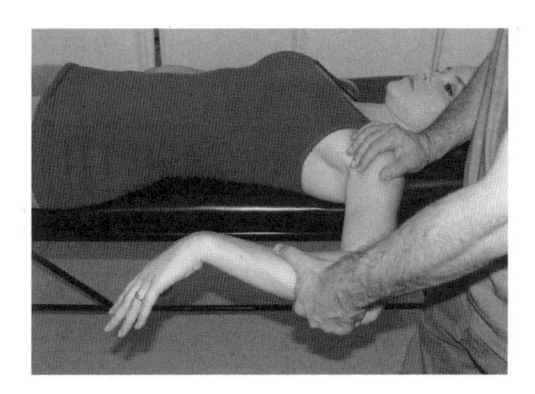

FIGURA 15.19 Rotação medial dos ombros em 90°. Nesse movimento, mantenha por 40 segundos na posição de alongamento. Faz-se uma contração isométrica; em seguida, tenta-se ampliar a rotação do ombro mantendo os cotovelos alinhados aos ombros.

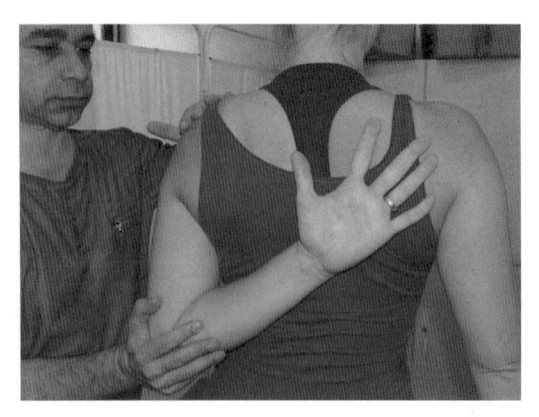

FIGURA 15.20 Exercícios de adução e rotação medial do ombro. O cliente tensiona o braço para baixo, sendo impedido pelo profissional. Mantém-se a isometria por 5 segundos. Relaxa-se e aumenta-se a amplitude de movimento.

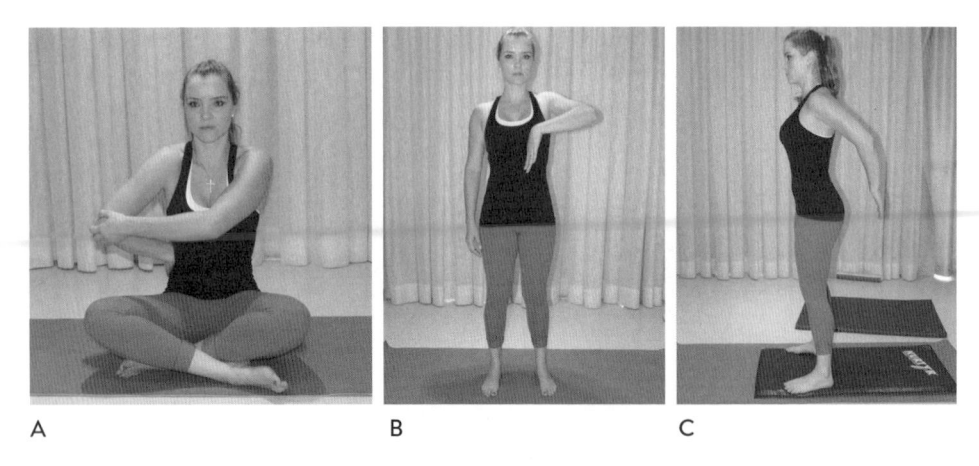

A   B   C

FIGURA 15.21 Exercícios de rotação medial do ombro. Coloca-se o dorso da mão na lateral do tronco e tensiona-se o cotovelo para o centro do movimento (A). Extensão com rotação medial do ombro. Nesse exercício, deve-se conduzir o ombro para trás até gerar tensão moderada (B e C).

Série geral de alongamento passivo do ombro

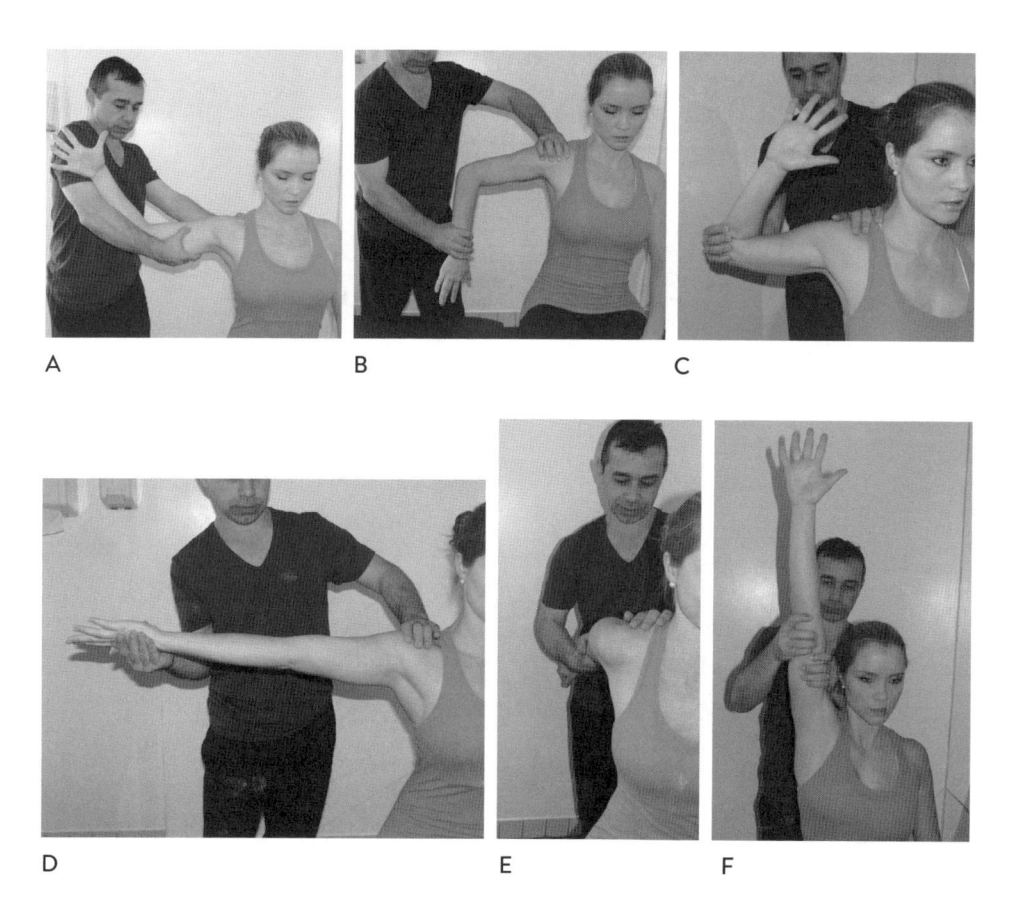

FIGURA 15.22 Tração do ombro (A), rotação medial do ombro. Estabiliza-se o úmero e conduz-se o antebraço para trás (B). Eleva-se o ombro em rotação lateral e estabiliza-se o úmero, conduzindo o cotovelo em abdução horizontal (C). Estende-se o cotovelo, traciona--se o ombro e sutilmente faz-se rotação lateral e medial do ombro em 90° (D), levando o ombro à extensão (E) e flexão (F).

Série de alongamento do ombro com *TheraBand*

FIGURA 15.23 Tensiona-se a TheraBand com extensão dos ombros (A). Conduz-se a Thera-Band à frente do corpo, estendendo-a (B). Estabiliza-se a mão inferior (esquerda) e estende--se a TheraBand com a mão direita (C). Inverte-se o procedimento, estabilizando a mão direita e estendendo a TheraBand com a mão esquerda (D). Estende-se a TheraBand acima da cabeça, sem tensionar em demasia o trapézio (E). É nítida uma maior leveza de movimentos quando se faz os exercícios com a TheraBand e em seguida se faz os mesmos movimentos com as mãos livres.

Série de alongamento do ombro: sentado

A   B   C   D

E   F   G   H

I   J   K

FIGURA 15.24 Sentado, eleva-se os ombros, tensionando-os para trás e lateralmente, retornando os membros superiores na linha do tronco (A). Faz-se rotação lateral (B) e rotação medial dos ombros. Mantém-se a tensão para as extremidades e expira-se profundamente (C). Flexiona-se os cotovelos, tensionando-os para trás. Retorna-se à linha média do tronco (D). Faz-se flexão e extensão do punho (E). Realiza-se rotação medial (F) e lateral do ombro em 90° (G). Pressiona-se os cotovelos na lateral do tronco (H). Estende-se os cotovelos, tensionando-os para a lateral e conduzindo os ombros em abdução horizontal (I), abdução para flexão (J), e finaliza-se com flexão do tronco (K).

Série de alongamento em pé para os ombros, tronco e quadril

FIGURA 15.25 Inicia-se o movimento com abdução dos ombros (A) e elevação dos braços com tensão para as extremidades e expiração (B). Em seguida, estende-se o tronco com os braços para trás (contrai-se a coluna lombar e os glúteos para predominar a parte torácica) (C). Retorna-se e flexiona-se o tronco lateralmente para ambos os lados (contrai-se o abdome) (D). Apoia-se um pé atrás e faz-se rotação parcial do tronco com elevação de braços para ambos os lados (E). Coloca-se uma perna à frente, e coloca-se um braço para trás e o outro para a frente com tensão para a extremidade nos dois lados, retornando os pés em paralelo (F). Pressiona-se as palmas das mãos com convexidade torácica (G). Flexiona-se o tronco com os joelhos semiflexionados, relaxa-se bem a coluna cervical, abraça-se o tronco (H) e faz-se movimentos de balanceios corporais (I). Em seguida, estende-se os braços para frente (J). Estende-se os ombros com os braços para trás (K), deixando o corpo flexionar-se de forma relaxada (L) e movimentando para ambos os lados com rotação parcial de tronco (M) e (N).

Série de alongamento em pé com rolo

Os exercícios podem ser feitos tanto em pé como deitado. O rolo ajuda a posicionar bem a escápula e, com isso, possibilita um bom alongamento dos músculos peitoral maior e menor.

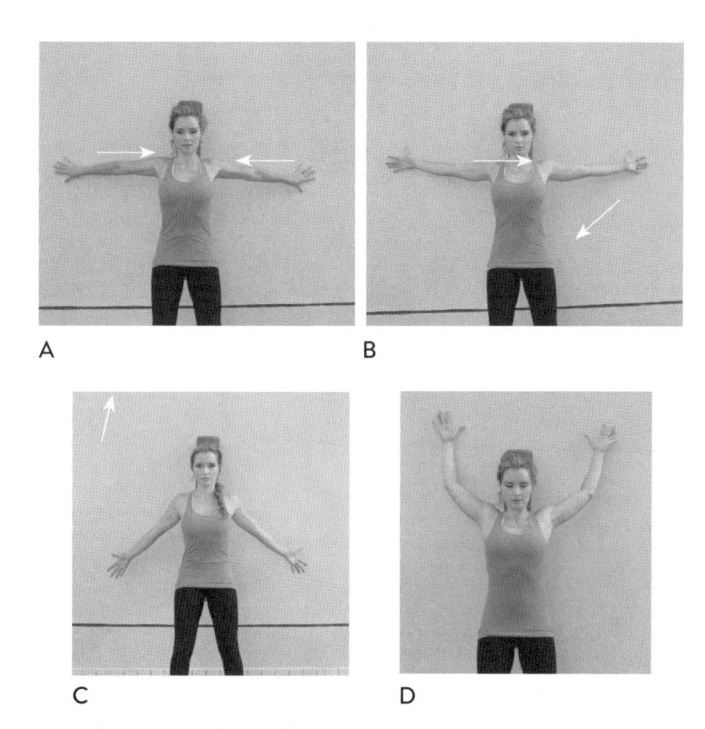

FIGURA 15.26 Mantém-se toda a coluna sobre o rolo e acentua-se a tensão com os membros superiores no sentido dos dedos (lateral) durante toda a amplitude de movimento com rotação medial dos ombros (A). Expira-se profundamente e faz-se rotação lateral com tensão para as extremidades (B). Abaixa-se os braços no prolongamento dos ombros e tensiona-se para a extremidade (C); em seguida, eleva-se os braços durante todo o percurso do movimento (D). Rotaciona-se os ombros deslizando as extremidades para baixo novamente.

Um estudo com exercícios de relaxamento da coluna lombar e torácica usando o *roller* (*stretch polo*) em 14 mulheres idosas mostrou ser importante constatar de forma subjetiva a mobilidade da coluna torácica e o relaxamento corporal, além de indicar melhor posicionamento corporal em comparação com o solo (Yokoyama et al., 2012).

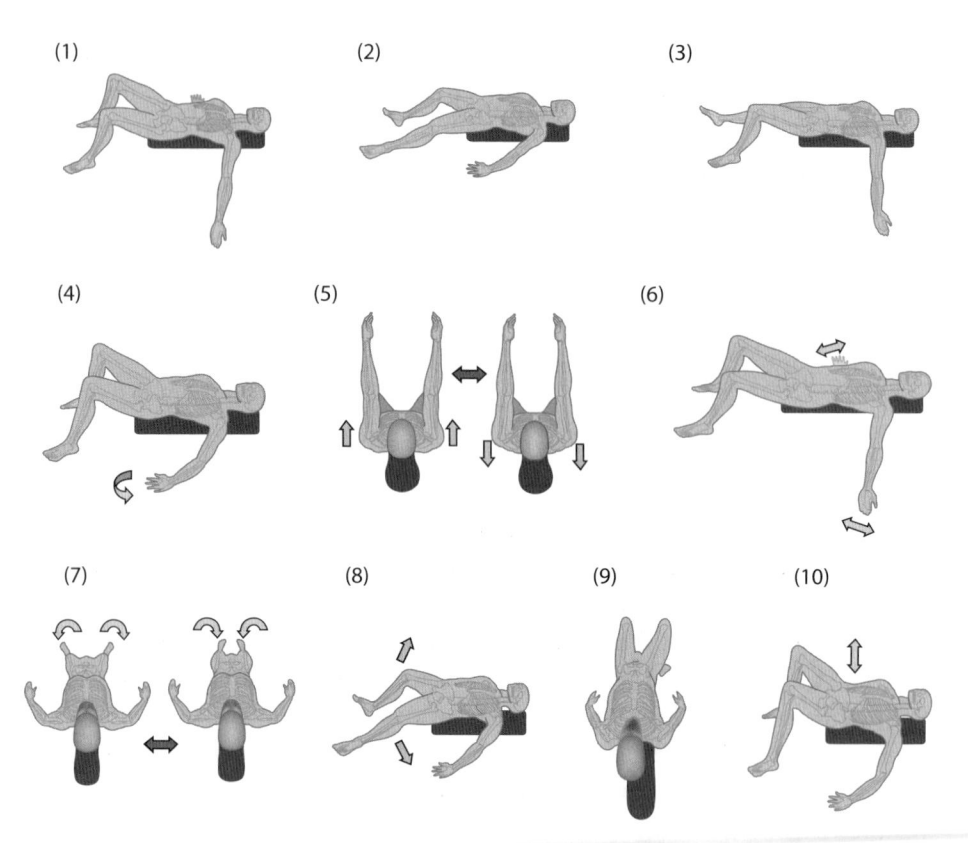

FIGURA 15.27 Ilustra-se os exercícios básicos: (1). Respiração com abdução do ombro. (2). Respiração e relaxamento com rotação lateral do ombro com breve flexão de joelho. (3). Respiração com abdução do ombro unilateral e rotação lateral do quadril do lado oposto com breve flexão de joelho. (4). Movimento de polir o solo, circundando a mão e descrevendo pequenos círculos no solo. (5). Adução e abdução escapular, repetidamente estendendo ambos os braços em direção ao teto com o cíngulo escapular. Abduz-se, então relaxa-se e aduz-se a escápula, enquanto mantém-se os braços estendidos. (6). Abdução do ombro com adução repetidamente com os antebraços deslizando ao solo. (7). Movimenta-se como se fosse limpar um para-brisas, repetindo a rotação lateral (8) e medial (9) do quadril em extensão (elevando-se) e breve flexão de joelhos no solo (10).
Fonte: Yokoyama et al. (2012)

CAPÍTULO 16

Mobilização, tração e alongamento do quadril

A articulação do quadril é fundamental para sustentar cargas mecânicas e transferir energia para os membros superiores e inferiores. Essa articulação tem função de estabilidade reforçada por ligamentos e pelo tendão do músculo psoas, além de manifestar amplitude de movimento considerável. O quadril ou a articulação acetábulo-femoral é do tipo sinovial e triaxial, composto pela cabeça do fêmur convexa, que se movimenta no interior da fossa do acetábulo, profunda e côncava, constituída pela união do ilíaco, ísquio e púbis. A articulação do quadril se revela mais densa na parte frontal e superior da articulação, onde as cargas são maiores, e é mais fina na parte posterior e inferior da articulação (Neumann, 2011).

O quadril é suportado por uma cápsula articular, inserida na borda óssea do acetábulo proximal, na crista intertrocantérica e no fêmur distal. A cápsula envolve a maior parte do colo do fêmur e toda a cabeça do fêmur. Ela é bem mais consistente do que a articulação do ombro. A parte anterior da cápsula é mais reforçada que a posterior em razão dos ligamentos iliofemoral e pubofemoral, enquanto a cápsula posterior é reforçada somente pelo ligamento isquiofemoral (Hall e Brody, 2001).

FUNÇÕES DOS LIGAMENTOS

Há três ligamentos no quadril que se fundem com a cápsula e são nutridos pela articulação. Eles desempenham funções individuais e sua tríade fornece estabilidade para limitar a extensão do quadril e contribui para se permanecer na posição em pé com economia de energia (Houglum e Bertoti, 2014).

O ligamento iliofemoral, ou ligamento Y invertido, é muito forte e fornece sustentação à articulação do quadril anterossuperior, exercendo resistência à extensão e à rotação lateral do quadril (Hall e Brody, 2001).

Outro ligamento à frente da articulação do quadril é denominado *ligamento pubofemoral*, que oferece resistência à abdução, juntamente aos músculos adutores, e que também resiste, com menos efetividade, a rotação lateral e extensão do quadril (Kapandji, 2014).

O ligamento isquiofemoral localizado medialmente à face posterior do acetábulo e lateralmente às fibras forma um espiral no sentido superoposterior sobre o dorso do colo do fêmur e insere-se profundamente no ligamento iliofemoral. A extensão do quadril alonga o ligamento iliofemoral e a cápsula anterior, enquanto a rotação medial alonga o ligamento iliofemoral, em especial as fibras que compõem o fascículo lateral (Neumann, 2011).

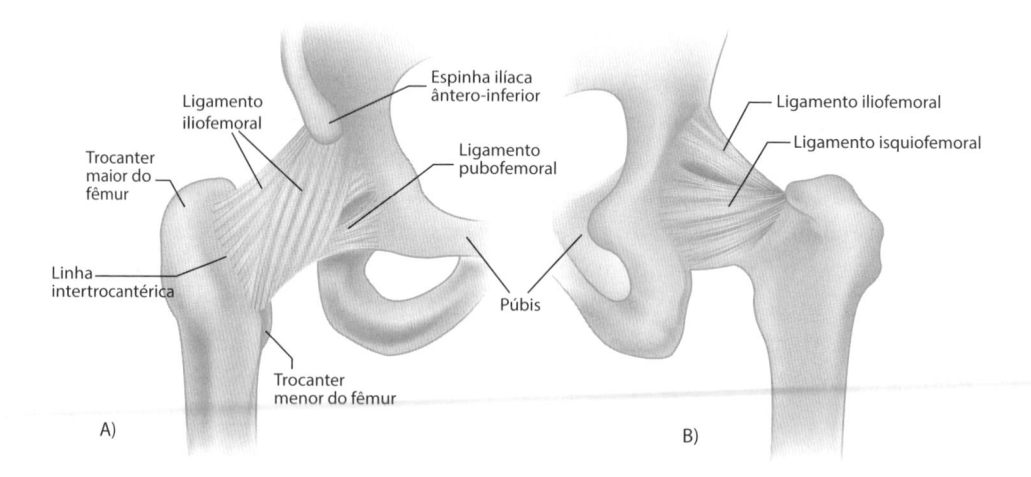

FIGURA 16.1 Articulação do quadril direito.

Em um experimento em cadáveres, Hidaka et al. (2009) verificaram que o alongamento iliofemoral, que causa flexão do quadril quando há contratura, alonga-se em vários ângulos em extensão do quadril. Nenhum dos três ligamentos que envolvem a articulação do quadril opõe resistência aos movimentos de flexão, pois eles ficam relaxados. Dessa maneira, a flexão é maior que a extensão de quadril. O ligamento isquiofemoral também aumenta a tensão sob extensão e rotação medial do quadril, e as fibras superiores tornam-se tensas na adução do quadril.

Investigações em cadáveres, embora elucidem vários aspectos que podem ser extrapolados em condições normais, têm algumas limitações, de modo que os resultados deixam de ser expressivos para clientes. Contudo, os experimentos são capazes de verificar se uma dada articulação realiza movimentos acessórios em que magnitude.

Em um estudo em cadáveres, os efeitos da mobilização posterior no quadril foram analisados com imagem de ultrassom. Verificou-se que a média de deslizamento foi de 2,0 mm (0,8-4,2 mm) (Fig. 16.2), considerada pequena para alterar a amplitude de movimento da flexão de quadril. Louber et al. (2013) inferiram que o efeito pode ter sido na cartilagem articular em detrimento ao deslizamento. Dessa forma, sugeriram colocar a articulação na extremidade final do movimento, o que pode produzir efeitos mais pronunciados, em razão de o deslizamento ter pouco efeito mecânico e de haver carência de movimento tangencial para aumentar de forma significativa a amplitude de movimento, determinada em graus (Louber et al., 2013). Finalmente, em razão de algumas mobilizações não serem realizadas na amplitude final do movimento, conjecturaram que o efeito se desse somente no tecido conjuntivo.

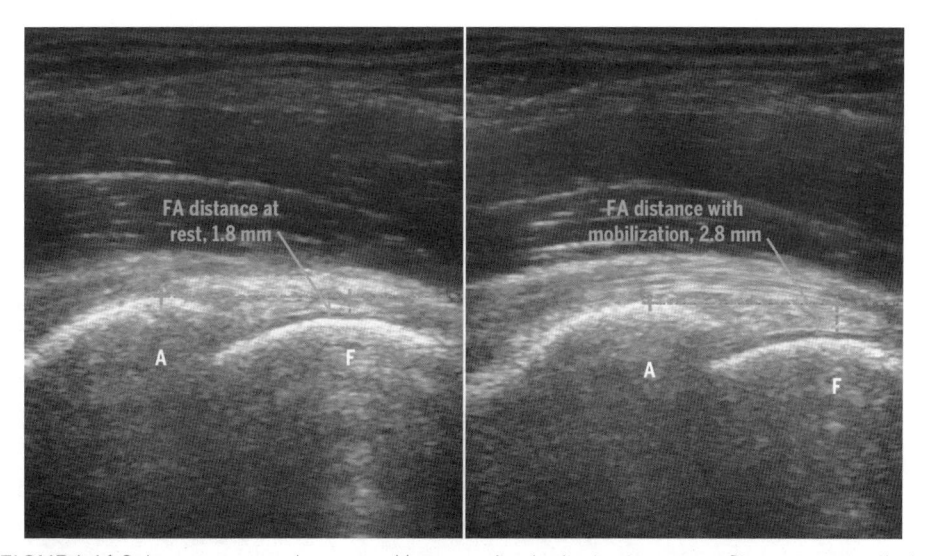

FIGURA 16.2 Imagem com ultrassom. Mensuração da distância entre o fêmur e o acetábulo em repouso e com visão oblíqua longitudinal na mobilização posterior do quadril.
Fonte: Louber et al. (2013).
A: acetábulo; F: cabeça do fêmur; FA: distância femoroacetabular.

Exercícios de mobilização e alongamento do quadril

Mobilização anterior do quadril

Objetivo: aumentar a extensão de quadril.

Variação: mobilização com deslizamento anterior do fêmur. A crista ilíaca fica apoiada na extremidade do divã clínico.

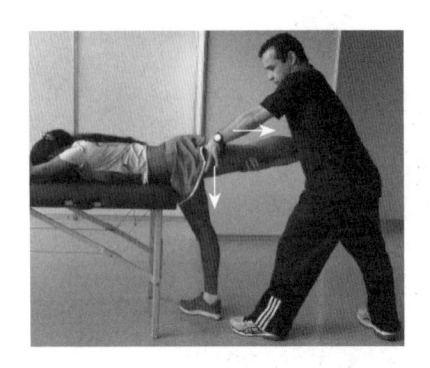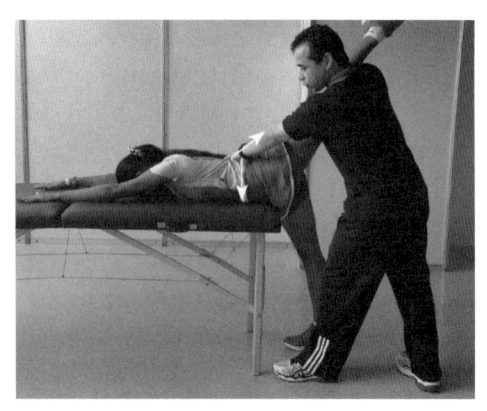

A   B

FIGURA 16.3 Mobilização: tensão do quadril (deslizamento inferior) de forma suave com a mão direita em direção ao profissional e mobilização, deslizamento anterior (em direção ao solo) do fêmur com a mão esquerda (A) e em seguida faz-se alongamento em extensão do quadril (B).

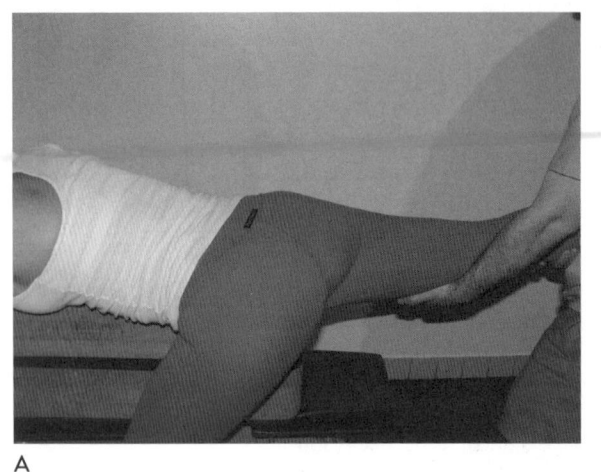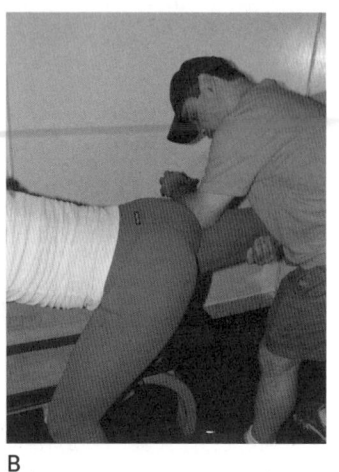

A   B

FIGURA 16.4 Mobilização: deslizamento anterior do fêmur. O profissional tensiona suavemente a coxa em sua direção (deslizamento inferior), em seguida faz deslizamento tensionando o fêmur na direção anterior (A). Variação: com o antebraço no quadril, tensiona para baixo, mantendo a tensão e elevando a coxa (B). Após deslizamento na direção anterior, alonga-se o iliopsoas e o quadríceps.

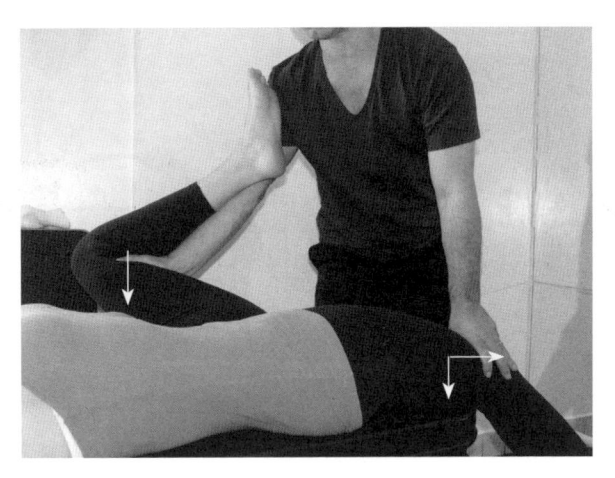

FIGURA 16.5 Em um divã clínico, o cliente deita-se na extremidade e faz extensão de quadril e, com a outra extremidade, flexiona o quadril. Nesse movimento, o cliente tensiona de forma submáxima o quadril flexionado em direção ao profissional, que impede sua elevação, relaxa e aumenta a amplitude de movimento. Logo após, tensiona de forma submáxima a coxa estendida para cima, sendo impedido pelo profissional. Relaxa e aumenta a amplitude de movimento, com tensão para baixo e deslizamento inferior. Em seguida, faz-se tensão simultânea para cima com a coxa estendida e para a frente com o joelho flexionado, sendo impedido pelo profissional. Segura-se e aumenta-se a amplitude de movimento.

Exercícios de deslizamento e alongamento do quadríceps

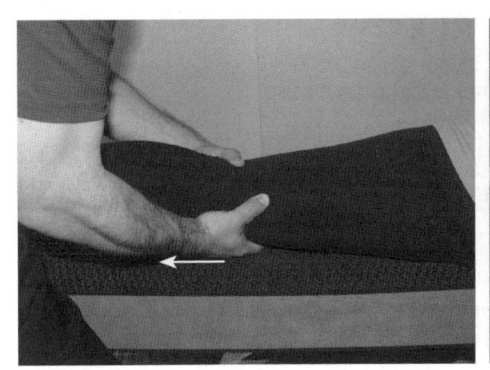
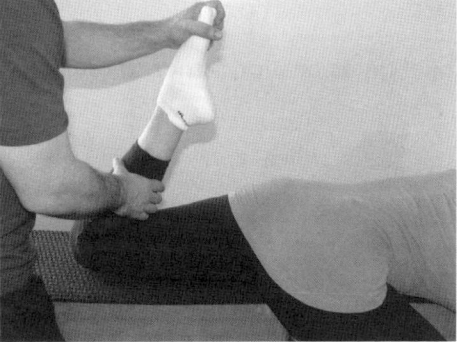

FIGURA 16.6 O cliente pode alongar de forma passiva ou com o método FNP. No alongamento com facilitação neuromuscular proprioceptiva, faz-se força submáxima para estender o joelho, sendo impedido pelo profissional. Segura-se entre 5 e 10 segundos, relaxa-se e aumenta-se a amplitude de movimento. Evita-se o deslizamento inferior (puxar a perna) se o pé estiver em inversão. Variação: o cliente faz força submáxima para estender o joelho, sendo parcialmente impedido pelo profissional, que produz movimento em seguida e aumenta a amplitude de movimento.

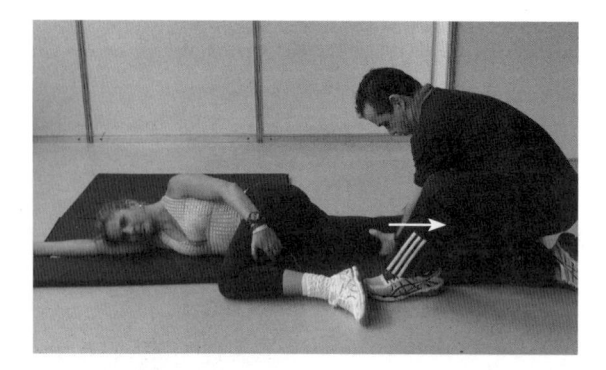

FIGURA 16.7 Após mobilização, faz-se um deslizamento (tensiona-se a perna em sua direção) com o quadril em extensão e alonga-se logo em seguida.

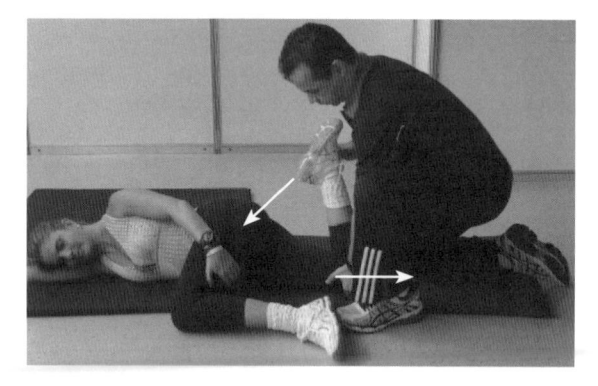

FIGURA 16.8 Alonga-se o quadríceps flexionando o joelho e tensionando o quadril em direção ao solo.

Exercícios de alongamento do iliopsoas e do quadríceps

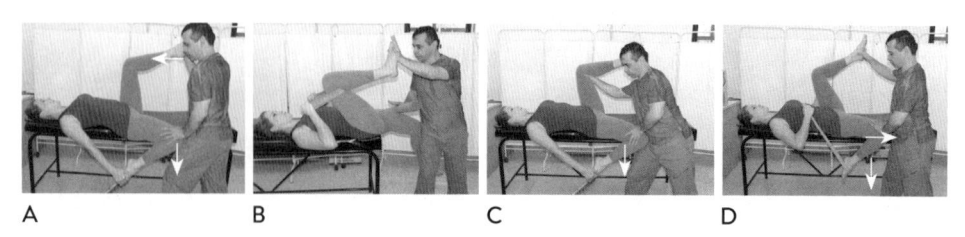

A B C D

FIGURA 16.9 No alongamento do iliopsoas (lado esquerdo), a parte lombar da coluna deve ficar apoiada no divã clínico (A). O próprio cliente pode contribuir para aumentar a flexão de quadril com uso da Thera Band e o profissional massageia sutilmente o quadríceps com um rolo durante o alongamento (B). O profissional, ao ficar com ambas as mãos livres, pode aumentar a tensão de alongamento, deslizando o quadril inferior com tensão para baixo (C). O cliente pode ajudar com o uso da TheraBand na extensão de quadril (D).

Mobilização: Deslizamento posterior do quadril

Objetivo: aumentar a flexibilidade em flexão e rotação medial do quadril.

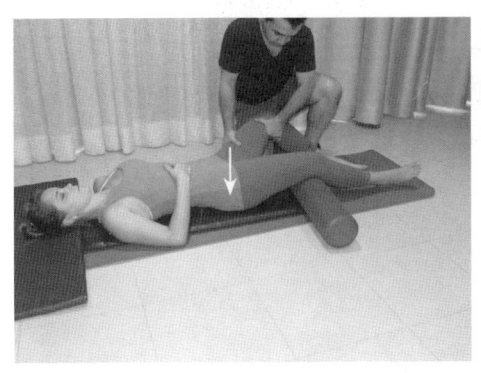 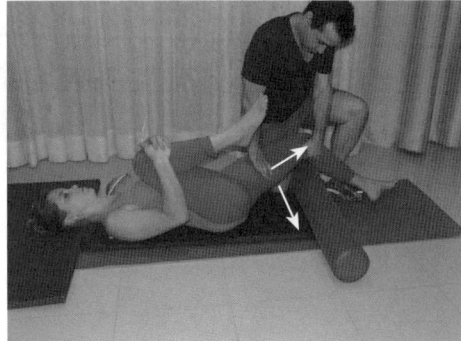

FIGURA 16.10 Afasta-se ligeiramente o membro inferior. Estabiliza-se o joelho e mobiliza-se com deslizamento do fêmur posterior (A). Variação: o cliente flexiona o quadril e segura a perna e o profissional desliza posteriormente a coxa posterior (em direção ao solo) (B).

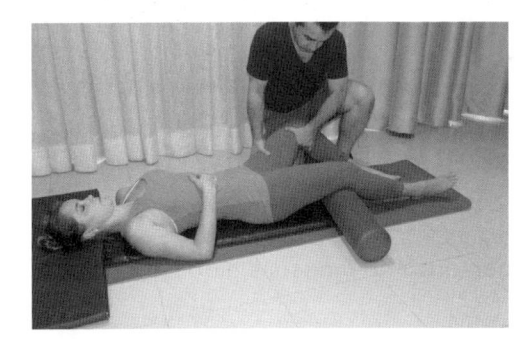

FIGURA 16.11 Variação: eleva-se o membro inferior e afasta-se esse membro para a lateral, e mobiliza em direção posterior para deslizar o fêmur posteriormente. Caso a perna seja muito musculosa e pesada para o profissional, pode-se flexionar o joelho e apoiar o calcanhar no solo para diminuir o peso e mobilizar segurando a parte posterior da coxa.

Mobilização com deslizamento posterior do fêmur na articulação do quadril

O profissional segura a coxa proximal e realiza um deslizamento posterior e perpendicular ao eixo do fêmur.

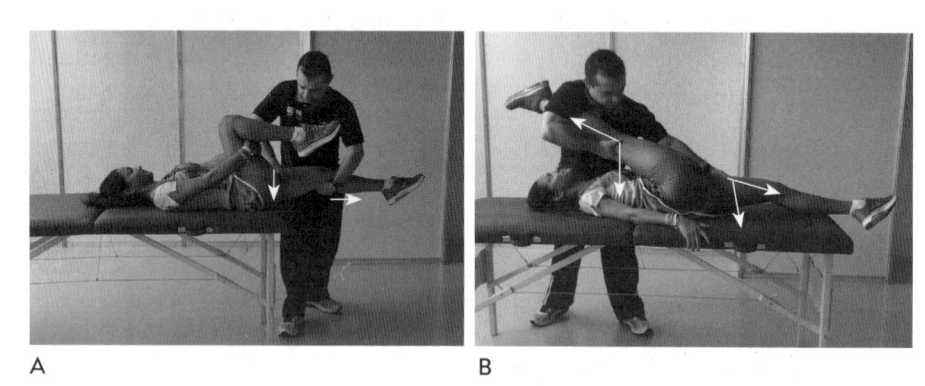

A   B

FIGURA 16.12 Com a cliente posicionada na extremidade do divã clínico, o profissional se-gura firmemente a parte posterior da coxa distal e faz deslizamento posterior (tensão para baixo) do fêmur na articulação do quadril (A). Em seguida, faz-se o alongamento em flexão do quadril (B). Nesse alongamento, traciona-se sutilmente a coxa direita em direção ao pro-fissional e tensiona-se a coxa esquerda em direção ao divã clínico para em seguida aumentar a tensão da coxa em direção ao tórax.

Alongamento em flexão de quadril e rotação medial de quadril

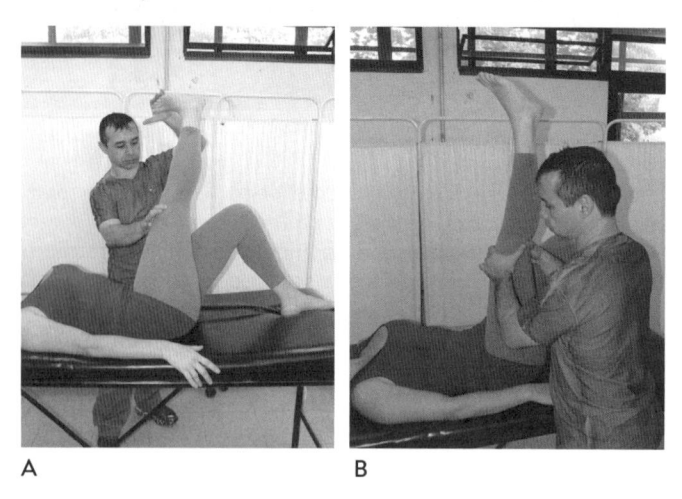

A   B

FIGURA 16.13 Na flexão de quadril, segura-se ligeiramente acima da patela a fim de estender totalmente o joelho. Em seguida, tensiona-se de forma suave para cima (A). Depois é feito alongamento em adução e rotação medial do quadril. Em simultâneo, tensiona-se o lado di-reito do quadril em direção ao divã clínico (B).

Série de exercícios de alongamento para flexão de quadril com a TheraBand

Utiliza-se uma TheraBand reforçada e com baixa densidade a fim de se realizar o movimento com grande amplitude e oferecer baixa resistência na parte final do movimento. Ademais, essas séries têm como objetivo propor estratégias usando vários métodos de flexibilidade e assim aumentar o tempo de alongamento com diferentes estímulos.

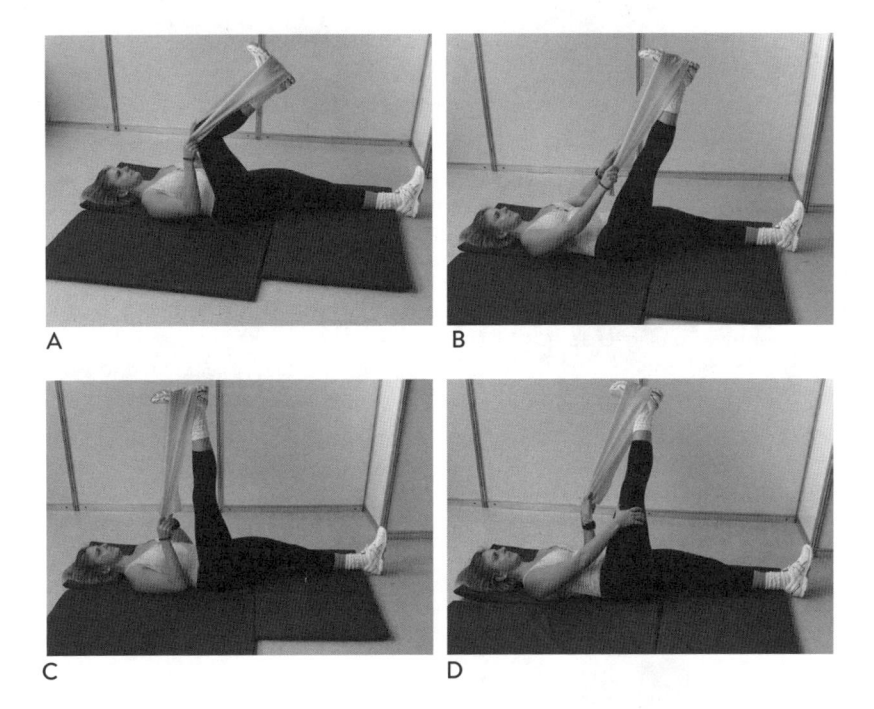

FIGURA 16.14 Flexiona-se o quadril aproximando o joelho flexionado ao tórax (A). Estende--se o joelho a partir de sua angulação com ajuda da TheraBand (B). Tensiona-se a TheraBand para baixo, o que gera movimento, relaxa-se e aumenta-se a amplitude de movimento (C). Faz-se adução de quadril e, com a mão, tensiona-se o quadril em direção ao solo (D).

Exercícios de alongamento com a TheraBand – Método de facilitação neuromuscular proprioceptiva

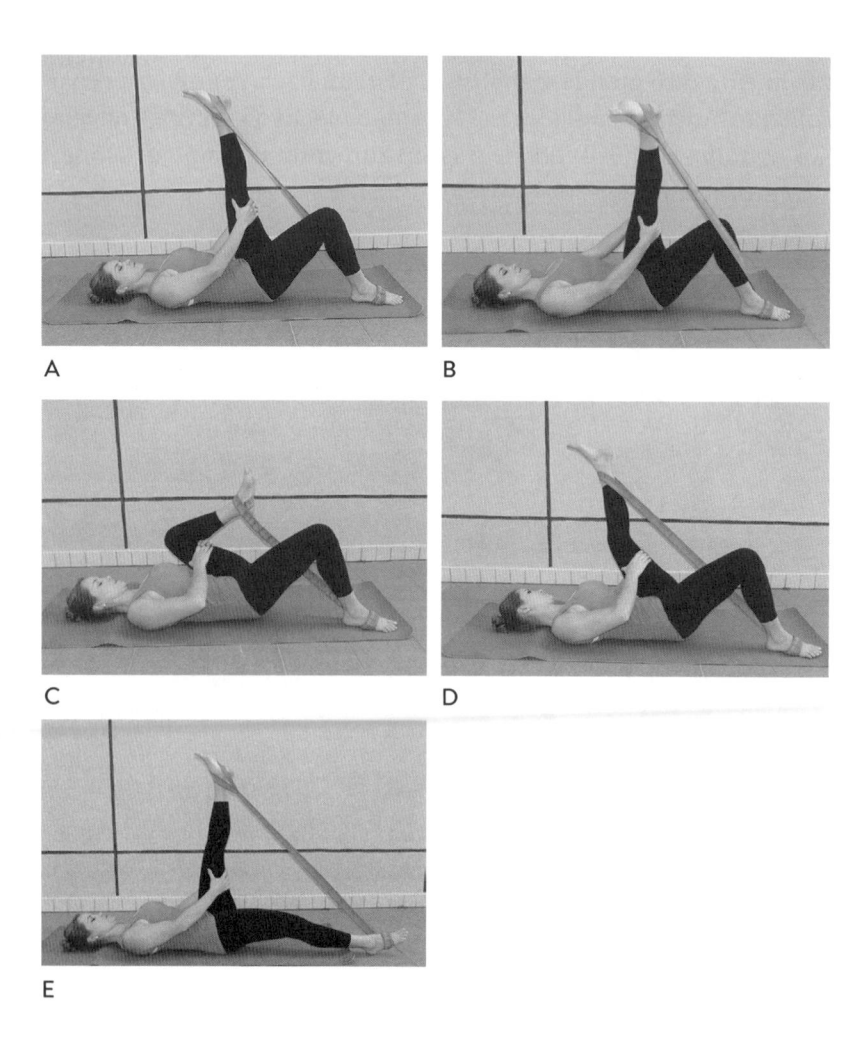

FIGURA 16.15 Flexiona-se o quadril com o joelho esquerdo bem estendido. Tensiona-se o quadril um pouco para cima, segurando na perna e faz-se contração submáxima dos isquiotibiais. Mantém-se de 5 a 10 segundos. Relaxa-se a tensão e aumenta-se a amplitude de movimento (A). Faz-se adução do quadril com rotação medial e tensiona-se a lateral da coxa para a lateral, sendo impedido pelas mãos. Torna-se novamente uma contração isométrica. Mantém-se a tensão, relaxa-se e aumenta-se a amplitude de movimento (B). Flexiona-se os joelhos segurando nos músculos isquiotibiais, contrai-se, tensionando a coxa para baixo, o que é impedido pelas mãos. Estende-se o joelho a partir daquele ângulo articular (C). Mantém-se a amplitude de movimento e estende-se lentamente o joelho, deslizando o calcanhar para a frente no solo (D). Tensiona-se a posterior de coxa em direção ao solo, mantendo a amplitude de movimento do quadril com o joelho estendido e elevado (E).

Deslizamento inferior do quadril e tração do quadril

Objetivo: aumentar a abdução do quadril.

Tração e deslizamento para amplitude de movimento geral da articulação do quadril.

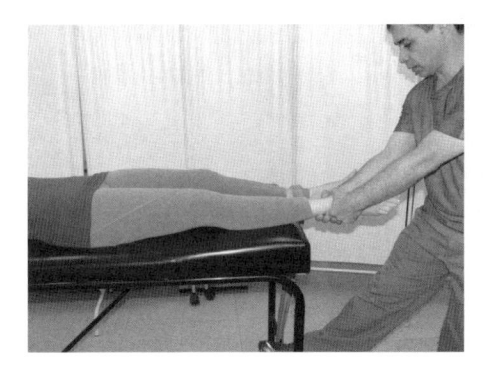

FIGURA 16.16 Movimentos que podem preceder a mobilização de quadril. Se houver lesão de tornozelo ou joelho é melhor segurar na coxa em vez de no tornozelo. Para tracionar, afasta-se ligeiramente a perna com um pouco de rotação lateral do quadril e traciona-se delicadamente com extensão do tronco do profissional, evitando o tranco.

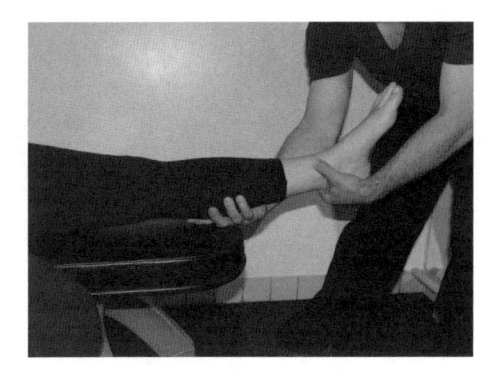

FIGURA 16.17 Deslizamento do quadril. Segura-se no tornozelo e na perna e estende-se um pouco o tronco para trás de forma suave, em seguida realiza-se balanceios. Evita-se o tranco.

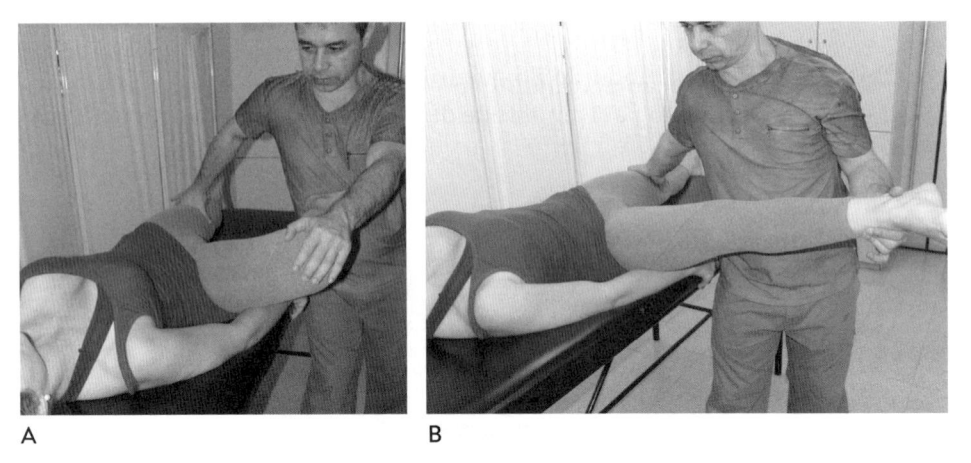

A   B

FIGURA 16.18 Alongamento passivo em flexão de quadril (A) e abdução do quadril (B). Circunda-se a articulação do quadril entre 6 e 10 vezes. Em seguida, tensiona-se para cima e para lateral no sentido do tórax, mantendo a posição por 10 a 20 segundos e estende-se o joelho.

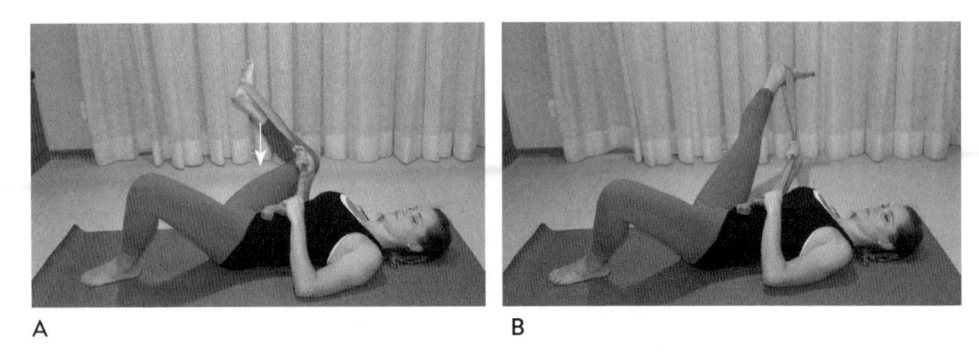

A   B

FIGURA 16.19 Alongamento com abdução do quadril e flexão do joelho (A), em seguida estende-se o joelho com a TheraBand (B).

Série de exercícios de alongamento no solo para desenvolver abdução do quadril

A   B   C

D   E

F

FIGURA 16.20 Senta-se com o tronco ereto e com os joelhos flexionados. Segura-se uma das coxas e realiza-se o movimento de circundução do quadril no sentido horário (A). Flexiona-se os joelhos e quadril e mantém-se a coluna totalmente estendida (B). Tenta-se aproximar os joelhos em direção ao tórax com leve rotação lateral do quadril. Mantém-se a coluna totalmente ereta, apoia-se suavemente as mãos na parte alta e detrás da cabeça e mantém-se em postura de alongamento, tensionando o corpo superiormente (C). Abandona-se as plantas dos pés ao solo e se faz uma isometria. Deve-se aumentar a tensão do quadríceps e estende-se os joelhos; coloca-se as mãos para trás com rotação lateral dos ombros (dedos voltados para trás). Essa posição ajuda a estabilizar os ombros e a parte torácica da coluna (D). Faz-se flexão dorsal e plantar dos tornozelos, seguida de leve rotação medial e lateral do quadril (inversão e eversão dos pés). Aumenta-se a amplitude de movimento (E). Coloca-se as mãos no cíngulo pélvico e faz-se movimentos de retroversão e anteroversão do quadril. Aumenta-se a amplitude de movimento (F).

Série de exercícios de alongamento para desenvolver abdução do quadril com facilitação neuromuscular proprioceptiva e mobilização articular

Uma série para aumentar a abdução de quadril.

FIGURA 16.21 Sentado ao solo, abduz-se o quadril. Flexiona-se um pouco os joelhos e colo-ca-se as mãos na parte distal da coxa com tensão submáxima da parte posterior da coxa para baixo, sendo impedido pelas mãos (isometria). Relaxa-se e aumenta-se a amplitude de movi-mento (A). Flexiona-se um pouco os joelhos, apoiando-se as mãos na parte anterior de ambas as coxas e tensionando de forma submáxima, sendo impedido pelas mãos (isometria) (B). Estende-se os joelhos e aumenta-se um pouco a abdução de quadril. Realiza-se flexão dorsal e plantar do tornozelo e mantém-se em flexão dorsal por 5 segundos (C). Em seguida, fle-xiona-se um dos joelhos e apoia-se a mão na parte anteroposterior da coxa, ajudando na rotação medial e lateral do quadril com movimento de balanceio (6 a 10) do tronco para a frente e para trás (D). Logo após, abduz-se um pouco mais o quadril com rotação lateral (E).

Deslizamento lateral da articulação do quadril

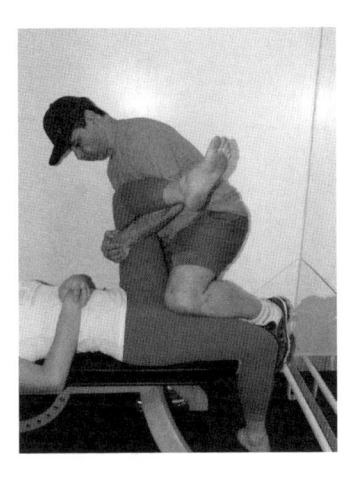

FIGURA 16.22 Circundução da articulação do quadril. Inicia-se por circundução de baixa amplitude, em seguida faz-se com a maior amplitude de movimento possível.

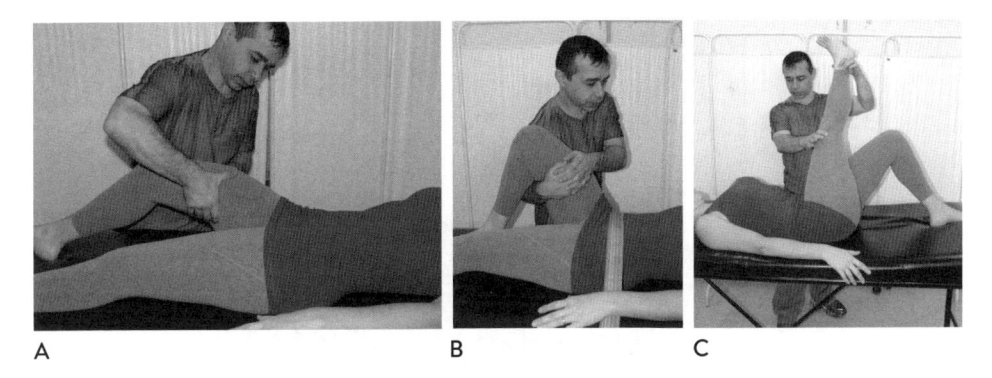

A   B   C

FIGURA 16.23 Para realizar a mobilização com deslizamento lateral, segura-se firmemente a coxa (A) e faz-se oscilações suaves para a lateral (B). Em seguida, realiza-se alongamento com adução do quadril (C).

Para impedir que o quadril se movimente para a lateral, apoia-se a lateral da coxa no tronco e estabiliza-se sua mão esquerda no quadril. Em pessoas tensas, pode-se exercer uma isometria dos músculos adutores antes de se mobilizar com deslizamento lateral do quadril.

Exercícios com liberação miofascial com rolo: membros inferiores

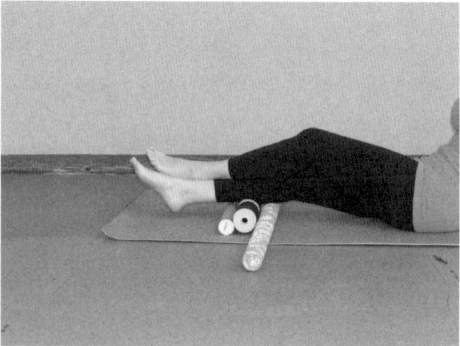

A   B

FIGURA 16.24 Seleciona-se um rolo com boa densidade e que lhe permita deslizar sobre a massa muscular sem causar dor. Liberação miofascial do tríceps sural com um rolo, precedente ao alongamento ou após uma prática de exercícios físicos. Ao perceber feixes rígidos, mantém-se o rolo e pressiona-se a perna para aumentar o desconforto, mas sem a presença de dor. Há vários modelos de rolo. Seleciona-se um que seja adequado ao nível de sensibilidade em relação a desconforto e dor.

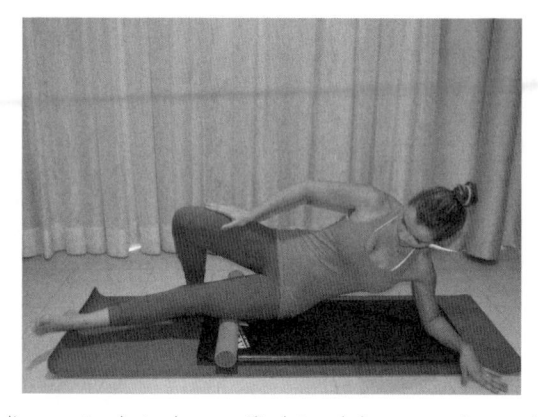

FIGURA 16.25 Deslizamento de toda a região lateral da coxa e do quadril.

Essa técnica de deslizamento durante alongamento tem ótima efetividade na amplitude final de movimento. O deslizamento do *roller* é feito de forma suave para moderada, de forma a não acentuar o desconforto e gerar dor. O tempo sugerido é de 40 a 60 segundos.

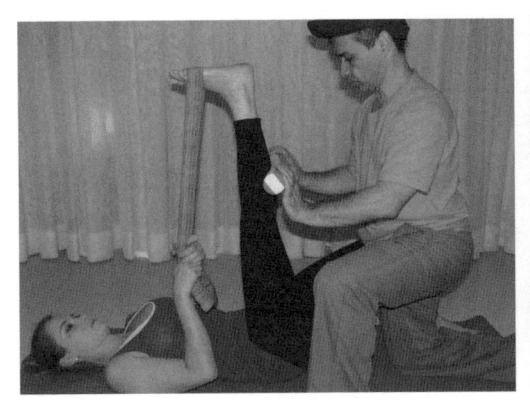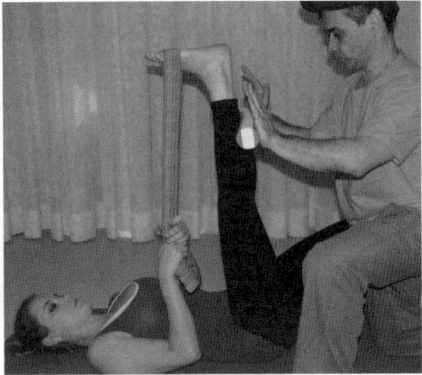

FIGURA 16.26 Durante deslizamento do rolo, o cliente pode envolver o pé com uma Thera-Band. Faz-se também sem a TheraBand, com liberdade de se realizar a flexão dorsal e flexão plantar durante o movimento.

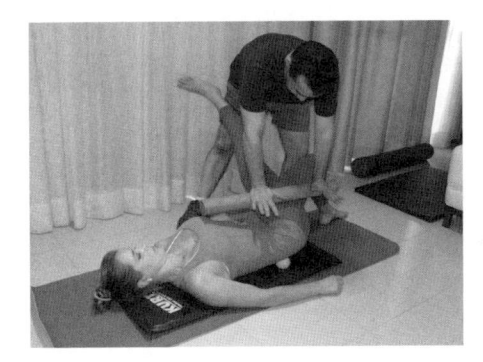

FIGURA 16.27 Alongamento com rotação medial do quadril e deslizamento em simultâneo com o rolo. Observa-se que a bolinha é para aumentar a percepção do cliente em tensionar o quadril para baixo durante o tempo em posição de alongamento.

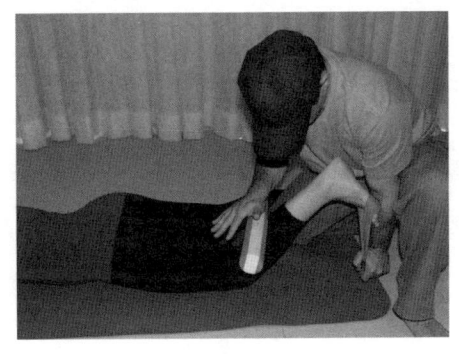

FIGURA 16.28 Em decúbito ventral, faz-se flexão dorsal com ajuda da TheraBand e desliza-se o rolo durante a extensão de joelho.

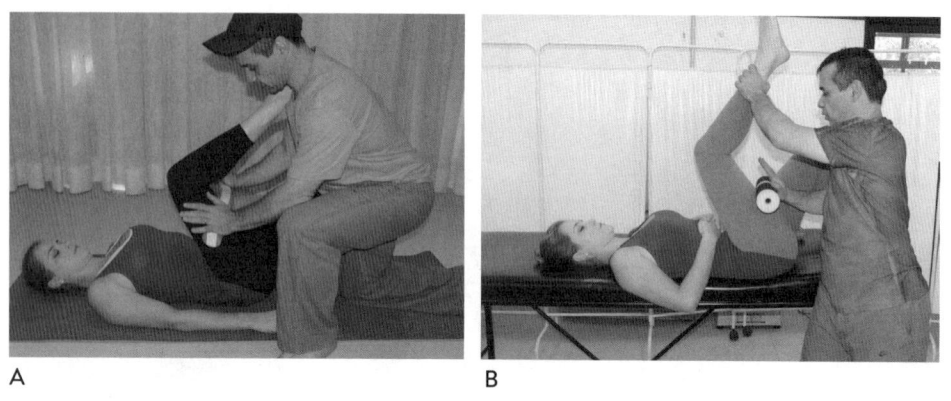

A   B

FIGURA 16.29 Deslizamento do rolo nos músculos isquiotibiais com o joelho flexionado (A). Estende-se o joelho, deslizando o rolo. (B) Aqui o deslizamento está sendo feito com a finalidade de relaxar.

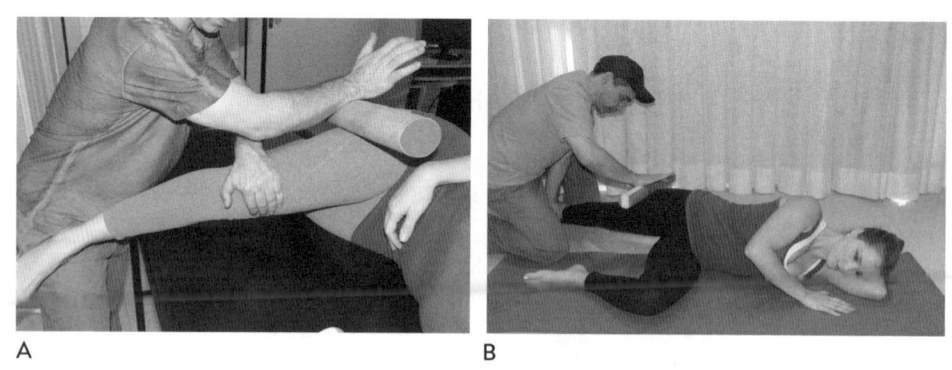

A   B

FIGURA 16.30 Desliza-se o rolo juntamente com o alongamento do trato iliotibial (A). Pode-se pressionar e mesmo manter o rolo na região de maior desconforto. A rotação medial do quadril e a flexão dorsal do tornozelo intensificam o alongamento. O alongamento pode ser feito com extensão de quadril sem a presença de dor (B).

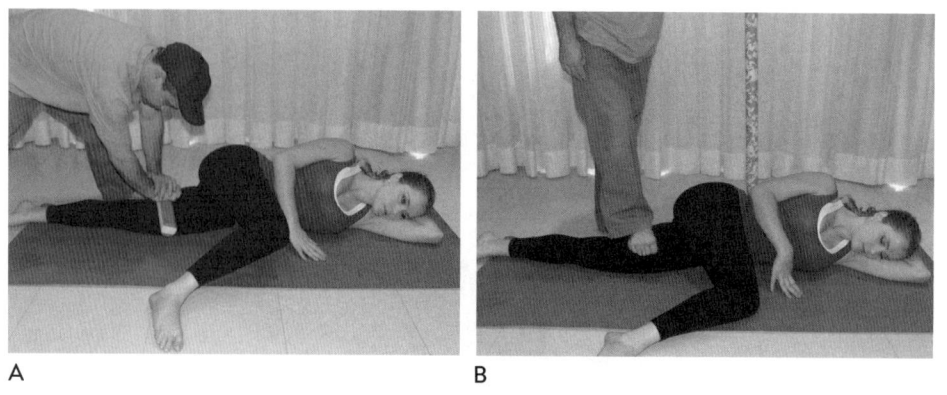

A   B

FIGURA 16.31 Deslizamento com o rolo na parte medial da coxa no estado relaxado (A). Pressão sutil com a ponta do pé (B).

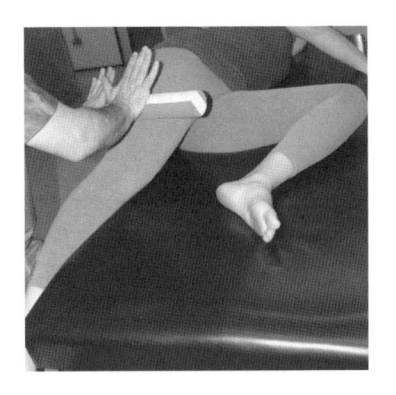
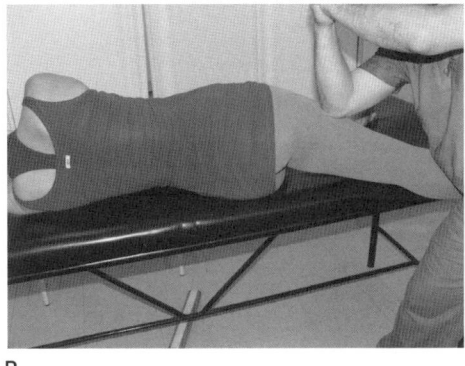

A   B

FIGURA 16.32 Deslizamento com o rolo (A), seguido de pressão (liberação miofáscial) do cotovelo em regiões mais tensas (B). A pressão pode ser feita com a superfície ulnar do antebraço. Realiza-se movimentos parciais de supinação e pronação a fim de ajudar no deslizamento. Ao se perceber feixes rígidos, pode-se manter o olécrano suavemente no cotovelo, sobre uma área da lateral da coxa.

Nesse exercício, quanto maior a posição de alongamento e desconforto, maior a suavidade da pressão do cotovelo. Assim, se estiver com amplitude de movimento elevada, a pressão com o cotovelo deve ser muito suave e ainda substituída pela pressão com o antebraço. Pode-se também fazer esse exercício logo após o exercício anterior. Sugestão: fazer antes de alongar os rotadores laterais do quadril.

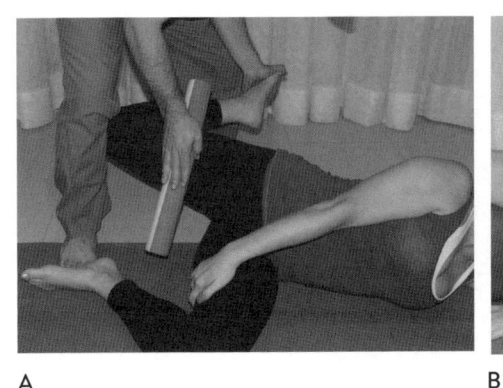
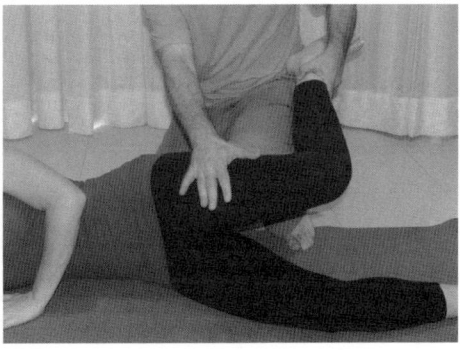

A   B

FIGURA 16.33 Mantém-se suavemente o joelho em contato com o isquiotibial e, com a mão esquerda, manipula-se o tornozelo em sua direção (A). Em seguida, o quadríceps é alongado e desliza-se o rolo por ele a fim de aliviar o desconforto percebido (B).

CAPÍTULO 17

Mobilização, tração e alongamento do tornozelo

O tornozelo e o pé influenciam na função estática e dinâmica do corpo humano, uma vez que formam a estrutura básica que ajuda no apoio e locomoção durante as atividades físicas humanas. A ação de andar e correr exige que o pé e o tornozelo sejam flexíveis para absorver o estresse entre eles e o solo, e requer força para transferir a energia elástica acumulada em energia mecânica.

A articulação talocrural é uma articulação em gínglimo, uniaxial, composta pela superfície distal da tíbia com o maléolo e o maléolo distal da fíbula, que se articula com a tróclea do tálus para manter a estabilidade.

A articulação possui uma fina cápsula que recobre a articulação (Houglum e Bertoti, 2014). Externamente, a cápsula é reforçada pelos ligamentos colaterais, que ajudam a manter a estabilidade entre o tálus e a cavidade retangular do encaixe (Neumann, 2011). Essa cápsula articular possui dobras anteriores e posteriores para permitir os movimentos no plano sagital da articulação. A cápsula é reforçada por ligamentos medial e lateral, que reforçam as estruturas da articulação talocrural.

Dois ligamentos essenciais são o colateral medial forte, com fibras superficiais e profundas em forma de delta, e o ligamento colateral lateral, menos reforçado, apresentando três partes de tecidos separados: os ligamentos talofibulares anterior e posterior e o calcaneofibular (Hall e Brody 2001).

Na flexão dorsal do tornozelo, ocorre tensão na cápsula posterior, tendão do calcâneo, músculo sóleo e gastrocnêmio, parte posterior do ligamento deltoide calcaneofibular e ligamento talofibular posterior. Enquanto na flexão plantar do tornozelo ocorre tensão na cápsula anterior, ligamento talofibular e músculos tibial anterior e extensores longos dos dedos.

Na artrocinemática, a flexão dorsal e a flexão plantar do tornozelo mostram que o rolamento e o deslizamento ocorrem em sentido opostos. Dessa maneira, na flexão dorsal do tornozelo, o tálus rola para a frente em relação à perna e ao mesmo tempo desliza posteriormente, tornando a mobilização com deslizamento no sentido posterior do tálus e do pé. Durante a flexão plantar do tornozelo o tálus rola posteriormente com deslizamento anterior (Palastanga, 2000).

A mobilização na articulação talocrural, no sentido anteroposterior, aumenta a flexão dorsal do tornozelo. Com o maléolo medial e lateral estabilizado em uma mão, o tálus pode ser movimentado passivamente em um sentido anteroposterior e sob tração, transladando alguns milímetros no eixo longitudinal (Houglum e Bertoti, 2014).

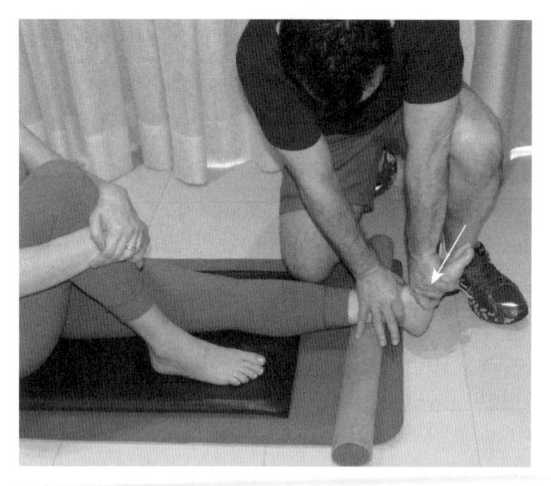

FIGURA 17.1 Para aumentar a flexão dorsal do tornozelo, desliza-se o tálus na tíbia; segura-se firmemente na tíbia com a mão não dominante e evita-se que a perna se eleve. Com a mão dominante, mobiliza-se o tálus para causar deslizamento no sentido posterior sobre a tíbia.

Vários estudos são congruentes no sentido de que a restrição na flexão dorsal do tornozelo conduz a limitação na marcha e no equilíbrio e aumenta o risco de lesões no tornozelo. Em geral, a amplitude de movimento da articulação talocrural pode variar de 20° na flexão dorsal e 50° na flexão plantar. O tornozelo requer aproximadamente 20° de flexão plantar e 10° de flexão dorsal com o joelho estendido e o pé em posição neutra.

A insuficiência de flexibilidade em flexão dorsal do tornozelo é frequentemente relatada como um deslocamento anterior do tálus, e a restrição do deslizamento do tálus reduz a flexibilidade (Mcpoil e Brocato, 1993).

A posição aberta (presença de jogo articular) da articulação do tornozelo ocorre em flexão plantar com 10°, aproximadamente; e a posição fechada (sem a presença do jogo articular) ocorre em flexão dorsal. O deslizamento é feito na posição aberta.

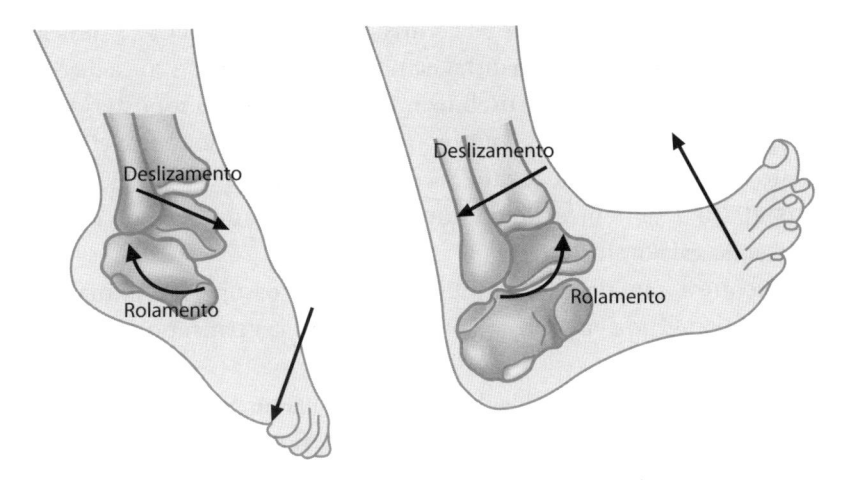

FIGURA 17.2 Artrocinemática talocrural, com os pés sem apoio. O tálus rola e desliza em direções opostas durante flexão plantar e flexão dorsal.
Fonte: Houglum e Bertoti, 2014.

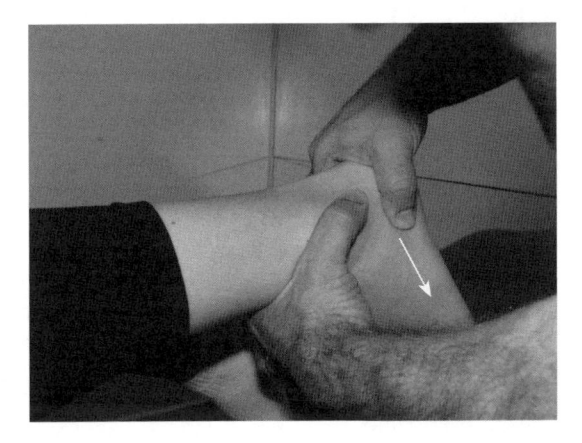

FIGURA 17.3 Mobilização para aumentar a flexão plantar do tornozelo. A mão que estabiliza é colocada sobre a perna e tornozelo (superfície anterior e distal da tíbia e fíbula), e a mão mobilizadora segura com o espaço tenar o tálus e desliza em sentido anterior o calcâneo e tálus em relação à tíbia.

Em um estudo, De Souza et al. (2008) comprovaram aumento da amplitude de movimento no tornozelo com técnica de mobilização anteroposterior em jovens adultos saudáveis. Os resultados de flexibilidade para o tornozelo direito nos 25 adultos avaliados inicialmente foram de 13,9 ± 3,4 e aumentou para 14,7 ± 4,2, e para o tornozelo esquerdo foram de 13,6 ± 3,3 e ampliou para 14,0°. É importante notar que nesse estudo os resultados não confirmaram uma relação linear entre a força e o deslocamento da articulação.

Com o propósito de verificar os efeitos da mobilização em 13 pessoas com lesões agudas do tornozelo, região distal da tíbia e fíbula com a técnica de Maitland, Yeo e Wright (2011), realizou-se mobilização no sentido anteroposterior durante 1 minuto, perfazendo três séries com repouso de 30 segundos entre elas. Aumentaram tanto a flexão dorsal de tornozelo como o limiar de dor (17,6%), comprovando um efeito de amenização da dor e resposta de aumento de 9,61 mm na flexão dorsal do tornozelo.

Em uma outra investigação, a mobilização posterossuperior no maléolo lateral da fíbula foi aplicada em sete cadáveres a fim de se verificar o efeito na flexão dorsal do tornozelo.

A fíbula distal é firmemente ligada à tíbia pelos ligamentos tibiofibular anterior, ligamento interósseo, ligamento tibiofibular posterior superficial e ligamento tibiofibular posterior profundo (Fujii et al., 2010).

O ângulo da flexão dorsal do tornozelo foi mensurado com um sistema magnético antes e após a carga cíclica de 30 N de força. Após aplicar 100 e 1.000 vezes de carga cíclica, a tíbia foi deslocada 0,44 mm e a fíbula 0,75 mm, respectivamente; e a fíbula foi deslocada 0,44 e 0,99 mm, respectivamente. A diminuição da flexibilidade em flexão dorsal do tornozelo pode ser ocasionada pela restrição do deslizamento posterior do tálus na tíbia.

A flexão dorsal aumentou de 14,3° para 16,7°, o que possibilitou concluir que a articulação tibiofíbular (sindesmose) pode ser determinante na limitação da flexão dorsal do tornozelo (Fujii et al., 2010). Contudo, essa quantidade de repetição é muito acima do que se faz na prática.

Alongamento e mobilização articular têm sido recentemente considerados por desenvolver a flexão dorsal do tornozelo e a efetividade da cinemática da marcha. Em um estudo de Kang et al. (2015), realizado em pessoas com limitação na flexão dorsal do tornozelo, houve aumento do tempo para se retirar o calcanhar do solo e maior flexão dorsal do tornozelo.

A flexão dorsal do tornozelo é importante para evitar movimentos compensatórios durante a marcha, incluindo o abandono precoce do calcanhar no solo, a pronação do pé e o aumento na carga sobre o retropé. Todavia, alteração na flexão dorsal do tornozelo e deslocamento na junção musculotendínea não diferiram quando comparados somente o alongamento e o alongamento combinado com a mobilização, embora essa combinação tenha mostrado melhora do deslizamento no tálus. Outros importantes movimentos de mobilização e exercícios de alongamento do pé e do tornozelo podem ser analisados com maior detalhe em Hertling e Kessler (2009) e Voight et al. (2014).

EXEMPLOS DE MOBILIZAÇÃO E DE ALONGAMENTO DO TORNOZELO E PÉ

Logo após a mobilização do tornozelo realiza-se o alongamento

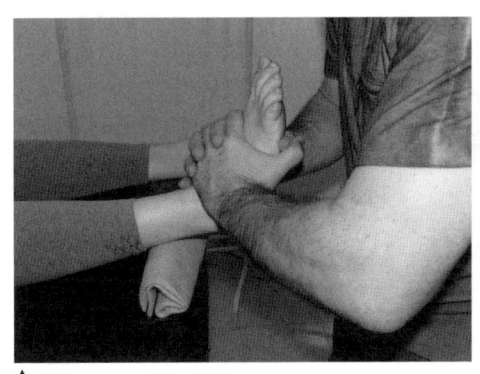 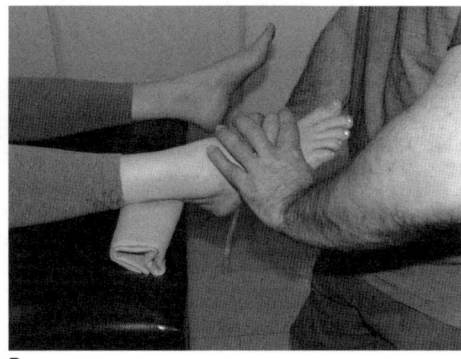

A   B

FIGURA 17.4 Traciona-se suavemente a articulação talocrural e, em seguida, faz-se alongamento em flexão dorsal (A) e flexão plantar do tornozelo (B) de forma passivo-dinâmica.

Como a força que se faz para afastar duas superfícies articulares é perpendicular ao eixo de movimento, refere-se também como distração.

Variação: alongamento do tornozelo usando a facilitação neuromuscular proprioceptiva, de modo que o cliente tensiona o dorso do pé para cima, sendo impedido pelo profissional. Mantém 5 a 10 segundos e relaxa, aumenta a amplitude de movimento em flexão dorsal do tornozelo. Alonga em flexão plantar do tornozelo de forma passiva e em seguida faz alongamento do tornozelo com facilitação neuromuscular proprioceptiva, de modo que o cliente tensiona a planta do pé para baixo, sendo impedido pelo profissional. Mantém 3 a 5 segundos, exercendo força submáxima, relaxa e aumenta amplitude de movimento em flexão plantar do tornozelo.

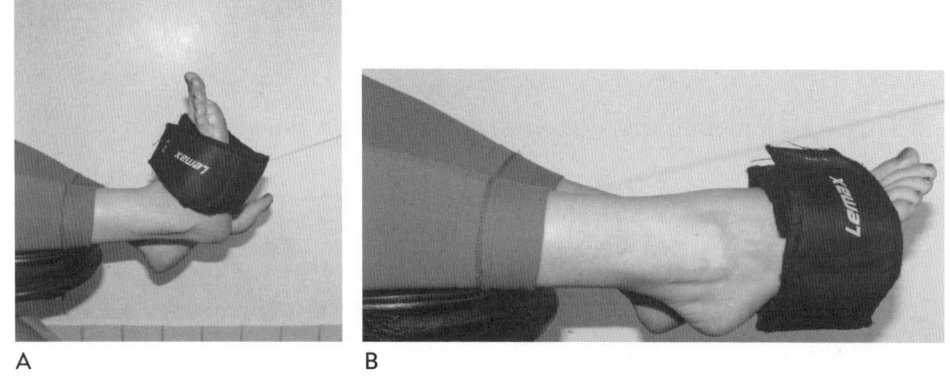

A   **B**

FIGURA 17.5 Alongamento em flexão dorsal (A), flexão plantar do tornozelo (B), inversão e eversão do pé com sobrecarga.

Para descompressão com uso da tração, segura-se no pé e inclina-se o tronco ligeiramente para trás (sem tranco), a fim de mover o tálus distalmente, no sentido longitudinal.

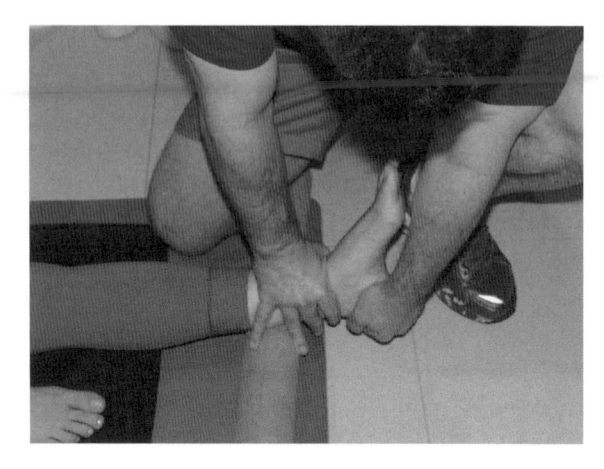

FIGURA 17.6 Estabiliza-se a perna (tíbia e fíbula) do cliente e exerce-se tensão, inclinando o tronco ligeiramente para trás sem tranco, tensionando o tálus e calcâneo em ângulo reto.

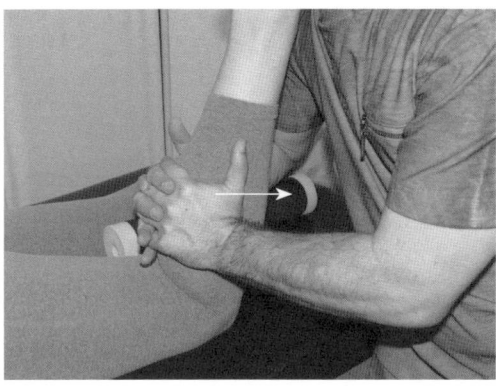
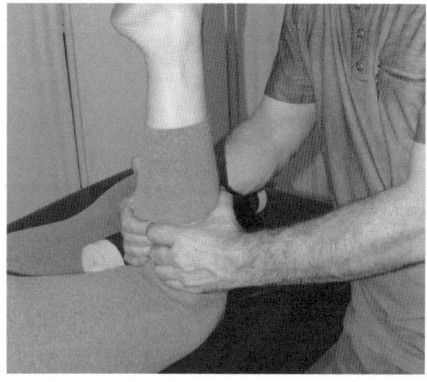

A   B

FIGURA 17.7 Amassamento do tríceps sural (A). O profissional apoia o dorso do pé em seu ombro e faz uma ligeira tração, puxando a perna em sua direção. Em seguida, realiza-se o amassamento, pressionando a lateral da fíbula e da tíbia e "movimentando" essa região em sentido ao centro (B).

Pressiona-se o tríceps sural próximo às superfícies ósseas. Mantém-se a pressão e relaxa-se. Em seguida, com as polpas dos dedos, pressiona-se a região central do tríceps sural e a libera.

Referências

Achour Junior A. Exercícios de alongamento: anatomia e fisiologia, 3a. Ed. Barueri: Manole; 2010.

Achour Junior A. Flexibilidade e Alongamento: Futebol. Londrina: Sporttraining; 2011.

Achour Junior A. Flexibilidade e alongamento: saúde e bem-estar, 2a Ed. Barueri: Manole; 2009.

Ahrens SF. The effect of age on intervertebral discompression during running. Journal of Orthopaedic & Sports Physical Therapy. 1994; 20(1): 17-21.

Alonso J, et al. Effect of hamstring flexibility on isometric knee flexion angle-torque relationship. Scandinavian Journal of Medicine & Science in Sports. 2009; 19(2): 252-56.

Andrews JR, Harrelson GL, Wilk KE. Reabilitação física das lesões desportivas. 3a ed. Rio de Janeiro: Guanabara Koogan; 2005.

Aquino CF, et al. Mecanismos neuromusculares de controle da estabilidade articular. Revista Brasileira Ciência e Movimento. 2004; 12(2): 35-42.

Astrand PO, Rodalh K. Tratado de fisiologia do exercício. Rio de Janeiro: Guanabara Koogan; 1987.

Auvichayapat P. The efficacy of traditional thai massage for the treatment of chronic pain: A Systematic Review. Complementary Therapies in Clinical Practice. 2015; 21(1): 26-32.

Babault N, et al. Direct Relation of Acute Effects of Static Stretching on Isokinetic Torque Production With Initial Flexibility Level. International Journal of Sports Physiology and Performance. 2015; 10(1): 117-9.

Baeyens JP, et al. In vivo 3D artrokinematics of the proximal and distal radioulnar joints during active pronation and supination. Clinical Biomechanics. 2005; 21: 9-12.

Baeyens JP, et al. Intra-articular kinematics of the normal glenohumeral joint in the late preparatory phase of throwing: Kaltenborn's rule revisited. Ergonomics. 2000; 43(10): 1726-37.

Bandy WD, Sanders B. Exercício Terapêutico: Técnicas para Intervenção. Rio de Janeiro: Guanabara-Koogan; 2003.

Barak T, et al. Conceitos básicos da terapia manual ortopédica. In: Fisioterapia na ortopedia e na medicina do esporte, 2a ed. Barueri: Manole; 1993.

Baumgart F. Stiffness – an unknown world of mechanical science? Injury – International Journal of the Care of the Injured. 2000; 31: 14-23.

Bement MKH. Fatiguing exercise attenuates pain-induced corticomotor excitability. Neuroscience Letters. 2009; 452(2): 209-13.

Bischop D, Middleton G. Effects of static stretching following a dynamic warm-up on speed, agility and power. Journal of Human Sport & Exercise. 2013; 8(2): 391-400.

Bogduk N. Clinical anatomy of the lumbar spine and sacrum. 3a ed. Edinburgh: Churchill Livingstone; 1997.

Borges PFF. Efeitos da mobilização articular sustentada na flexibilidade das estruturas posteriores do ombro. Fisioterapia Brasil. 2010; 11(1): 109-14.

Brandt C, et al. Evidence-based review on the validity of the Kaltenborn rule as applied to the glenohumeral joint. Manual Therapy. 2007; 12(1): 3-11.

Buttagat V, et al. Acute effects of traditional Thai massage on electroencephalogram in patients with scapulocostal syndrome. Complementary Therapies in Medicine. 2012; 20(4): 167-74.

Buttagat V, et al., Therapeutic effects of traditional Thai massage on pain, muscle tension and anxiety in patients with escapulocostal syndrome: A randomized single-blinded pilot study. Journal of Bodywork & Movement Therapies. 2011; 16(1): 57-63.

Cael C. Anatomia palpatória e funcional. Barueri: Manole; 2013.

Cailliet R. Distúrbios da coluna lombar. Um enigma médico. Porto Alegre: Artmed; 2004.

Cailliet R. Dor cervical e no braço. Porto Alegre: Artmed; 2003.

Caling B, Lee M. Effect of direction of applied mobilization force on the posteroanterior response in the lumbar spine. Journal of Manipulative and Physiological Therapeutics 2001; 71(2): 71-7.

Callens C. Mobilisation passive du genou selon les techniques de Maitland. Kinesither Rev. 2009; 90: 21-30.

Carvalho FH, Pimentel-Recco MS. A célula. Barueri: Manole; 2012.

Cattrysse E, et al., Intraarticular kinematics of the upper limb joints: a six degrees of freedom study of coupled motions. Ergonomics. 2005; 48: 11-4.

Chen CH, et al. Acute Effects of Static Active or Dynamic Active Stretching on Eccentric-Exercise--Induced Hamstring Muscle Damage. International Journal of Sports Physiology and Performance. 2015; 10(3): 346-52.

Chen CH, et al. Effects of flexibility training on eccentric exercise-induced muscle damage. Medicine & Science in Sports & Exercise. 2011; 43(3): 491-500.

Clark CN, et al. Proprioception in musculoskeletal rehabilitation. Part 2: Clinical assessment and intervention. Manual Therapy. 2015; 20(3): 378-87.

Conroy DE, Hayes KW. The effect of Joint Mobilization as a component of comprehensive treatment for primary shoulder impingement syndrome. Journal of Orthopaedic & Sports Physical Therapy 1998; 28(1): 3-14.

Corrigan B, Maitland GD. Transtornos musculoesqueléticos da coluna vertebral. Rio de Janeiro: Revinter; 2005.

Cox JM. Dor lombar, mecanismo, diagnóstico e tratamento. Barueri: Manole; 2002.

Cyriax JH. Textbook of Orthopaedic Medicine, v.1: diagnosis of soft tissue lesions, 7a ed. London: Bailliere Tindall; 1978.

De Souza, MVS, et al. Force-displacement relationship during anteroposterior mobilization of the ankle joint. Journal of Manipulative Physiological Therapeutics 2008; 31(4): 285-92.

Denegar CR, et al. The effect of lateral ankle sprain on dorsiflexion range of motion, posterior talar glide, and joint laxity. Journal of Orthopaedic & Sports Physical Therapy 2002; 32(4): 166-73.

Deyle GD, et al. Effectiveness of manual physical therapy and exercise in osteoarthritis of the knee. A randomized controlled trial. Annals of Internal Medicine 2000; 132(3): 173-81.

Dfino HLA, et al. Estudo experimental da aplicação das forças de compressão ou distração sobre o sistema de fixação pedicular. Acta Ortopédica Brasileira 2006; 14(3): 148-151.

Eckstein F, et al. Effect of physical exercise on cartilage volume and thickness in vivo: MR Imaging Study. Radiology. 1998; 207: 243-8.

Edmond SL. Manipulação e Mobilização. Técnica para membros e coluna. Barueri: Manole; 2000.

Eijden V, et al. Passive force characteristics of an architecturally complex muscle. Journal of Biomechanics 2002; 35(9): 11.

Enoka RM. Neuromechanics of Human Movement, 5a ed. Human Kinetics; 2015.

Feldbauer CM, et al. The effects of self-myofascial release on flexibility of the lower extremity: a critically appraised topic. International Journal of Athletic Therapy & Training. 2015; 20(2): 14-19.

Fernandez VT, et al. Immunological effects of massage after exercise: A systematic review. Physical Therapy in Sport. 2014; 16(2):187-92.

Field D. Anatomia palpatória. Barueri: Manole; 2001.

Forman J. Effect of deep stripping massage alone or with eccentric resistance on hamstring length and strength. Journal of Bodywork & Movement Therapies. 2013; 18(1): 39-144.

Freeman MAR, Wyke BD. The Innervation of the Knee Joint: An Anatomical and Histological Study in the Cat. Journal of Anatomy 1967; 101(3): 505-32.

Freitas RS, et al. Muscle and joint responses during and after static stretching performed at different intensities. European Journal of Applied Physiology 2015; 115(6): 1263-72.

Fritz S. Fundamentos da massagem terapêutica. Barueri: Manole; 2002.

Fryer G, et al. The effect of manipulation and mobilization on pressure threshold in the thoracic spine. International Journal of Osteopathic Medicine. 2004; 7(1): 8-14.

Fujii M, et al. Does distal tibiofibular joint mobilization decrease limitation of ankle dorsiflexion. Manual Therapy. 2010; 15(1): 117-21.

Glasgow C, et al. Mobilizing the stiff hand: Combining theory and evidence to improve clinical outcomes. Journal of Hand Therapy 2010; 23(4): 392-401.

Gleeson N, et al. Effects of antecedent flexibility conditioning on neuromuscular and sensorimotor performance during exercise-induced muscle damage. Journal of Exercise Science & Fitness. 2013; 11(2): 107-17.

Gohlke F, et al. The pattern of the collagen fiber bundles of the capsule of the glenohumeral joint. Journal Shoulder and Elbow Surgery. 1994; 3(3): 777-8.

Gokeler A, et al. Quantitative analysis of traction in the glenohumeral joint. In vivo radiographic measurements. Manual Therapy. 2003; 8(2): 97-102.

Goldie I, Landquist A. Evaluation of the effects of different forms of physiotherapy in cervical pain. Scandinavian Journal of Rehabilitation Medicine. 1970; 2(2): 117-21.

Gould JA. Fisioterapia na Ortopedia e na Medicina do Esporte, 2a ed. São Paulo: Manole; 1993.

Graaff V. Anatomia Humana, 6a ed. Barueri: Manole; 2003.

Greenman PHE. Princípio da Medicina Manual, 2a ed. Barueri: Manole; 2001.

Grieve G. Mobilisation of the spine: A primary handbook of clinical method, 5a ed. Edinburgh: Churchill Livingstone; 1991.

Grindstaff TL, et al. Joint mobilization techiniques for restricted ankle dorsiflexion. Athletic Training & Sports Health Care. 2009; 1(3): 99-103.

Gross J, et al. Musculosketal examination, 3a ed. Chichester: Wiley Blackwell; 2015.

Guillemain JL. Técnicas de ganancia articular. Kinesiterapia –Medicina Física. 2013; 34(1): 1-8.

Halar MH, Bell KR. Imobilidade. In: Tratado de Medicina e Reabilitação: Princípios e Práticas. Barueri: Manole; 2002.

Hall CM, Brody LT. Therapeutic exercise: moving toward function. Philadelphia: Lippincott Williams e Wilkins; 1999.

Hamill J, Knutzen KM. Bases biomecânicas do movimento humano, 3a ed. Barueri: Manole; 2012.

Hammer WI. Exame funcional dos tecidos moles e tratamento por métodos manuais: novas perspectivas, 2a ed. Rio de Janeiro: Guanabara Koogan; 2003, p. 44-9.

Harshbarger ND, et al. The Effectiveness of shoulder stretching and joint mobilizations on posterior shoulder tightness. Journal of Sport Rehabilitation. 2013; 22(4): 313-9.

Hartig DE, Henderson JM. Increasing hamstring flexibility decreases lower extremity overuse injuries in military basic trainees. The American Journal of Sports Medicine. 1999; 27(2): 172-7.

Hegedus J, et al. The neurophysiological effects of a single session of spinal joint mobilization: does the effect last? Journal of Manual and Manipulative Therapy. 2011; 19(3): 143-51.

Hertling D, Kessler RM. Distúrbios musculoesqueléticos comuns. Barueri: Manole; 2009.

Hess SA. Functional stability of the glenohumeral joint. Manual therapy. 2000; 5(2): 63-71.

Hetinga DL. Resposta inflamatória das estruturas sinoviais da articulação. In: Gould JA. Fisioterapia na Ortopedia e na Medicina do Esporte, 2a ed. São Paulo: Manole; 1993.

Hidaka E, et al. Evaluation of stretching position by measurement of strain on the ilio-femoral ligaments: An in vitro simulation using trans-lumbar cadaver specimens. Manual Therapy. 2008; 14(4): 427-32.

Ho KYA, Hsu AT. Displacement of the head of humerus while performing mobilization with movements in glenohumeral joint: A cadaver study. Manual Therapy. 2008; 14(2): 160-6.

Hodgson RJ. Tendon and ligament imaging. The British Journal of Radiology. 2012; 85(1016): 1157-72.

Hoeger B, et al. Fatiguing exercise attenuates pain-induced corticomotor excitability. Neuroscience Letters. 2009; 452(2): 209-13.

Holey LA, Dixon J. Connective tissue manipulation: A review of theory and clinical evidence. Journal of Bodywork & Movement Therapies. 2012; 17(2): 219-20.

Houglum PA, Bertoti BD. Cinesiologia clínica de Brunnstrom, 6a ed. Barueri: Manole; 2014.

Houglum PA. Exercícios terapêuticos para lesões musculoesquéticas, 3a ed. Barueri: Manole; 2015.

Hsu AT, et al. Immediate response of glenohumeral abduction range of motion to a caudally directed translational mobilization: A fresh cadaver simulation. Archives of Physical Medicine and Rehabilitation. 2002; 81(11): 1511-6.

Hui AY. A Systems Biology Approach to Synovial Joint Lubrication in Health, Injury, and Disease. Wiley Interdisciplinary Reviews: Systems Biology and Medicine 2012; 4(1): 15-37.

Ianuzzi A, et al. Human lumbar facet joint capsule strains: I. During physiological motions Human. The Spine Journal. 2004;.4(2): 141-52.

Itoi E, et al. Biomechanical investigation of glenohumeral joint. Journal of Shoulder and Elbow Surgery. 1996; 5(5): 407-24.

Izumi T, et al. Stretching positions for the posterior capsule of the glenohumeral joint strain measurement using cadaver specimens. The American Journal of Sports Medicine. 2008; 36(10): 2014-22.

Jaumard, V.N Spinal Facet Joint Biomechanics and Mechanotransduction in Normal, Injury and Degenerative Conditions. Journal of Biomechanical Engineering. 2011; 133(7): 1-6

Johnson AJ, et al., The effect of anterior versus posterior glide joint mobilization on external rotation range of motion in Patients with shoulder adhesive capsulitis. Journal of Orthopaedic and Sports Physical Therapy 2007; 37(3): 88-99.

Kahanov L, Kato M. Therapeutic effect of joint mobilization. Athetic Therapy Today 2007; 12(4): 28-31.

Kahanov, L., Kato,M. Therapeutic effect of joint mobilization: joint mechanorecptors and nociceptors, International Journal of Athletic Therapy and Training. 2007; 12(4): 28-31.

Kaltenborn FM. Mobilização manual das articulações, 5a ed. Barueri: Manole; 2001.

Kang MH, et al. Immediate combined effect of gastrocnemius stretching and sustained Talocrural joint mobilization in individuals with limited ankle dorsiflexion: A Randomized Controlled Trial. Manual Therapy. 2005; 20(6): 827-34.

Kanlayanaphotporn R, et al. Immediate effects of the central posteroanterior mobilization technique on pain and range of motion in patients with mechanical neck pain. Disability and Rehabilitation. 2010; 32(8): 622-8.

Kay, A. D. Effects of Contract-Relax, Static Stretching, and Isometric Contractions on Muscle-Tendon Mechanics. Medicine and Science in Sports and Exercise. 2015; 47(10): 181-90.

Keeratitanont K. The efficacy of traditional Thai massage for the treatment of chronic pain: A systematic review. Complementary Therapies in Clinical Practice. 2015; 21(1): 26-32.

Kendall FP, et al. Músculos: Provas e Funções, 5a ed. Barueri: Manole; 2007.

Ker RF. The design of soft collagenous load-bearing tissues. The Journal of Experimental Biology. 1999; 202: 3315-24.

Khamwong P. A prophylactic effect of proprioceptive neuromuscular facilitation (PNF) stretching on symptoms of muscle damage induced by eccentric exercise of the wrist extensors. Journal of Bodywork & Movement Therapies. 2011;15(4): 507-16.

Khapandji LA. O que é Biomecânica. Barueri: Manole; 2013.

Khodayari B, Dehghani Y. The investigation of mid-term effect of different intensity of PNF stretching on improve hamstring flexibility. Procedia – Social and Behavioral Sciences. 2012; 46: 5741-4.

Kingston, L. The effects of spinal mobilizations on the sympathetic nervous system: a systematic review. Manual Terapy. 2014; 19(4): 281-7.

Koltyn KF. Exercise-induced hypoalgesia and intensity of exercise. Sports Medicine. 2002; 32: 477-87.

Konrad A, Tilp M. Increased range of motion after static stretching is not due to changes in muscle and tendon structures. Clinical Biomechanics. 2014; 29(6): 636-42.

Krause M, et al. Lumbar spine traction: evaluation of effects and recommended application for treatment. Manual Therapy. 2000; 5(2): 72-81.

Krekoukias G, et al. Comparison of surface electromyographic activity of erector spinae before and after the application of central posteroanterior mobilisation on the lumbar spine. Journal of Electromyography and Kinesiology. 2007; 19(1): 39-45.

Krouwel O, et al. An investigation into the potential hypoalgesic effects of different amplitudes of PA mobilisations on the lumbar spine as measured by pressure pain thresholds (PPT). Manual Therapy. 2010;.15(1): 7-12.

Kwak DH, et al. Applying proprioceptive neuromuscular facilitation stretching: optimal contraction intensity to attain the maximum increase in range of motion in young males. Journal of Physical Therapy Science. 2015; 27(7): 2129-32.

Lee D. A cintura pélvica, 2a ed. Barueri: Manole; 2001.

Lee R, Evans J. Clinical biomechanics a in vivo study of the intervertebral movements produced by posteroanterior mobilization. Clinical Biomechanics. 1997; 2(6): 400-8.

Lee RYW, et al. Dynamic response of the cervical spine to posteroanterior mobilization. Clinical Biomechanics. 2005; 20(2): 228-31.

Lee RYW, Evans JH. Loads in the lumbar spine during traction therapy. Australian Journal of Physiotherapy. 2001; 47: 102-8.

Lee RYW. Kinematics of rotacional mobilization of the lumbar spine. Clinical Biomechanics. 2001; 16(6): 481-8.

Lephart, S.M. Proprioception of the shoulder joint in healthy, unstable, and surgically repaired shoulders. Journal of Shoulder and Elbow Surgery. 1994; 3(6): 377-80.

Levangie PK, Norkin CC. Joint Structure & Function, 4a ed., Philadelphia: F. A. Davis Co.; 2005.

Lewim T. The morphology of the lumbar synovial intervertebral joints, Acta Morphologica Scandinavica. 1962; 4: 299-319.

Lockard MA, Oatis AC. Biomechanics of Joints. In: Oatis AC. Kinesiology. The mechanics & pathomechanics of human movement. Philadelphia: Lippincott, Williams & Wilkins; 2009.

Loubert PV, et al. In vivo ultrasound measurement of posterior femoral glide during hip joint mobilization in healthy college students. Journal of Orthopaedic & Sports Physical Therapy. 2013; 43(8): 534-41.

Loudon JK, et al. Guia clínico de avaliação ortopédica. São Paulo: Manole; 1999.

MacConaill MA, Ireland C. The movements of bone and Joints. The Journal of Bone and Joint Surgery. 1953; 35(2): 290-6.

Mackawan S, et al. Effects of traditional Thai massage versus joint mobilization on substance P and pain perception in patients with non-specific low back pain. Journal of Bodywork and Movement Therapies. 2007; 11(1): 9-16.

Magee DJ. Avaliação musculoesquelética. Barueri: Manole; 2002.

Maitland G, et al. Manipulação vertebral de Maitland, 6a ed. Rio de Janeiro: Medsi; 2003.

Mangine B, et al., Fatores fisiológicos da reabilitação. In: Andrews JR. Reabilitação física do atleta. Rio de Janeiro: Elsevier; 2005.

Mangus BC, et al. Basic Principles of Extremity Joint Mobilization Using a Kaltenborn Approach. Journal of Sport Rehabilitation. 2002; 11(4): 235-50.

Manske RC, et al. A randomized Controlled Single-Blinded Comparison of Stretching Versus Stretching and Joint Mobilization for Posterior Shoulder Tightness Measured by Internal Rotation Motion Loss. Sports Health. 2010 ;2(2): 94-100.

Marek SM. Acute Effects of Static and Proprioceptive Neuromuscular Facilitation Stretching on Muscle Strength and Power Output. Journal of Athletic Training. 2005; 40(2): 94-103.

Massimini DF, et al. In-vivo glenohumeral translation and ligament elongation during abduction and abduction with internal and external rotation. Journal of Orthopaedic Surgery and Research. 2012; 7: 20-9.

McClatchie L, et al. Mobilizations of the asymptomatic cervical spine can reduce signs of shoulder dysfunction in adults. Manual Therapy. 2009; 14(4): 369-74.

McCrary JM. A systematic review of the effects of upper body warm-up on performance and injury. British Journal of Sports Medicine 2015; 49(14): 935-42.

McHugh MP, et al. Exercise-induced muscle damage and potential mechanisms for the repeated bout effect. Sports Medicine. 1999; 27(3): 157-70.

McHugh MP, et al. The role, of passive muscle stiffness in symptoms of exercise-induced muscle damage. American Journal of Sports Medicine. 1999; 27(5): 594-9.

Mcpoil TG, Brocato SR. Pé e tornozelo: avaliação biomecânica e tratamento. In: Gould JA. Fisioterapia na Ortopedia e na Medicina do Esporte, 2a ed. São Paulo: Manole; 1993.

Michlovitz SL, et al. Therapy Interventions for Improving Joint Range of Motion: A Systematic Review. Journal of Hand Therapy 2004; 17: 118-31.

Miralles I, et al. Fisiopatología de la rigidez articular: bases para supervisión. Fisioterapia. 2007; 29(2): 90-8.

Morhenn V, et al. Massage increases oxytocin and reduces adrenocorticotropin hormone in humans. Alternative Therapies in Health and Medicine 2012; 18(6): 11-8.

Moutzouri M. Investigation of the effects of a centrally applied lumbar sustained natural apophyseal glide mobilization on lower limb sympathetic nervous system activity in asymptomatic subjects. Journal of Manipulative Physiological Therapeutics. 2012; 35(4): 286-94.

Mow VC, Hung CT. Biomecânica da cartilagem articular. In: Nordin M, Frankel VH. Biomecânica básica do sistema musculoesquelético. Rio de Janeiro: Guanabara Koogan; 2003.

Muir H. Proteoglycans as organizers of the intercellular matrix. Biochemical Society transactions. 1983; 11(6): 613-21.

Mulligan RB. Terapia Manual, 5a ed. São Paulo: Editorial Premier; 2009.

Muraki T, et al. The effect of cyclic loading simulating oscillatory joint mobilization on the posterior capsule of the glenohumeral joint: A cadaveric study. Journal of Orthopaedic & Sports Physical Therapy. 2011; 41(5): 311-8.

Nakamura M, et al. Time course of changes in passive properties of the gastrocnemius muscletendon unit during 5 min of static stretching. Manual Therapy. 2013; 18(3): 211-5.

Netchanok SN, et al. The effectiveness of Swedish massage and traditional Thai massage in treating chronic low back pain: A review of the literature. Complementary Therapies in Clinical Practice. 2012; 18(4): 227-34.

Neumann DA. Cinesiologia do aparelho musculoesquelético, 2. ed. Rio de Janeiro: Elsevier; 2011.

Neuman DA. Kinesiology of the musculoskeletal system. Missouri: Mosby; 2002.

Neumann DA. The Convex-Concave Rules of Arthrokinematics: flawed or perhaps just misinterpreted? Journal of Orthopaedic and Sports Physical Therapy. 2012; 42(2): 53-5.

Nielsen MM, et al., Reduction of experimental muscle pain by passive physiological movements. Manual Therapy. 2009; 14(1): 101-9.

Nigg BM, Herzog W. Biomechanics of the musculoskeletal system. London: Wiley & Sons; 1999.

Noback CR, et al. Neuroanatomia: estrutura e função do sistema nervoso humano, 5a ed. São Paulo: Editorial Premier; 1999.

Nordin M, Frannkel VH. Biomecanica básica do sistema musculoesquelético. Rio de Janeiro: Guanabara Koogan; 2003.

Oatis CA. Cinesiologia. A mecânica e a patomecânica do movimento humano, 2a ed. Barueri: Manole; 2014.

Ohshiro S, et al. Influence of elbow flexion angle on mobilization of the proximal radio-ulnar joint: A motion analysis using cadaver specimens. Manual Therapy. 2009; 14(3): 278-82.

Palastanga N, et al., Anatomia e movimento humano. Estrutura e função, 3a ed. Barueri: Manole; 2000.

Panjabi MM. The stabilizing system of the spine. Part II. Neutral zone and instability hypothesis. Journal of Spinal Disorders. 1992; 5(4): 390-6.

Papastamos NS, et al., Changes in bending stiffness and lumbar spine range of movement following lumbar mobilization and manipulation. Journal of Manipulative Physiological Therapies. 2011; 34(1): 46-53.

Paris SV. Mobilization of the spine. Physical Therapy. 1979; 59(8): 888-995.

Pearcey GEP, et al. Foam rolling for delayed-onset muscle soreness and recovery of dynamic performance measures. Journal of Athletic Training. 2015; 50(1): 5-13.

Peixoto GH, et al. Viscoelastic stress relaxation in the hamstrings before and after a 10-week stretching program. Muscle and Nerve. 2015; 51(5): 761-4.

Peltz DC, et al. Differences in glenohumeral joint morphology between patients with anterior shoulder instability and healthy, uninjured volunteers. Journal of Shoulder and Elbow Surgery. 2015; 24(7): 1014-20.

Pentelka L, et al. The effect of increasing sets (within one treatment session) and different set durations (between treatment sessions) of lumbar spine posteroanterior mobilisations on pressure pain thresholds. Manual Therapy. 2012; 17(6): 526-30.

Pettman EA. History of Manipulative Therapy. The Journal of Manual & Manipulative Therapy. 2007; 15(3): 165-74.

Petty NJ, et al. Manual examination of accessory movements-seeking R1. Manual Therapy. 2002; 7(1): 39-43.

Pojskic H, et al. Acute effects of prolonged intermittent low-intensity isometric warm-up schemes on jump, sprint, and agility performance in collegiate soccer players. Biology of Sport. 2015; 32(2): 129-34.

Poser A, Casonato O. Posterior glenohumeral stiffness: capsular or muscular problem? A case report. Manual Therapy. 2008; 13(2): 165-70.

Powers CM, et al. Segmental mobility of the lumbar spine during a posterior to anterior mobilization: assessment using dynamic MRI. Clinical Biomechanics. 2003; 18(1): 80-3.

Proske U, Gandevia SC. The proprioceptive senses: their roles in signaling body shape, body position and movement, and muscle force. Physiological Reviews. 2012; 92(4): 1651-97.

Provenzano PP, et al. Subfailure damage in ligament: a structural and cellular evaluation. Journal of Applied Physiology. 2002; 92(1): 362-71.

Purslow P.P,et al.,. Collagen orientation and molecular spacing during creep and stress-relaxation in soft connective tissues. Journal of Experimental Biology. 1998; 201: 135–142.

Quillen WS, et al. Manual therapy: mobilization of the motion restricted-shoulder. Journal of Sports Rehabilitation. 1992; 1(3): 237-48.

Radin EL. The physiology and degeneration of joints. Seminars in Arthritis and Rheumatology 1973; 2(3): 245-52.

Raney NH, et al. Development of a clinical prediction rule to identify patients with neck pain likely to benefit from cervical traction and exercise. European Spine Journal. 2009; 18(3): 382-91.

Rechtien JJ, et al. Manipulação, Massagem e Tração. In: DeLisa AJ, Gans B. Tratado de Medicina e Reabilitação. Princípios e Práticas. Barueri: Ed. Manole; 2002.

Reid DA, Mcnair PJ. Passive Force, Angle, and Stiffness Changes after Stretching of Hamstring Muscles. Medicine & Science Sports Exercise. 2004; 36(11): 1944-8.

Reiman MP, et al. Restricted hip mobility: clinical suggestions for self mobilization and muscle re--education The International Journal of Sports Physical Therapy. 2013; 8(5): 729.

Renner EC. The effect of a passive muscle stretching protocol on the articular cartilage. Osteoarthritis and Cartilage. 2006; 14(2): 196-202.

Ribeiro AS, et al. Static stretching and performance in multiple sets in the bench press exercise. Journal of Strength Conditioning Research. 2014; 28(4): 1158-63.

Riddle DL. Measurement of accessory motion: critical issues and related concepts. Physical Therapy. 1992; 72(12): 865-74.

Riemann BL, Lephart SM. The Sensorimotor System, Part II: The Role of Proprioception in Motor Control and Functional Joint Stability. Journal of Athletic Training. 2002; 37(1): 80-4.

Riemann,B.L.; Scott M. Lephart, S.M. The Sensorimotor System, Part II: The Role of Proprioception in Motor Control and Functional Joint Stability. Journal of Athletic Training. 2002; 37(1): 80-84.

Rodeo SA, et al. Analysis of collagen and elastic fibers in shoulder capsule in patients wih shoulder instability. American Journal of Sports Medicine. 1998; 26: 634-42.

Roijezon U, et al. Proprioception in musculoskeletal rehabilitation. Part 1: Basic science and principles of assessment and clinical interventions. Manual Therapy. 2015; 20(3): 368-77.

Rowinski MJ. Neurologia aferente da articulação. In: Fisioterapia Ortopedia na Medicina do Esporte, Gould III JA. São Paulo: Manole; 1993.

Rushton A, Spencer S. The effect of soft tissue mobilisation techniques on flexibility and passive resistance in the hamstring muscle-tendon unit a pilot investigation. Manual Therapy. 2001; 16(2): 161-6.

Sato T, et al. Immediate effects of manual traction on Radiographically determined joint space Width in the hip joint. Journal of Manipulative and Physiological Therapeutics. 2014; 37(8): 580-5.

Scheip R. Fascial plasticity – a new neurobiological explanation. Parte 2. Journal of Bodywork and Movement Therapies. 2003; 7(2): 104-16.

Schleip R. Strain hardening of fascia: Static stretching of dense fibrous connective tissues can induce a temporary stiffness increase accompanied by enhanced matrix hydration. Journal of Bodywork & Movement Therapies. 2012; 16(1): 94-100.

Schmid A, et al. Paradigm shift in manual therapy? Evidence for a central nervous system component in the response to passive cervical joint mobilisation. Manual Therapy. 2008; 13(5): 387-96.

Schneider W, et al. Manual Medicine Terapie. New York: Thieme Medical Publishers, Inc.; 1988.

Schomacher J. Orthopedic Manual Therapy. Assessment and management. New York: Thieme Medical Publishers, Inc.; 2014.

Schomacher J. Quantitative analysis of traction in the glenohumeral joint: in vivo radiographic measurements. Manual Therapy. 2004; 9(2): 116-7.

Schomacher J. The convex-concave rule and the lever law. Manual Therapy. 2009; 14(5): 779-82.

Schomacher J. The effect of anterior versus posterior glide joint mobilization on external rotation range of motion in patients with shoulder adhesive capsulitis. Journal of Orthopaedic and Sports Physical Therapy. 2007; 37(7): 412-15. Letters to the editor in chief, 2007.

Sefton J. Myofascial release for athletic trainers, part 1: theory and session guidelines. Athletic Therapy Today. 2004; 9(1): 48-9.

Shepherd SM, et al. Cartilage assessment of the metacarpophalangeal joints: cadaveric study with magnetic resonance arthrography and finger traction. Clinical Imaging. 2013; 37(4): 718-22.

Shum GL, et al. The immediate effect of posteroanterior mobilization on reducing back pain and the stiffness of the lumbar spine. Archives of Physical Medicine and Rehabilitation. 2013; 94(4): 673-9.

Simmonds N et al. A theoretical framework for the role of fascia in manual therapy. Journal of Bodywork & Movement Therapie. 2012; 16(1): 83-93.

Snodgrass SJ, et al. Manual forces applied during cervical mobilization. Journal of Manipulative and Physiological Therapeutics. 2007; 30(1):17-25.

Souza MVS. Force-displacement relationship during anteroposterior mobilization of the ankle joint. Journal Manipulative of Physiological Therapeutics. 2008; 31(4): 285-92.

Sterling M, et al. Cervical mobilisation: concurrent effects on pain, sympathetic nervous system activity and motor activity. Manual Therapy. 2001; 6(2): 72-81.

Stevenson JR, Vaughn DW. Four cardinal principles of joint mobilization and joint play assessment. The Journal of Manual & Manipulative Therapy. 2003; 11(3): 146-52.

Stone JA. Joint Mobilization. Athletic Therapy Today. 1999; 4(6): 59-60.

Talbott NR, Witt, DW. In vivo measurements of humeral movement during posterior glenohumeral mobilizations. Journal of Manual and Manipulative Therapy. 2015; 1.

Taniguchi K, Shinohara M. Acute decrease in the stiffness of resting muscle belly due to static stretching. Scandinavian Journal of Medicine & Science Sports. 2001; 25(1): 32-40.

Tapanya S. Traditional Thai Massage. Bangkok: Duang Kamol; 1993.

Tracy LM, et al. Oxytocin and the modulation of pain experience: Implications for chronic pain management. Neuroscience and Biobehavioral Reviews. 2015; 55: 53-67.

Trudel G, Uhthoff HK. Contractures Secondary to Immobility: Is the restriction articular or muscular? An experimental longitudinal study in the rat knee. Archives Physical Medicine Rehabilitation 2000; 81(1): 6-13.

Tsolakis C, Bogdanis BG. Acute effects of two different warm-up protocols on flexibility and lower limb explosive performance in male and female high level athletes. Journal of Sports Science and Medicine. 2012; 11(4): 669-75.

Tuttle N, et al. Postero-anterior movements of the cervical spine: Repeatability of force displacement curves. Manual Therapy. 2008; 13(4): 341-8.

Twomy LT. Sustained lumbar traction, an experimental study of long spine segments. Spine. 1985; 10(2): 146-9.

Venturini C, et al. Study of the force applied during anteroposterior articular mobilization of the talus its effect on the dorsiflexion range of motion. Journal of Manipulation and Physiological Therapeutics. 2007; 30(8): 593-7.

Vergroesen PPA, et al., Mechanics and biology in intervertebral disc degeneration: a vicious circle. Osteoarthritis and Cartilage. 2015; 23(7): 1057-70.

Vicenzino B, et al. Mobilisation with movement. Sidney: Churchill Livingstone; 2011.

Vicenzino B, et al. Mulligan's mobilization-with-movement, positional faults and pain relief: Current concepts from a critical review of literature. Manual Therapy. 2007; 12(2): 98-108.

Voight ML, et al. Técnicas de exercícios terapêuticos: estratégias de intervenção musculoesquelética Barueri: Manole; 2014.

Wall PD, Melzack R. Pain mechanisms: a new theory. Science. 1965; 150(3699): 971-9.

Warryman DT, et al. The role of the rotator interval capsule in passive motion and stability of the shoulder. The Journal of Bone and Joint Surgery. 1992; 74(1): 53-66.

Willet E, et al. The initial effects of different rates of lumbar mobilisations on pressure pain thresholds in asymptomatic subjects. Manual Therapy. 2010;15(2):173-8.

William JM, et al. Fluid movement and joint capsule strains due to flexion in rabbit knees. Journal of Biomechanics. 2011; 44(16): 2761-7.

Witt WD. In-vivo Measurements of Force and Humeral Movement during Inferior Glenohumeral Mobilizations. Manual Therapy. 2015; 21: 198-203.

Witvrouw E, et al. Stretching and injury prevention: An obscure relationship. Sports Medicine. 2004; 34(7): 443-9.

Wong DP, et al. Short durations of static stretching when combined with dynamic stretching do not impair repeated sprints and agility. Journal of Sports Science and Medicine. 2011; 10(2): 408-16.

Wyke BD. Articular neurology – a review. Physiotherapy. 1972; 58(3): 94-9.

Wyke BD. Articular neurology and manipulative therapy. In: Glasgow EF. Aspects of Manipulative Therapy, 2. ed. Melbourne: Churchill Livingstone; 1985.

Wyke BD. Aspects of manipulative therapy. In: Glasgow EF, Twoney LT, et al. Aspects of Manipulative Therapy. New York: Churchill Livingstone; 1985. p. 72-7.

Yeo HK, Wright A. Hypoalgesic effect of a passive accessory mobilisation technique in patients with lateral ankle pain. Manual Therapy. 2001; 16(4): 373-7.

Yokoyama S et al. The effect of "the core conditioning exercises" using the stretch pole on thoracic expansion difference in healthy middle-aged and elderly persons. Journal of Bodywork & Movement Therapies. 2012; 16(3): 326-9.

Zilbergold RS, Piper MC. Cervical Spine Disorder. A Comparison os Three Types of Traction. Spine. 1985; 10(10): 867-72.

Zusman M. Spinal manipulative therapy. Australian Journal of Physiotherapy. 1986; 32(2): 89-9.

Índice Remissivo